Gestão de Eventos em Lazer e Turismo

W344g   Watt, David C.
              Gestão de eventos em lazer e turismo / David C. Watt; trad. Roberto Cataldo Costa. – Porto Alegre : Bookman, 2004.

              ISBN: 978-85-363-0306-2

              1. Lazer – Turismo – Eventos. I. Título.

              CDU 379.8

Catalogação na publicação: Mônica Ballejo Canto – CRB 10/1023

David C. Watt

Gestão de Eventos em Lazer e Turismo

Tradução:
Roberto Cataldo Costa

Consultoria, supervisão e revisão técnica desta edição:
Susana Gastal
Professora dos cursos de graduação e mestrado em
Turismo da Universidade de Caxias do Sul/RS
e da Pontifícia Universidade Católica do RS

Reimpressão 2007

Bookman®

2004

Obra originalmente publicada sob o título
Event Management in Leisure and Tourism
© Addison Wesley Longman Limited, 1998.
Tradução publicada conforme acordo com a Pearson Education Limited.

ISBN 0 582 35706-3

Capa: *Os Figuras Ilustração e Design*

Preparação do original: *Amanda Ramos Francisco*

Leitura final: *Marcia Bitencourt*

Supervisão editorial: *Arysinha Jacques Affonso e Denise Weber Nowaczyk*

Editoração eletrônica: *Laser House*

Reservados todos os direitos de publicação, em língua portuguesa, à
ARTMED® EDITORA S. A.
(BOOKMAN® COMPANHIA EDITORA é uma divisão da ARTMED® EDITORA S.A.)
Av. Jerônimo de Ornelas, 670 - Santana
90040-340 Porto Alegre RS
Fone (51) 3027-7000 Fax (51) 3027-7070

É proibida a duplicação ou reprodução deste volume, no todo ou em parte,
sob quaisquer formas ou por quaisquer meios (eletrônico, mecânico, gravação,
fotocópia, distribuição na Web e outros), sem permissão expressa da Editora.

SÃO PAULO
Av. Angélica, 1091 - Higienópolis
01227-100 São Paulo SP
Fone (11) 3665-1100 Fax (11) 3667-1333

SAC 0800 703-3444

IMPRESSO NO BRASIL
PRINTED IN BRAZIL

Agradecimentos

A ajuda de muitas pessoas foi essencial para organizar esse livro sobre uma área tão diversa. O autor agradece a todos, em especial:

- Earle Bloomfield, Kidsplay UK Ltd, Exeter
- British Tourist Authority (Ministério do Turismo Britânico)
- Nigel Buckler, West Country Tourist Board, Exeter
- Richard Callicot, Conselho Municipal de Birmingham
- Giselle Coffey, Gerente de *Marketing* e Vendas, Centro de Conferência de Victoria, British Columbia
- Countryside Commission (Secretaria do Interior)
- Paul Emery, Coordenador de Pesquisa, Divisão de Esporte e Recreação, Universidade de Northumbria, Newcastle
- Conselho Distrital de Gordon
- Nigel Gough, Nova International, Newcastle upon Tyne
- Gar Holohan, Holohan Architects
- Iain Jackson, Conselho Distrital de East Kilbride (hoje South Lanarkshire)
- Martin Morton, Conselho Municipal de Sheffield
- George Imber, GM Imber Insurance Brokers Limited
- Centro de Informações do ILAM
- Associação Internacional de Atrações e Parques de Diversão
- Robin Ireland, Diretor, Healthstart Limited
- David Leslie, Glasgow Caledonian University
- Keith Leslie, Secretário de Recreação, Aberdeenshire Council
- Mike Nutley, Editor, Leisure Week
- Graham Ross, Conselho de Esportes da Inglaterra (anteriormente da Federação de Atletismo da Escócia)

- Nigel Rowe MBE, Gerente, DML Sports and Social Club
- Associação de Ginástica da Escócia
- Sue Stayte, Diretor de *Marketing*, ILAM
- Brian Stocks, National Indoor Arena, Birmingham
- Anne Sudder, Secretário de Recreação e de Eventos, Conselho da Região de Highland
- Federação de Ginástica dos Estados Unidos
- Steve Warner, Diretor de Vendas, Insurex Expo-sure Limited
- David Wilkinson, Wilkinson Group, Ontario, Canadá
- Fiona Williams, Conselho Hertfordshire
- Mike Wilson, anteriormente de Gameplap, Edinburgh
- Alastair Wylie, Wylie e Reid RP, Glasgow
- Kelly, por sua paciência e processamento de palavras, e Maggie, por seu constante apoio
- A todos que me concederam tempo para reunir todo este material

Algumas das pessoas listadas acima deram sua permissão para a utilização de seu material em uma publicação anterior, *Leisure and Tourism Events Management and Organisation Manual*. Fizemos todos os esforços para encontrar os proprietários dos direitos autorais de cada material, no sentido de renovar a permissão para este livro. Contudo, em alguns casos, isto não foi possível, e aproveito esta oportunidade para oferecer minhas desculpas a qualquer pessoa cujos direitos autorais eu possa inadvertidamente ter infringido.

Autor

David C. Watt é diretor da Leisure Training Consortium, uma empresa de consultoria que trabalha com diversos projetos de lazer, mas é especializada no treinamento de pessoal. Como gerente de lazer e administrador esportivo, bem como escritor e palestrante, David trabalhou nos setores privado e público, e no terceiro setor, incluindo seis anos como presidente de uma organização voluntária. O autor organizou e gerenciou diversos eventos, entre eles excursões, visitas turísticas, feiras profissionais, feiras comerciais, uma convenção de rádio, seminários e encontros, bem como centenas de eventos esportivos, em nível local e internacional. Este é seu terceiro livro, obra que proporciona orientação e informações para profissionais e estudantes que trabalhem ou desejem vir a trabalhar com eventos. O autor já coordenou mais de cem cursos de treinamento sobre o tema eventos para profissionais e voluntários, bem como realizou palestras em diversas instituições de educação superior e pós-graduação.

Prefácio

Este livro foi escrito por alguém que trabalha com gestão de eventos e é dirigido a outros do mesmo campo; o autor conhece a responsabilidade, o esforço e a dedicação necessários para finalizar eventos com sucesso. Existe uma carência de bons textos sobre gestão de eventos, e este tenta cumprir um papel importante na melhoria dessa situação, oferecendo um guia prático, depois de considerar alguns conceitos gerais importantes.

A intenção é manter o livro sucinto e, ao mesmo tempo, adequado ao campo do lazer e turismo, em termos gerais. Poderíamos ter inserido uma quantidade consideravelmente maior de informações, mas o conteúdo deve ser um guia para auxiliar as pessoas que operam no campo da organização de eventos. O texto, a orientação, a metodologia e os exemplos pretendem ser úteis para o estudante de eventos e seu gerenciamento.

O campo de lazer e turismo é imenso e diversificado, indo desde as artes até os zoológicos, de feiras de antiguidades a gincanas e de acrobacias a caminhadas beneficentes, criando grandes dificuldades na aplicação dos princípios organizacionais gerais. E assim deve permanecer, mas todos que estejam decididos a produzir um evento de sucesso poderão considerar este livro de grande ajuda.

O material foi escrito para profissionais por um profissional, alguém que já organizou centenas de eventos e ainda organiza cerca de cinqüenta atividades por ano, nos mais variados níveis. Espera-se que os leitores com experiência organizacional mínima, ou talvez nenhuma, sejam capazes de organizar eventos com eficiência, desde o nível local até o internacional.

Naturalmente, os princípios apresentados são de importância considerável para os estudantes da área, e os estudos de caso específicos, bem como os documentos de implementação prática, propõem a direção correta. As questões de auto-avaliação também podem se mostrar especialmente úteis.

O campo de lazer é muito amplo, mas os princípios e exemplos práticos aplicam-se a diversas situações. Embora vários exemplos sejam oriundos da área esportiva, não se está sugerindo que os princípios básicos da organização de eventos estejam limitados unicamente às atividades esportivas e físicas. Na verdade, sob o ponto de vista dos eventos, as semelhanças vão muito além de quaisquer diferenças que possam existir entre esportes, artes, seminários, festivais, conferências, etc. Pode haver uma diferença real nas tecnicidades específicas, mas os princípios fundamentais são universais.

Além disso, espera-se que as lições e os princípios apontados neste texto sejam igualmente importantes para organizadores dos setores público, privado e voluntariado.

As semelhanças nos métodos de prestação dos serviços superam em muito as diferenças em prioridade, ênfase e razão de ser que possam existir.

Existem ocasiões nas quais as organizações de qualquer um dos setores podem se beneficiar do trabalho conjunto e do aprendizado a partir da experiência e especialização uns dos outros. Há um grande benefício mútuo no ato de compartilhar o conhecimento sobre as prioridades e práticas do outro na promoção de eventos, mostras, seminários e conferências. A todo momento, as vantagens da experiência compartilhada virão à tona. Aprenda com todos: os gerentes de projeto, em qualquer esfera, sempre podem compartilhar experiências "traumáticas" para ampliar o conhecimento mútuo.

Talvez a busca de uma abordagem geral dos princípios e das práticas aplicáveis às organizações em um campo tão amplo tenha deixado alguns setores um tanto de lado. Quando um texto pretende dar conta de uma série de áreas genéricas, é inevitável que um ou dois detalhes específicos para os organizadores especializados precisem ser tratados de forma integral em outro momento. Sempre haverá detalhes técnicos especiais de um evento que deverão ser tratados e planejados especificamente com a assessoria de especialistas técnicos.

O conhecimento necessário para promover uma exposição de Rembrandt deverá ser encontrado apenas entre os especialistas em arte, mas a montagem do evento poderá ser feita por um organizador especialista em eventos. Na realidade, o conhecimento técnico costuma representar apenas uma pequena parte da promoção de um grande evento. Esperamos que, com o auxílio desta publicação, os profissionais e as organizações se sintam melhor preparados para a tarefa que enfrentam. Se tiverem entusiasmo e compromisso, esse texto deve oferecer a orientação necessária para chegar a resultados compensadores.

Ao longo do livro, a ênfase está situada em proporcionar aos profissionais aconselhamento sobre o planejamento, preparação e implementação de um evento com sucesso, além de orientar os alunos em seus estudos. Tenha em mente que a palavra *evento* é utilizada no sentido mais amplo, já que as orientações se aplicam igualmente a apresentações teatrais, esportivas, artísticas ou turísticas. Não se esqueça de que muitos já percorreram o caminho antes de você e sobreviveram. Com trabalho árduo, boa organização e senso de humor, você também será capaz!

Boa sorte!

David C. Watt
Março de 1998

Sumário

Capítulo 1 Introdução aos Eventos — **15**

    Uma diversidade de eventos — 16
    A importância dos eventos — 17
    Semelhanças entre eventos — 17
    A complexidade de um evento — 18
    Passos decisivos para um evento bem-sucedido — 18
    Faça as perguntas certas — 19
    A seguir, o planejamento — 22
    O ponto de partida — 23
    As metas do evento — 24
    Os objetivos de um evento — 25
    Características dos melhores eventos — 26
    A centralidade dos eventos — 26
    Do que você precisa para ter sucesso? — 27
    O processo de Sheffield — 28

Capítulo 2 Gestão — **37**

    As principais funções de gestão — 38
    Outros conceitos de gestão — 42
    Avaliação e treinamento de pessoal — 44
    Gestão de pessoas, reuniões e do tempo — 47

Capítulo 3 Organização e Comunicação — **51**

    Organização — 51
    Coordenação — 55
    Comunicação — 55

Administração	58
Recursos humanos	58
Parcerias	59

Capítulo 4 Recursos Financeiros — 61

Orçamento	61
Itens especiais	62
Estruturas financeiras	64
Controle	66
Contabilidade	67
Recursos financeiros	67
A captação de recursos	69
Patrocínio	69
O patrocínio, na prática	74

Capítulo 5 *Marketing* — 78

Atendimento aos clientes	80
Fatores importantes do *marketing*	80
Lista de itens a serem verificados em *marketing*	81
Pesquisa de mercado	82
Análise SWOT	83
Público-alvo	84
Mix de *marketing*	84
Promoção	86
Propaganda	87
Publicidade e relações com a mídia	88
Relações públicas	91
Vendas	92
A apresentação do evento	93

Capítulo 6 Avaliação de Eventos — 95

Capítulo 7 Práticas de Gestão de Eventos — 98

O *Bude Jazz Festival*	98
A *Great North Run*	100
Tall Ships Australia	105
Leisurelend	117
Meia-maratona de Plymouth	120
Lista geral de itens	127
Lista de itens relacionados a esportes, artes e finanças	131
Lista para eventos esportivos	135
Lista de itens da *Fun Run*	140
Escolha de salas para reuniões e tarefas	142
Lista de itens para conferências	147
Exemplos de descrição de cargos	150
Algumas estruturas organizacionais	153

Cronograma de planejamento	157
Agenda de ação	160
Lista para a organização de eventos em Sheffield	160
Redação de notas à imprensa	163
Modelo de nota à imprensa	164
Preparação do local	165
Exemplo de cronograma para eventos locais	169
Exemplo de lista de ações	170
Documento de implementação	171
Instruções administrativas	172

Capítulo 8 Fontes de Auxílio, Assessoria e Apoio **198**

Assessoria profissional	198
Questões jurídicas e de seguros	199
Serviços médicos	200
Agências de organização de eventos	200
Outras agências	201
Formação e treinamento	201
Conselhos práticos	202
Livros importantes	203
Publicações acadêmicas, relatórios e anais	206
Outros periódicos	206

Índice **207**

Capítulo 1

Introdução aos Eventos

O dicionário define *evento* como sendo "qualquer coisa que aconteça, diferentemente de qualquer coisa que exista" ou "uma ocorrência, especialmente de grande importância". Essas definições especificam o assunto deste texto – eventos – como coisas importantes que acontecem. As definições são bastante amplas, mas devem ser abrangentes para permitir sua universalidade, inata no caso do campo de lazer e turismo, que será abordado a seguir. Podemos tratar desde eventos realizados em pequenas comunidades até espetáculos internacionais com participantes de todo o mundo.

Outras definições:

Um evento especial é um fato que ocorre uma vez na vida, voltado a atender necessidades específicas em um determinado momento.

Os eventos de comunidades locais podem ser definidos como atividades estabelecidas para envolver a população local em uma experiência compartilhada, visando seu benefício mútuo.

(Wilkinson)

Ou ainda, tomemos a definição de Goldblatt:

Um evento especial reconhece um momento único no tempo, com cerimônia e ritual, para satisfazer necessidades específicas.

A definição pode ser flexível para adequar-se a situações diferentes, mas um conceito exato em se tratando de um departamento de eventos especiais, de um profissional de eventos ou ainda, de um grupo organizador, deve ser claramente estabelecido antes de darmos início a eventos específicos e ao trabalho que demandam.

Uma diversidade de eventos

Nos campos de lazer, turismo e outras áreas relacionadas, os eventos são extremamente diversificados:

- Apresentações artísticas
- Carnavais
- Festivais
- Ensaios
- Exposições artísticas
- Datas dedicadas ao meio ambiente
- Festivais no interior
- Recepções
- Aparições de celebridades
- Feiras agrícolas
- Visitações a instituições e propriedades
- Jardins para visitação (Garden Displays)
- Concursos de bandas
- Excursões de *trailers*
- Viagens de barco
- Roteiros históricos
- Mostras em museus
- Feiras profissionais
- Festivais de música
- Seminários educacionais
- Desfiles
- Feiras comerciais
- Comemorações
- Competições, torneios e apresentações esportivas
- Jogos de guerra
- Espetáculos de fogos de artifício
- Maratonas
- Apresentações aéreas
- Festivais étnicos
- Caminhadas patrocinadas
- Feiras de animais
- Corridas ao redor do mundo
- Concursos de beleza
- Apresentações teatrais
- Passeios ecológicos
- Ralis motorizados
- Competições militares
- Festas de rua
- Recepções ao ar livre
- Feiras

A lista é longa e, ainda assim, omite muitas coisas. A área é tão ampla que seria impossível listar todas as suas possibilidades. Em todo caso, alguém estará sempre vislumbrando novos projetos, e organizadores de todas as partes estarão permanentemente acrescentando novos itens.

É importante reconhecer esta diversidade e tratar todos os eventos em suas particularidades; cada um tem suas próprias características e necessidades, que devem ser identificadas e atendidas. É perigoso considerar todo evento da mesma maneira, com o risco de uma organização de má qualidade, devido à não-consideração dos diferenciais importantes.

Algo que acontece

Um evento é algo que "acontece" e não apenas "existe". Esta é uma questão muito importante, pois alguém deve fazer com que aconteça. Os eventos bem-sucedidos só acontecem por meio da ação de algum indivíduo ou grupo que faz com que as coisas aconteçam. Isso se aplica a todos os eventos (grandes ou pequenos) e aos mínimos detalhes de cada um deles; é fundamental prestar atenção a esses detalhes (como veremos adiante).

Tudo o que deve acontecer precisa de alguém que o faça acontecer, alguém que dê início à ação. Um dos passos fundamentais é identificar todas as tarefas a serem realizadas, e todas elas devem ser desenvolvidas visando a um evento bem-sucedido.

A importância dos eventos

É muito importante que os organizadores de eventos (que podem se tornar displicentes na vigésima-terceira exposição de arte) lembrem que, para muitos dos envolvidos, esse pode ser o primeiro. Para os participantes, todos os eventos são importantes, caso contrário não estariam lá. Para o espectador, o evento pode representar a emoção de uma vida; para o participante, sua maior oportunidade até então, mesmo que para o organizador tal evento seja mais um de uma longa série.

Realizados de forma adequada, os eventos podem ser uma grande emoção; ao contrário, se malfeitos, podem representar uma experiência desagradável para todos os envolvidos. Não se devem poupar esforços para garantir que tudo seja realizado de forma correta, o tempo todo. Talvez seja mais fácil obter comprometimento com um seminário internacional, mas uma reunião de negócios a ser realizada no dia seguinte pode ser tão vital para seus participantes quanto um grande evento, pois seus empregos podem estar em risco – e o mesmo pode ocorrer com os organizadores, se a coisa não for bem-feita!

Ainda que não seja fácil, cada evento deve receber toda a atenção de que necessite e, assim como o cliente, é importante e merece o melhor tratamento possível. Cada evento é único, e uma das principais questões é identificar as diferenças e saber como tratá-las de forma eficaz. Embora este livro destaque aspectos comuns e sugira abordagens gerais para a organização de eventos, não tentamos tratá-los como sendo a mesma coisa. O organizador tem que identificar a natureza precisa de sua tarefa, de forma que possa analisar corretamente o trabalho específico a ser feito.

Haverá semelhanças em cada festejo a ser organizado em uma pequena cidade, mas pode haver variações, dependendo de fatores como:

- localização geográfica
- tamanho da população
- idade da população
- número de organizações voluntárias
- participação da comunidade
- capacidade dos organizadores
- natureza do local
- instalações e equipamentos disponíveis

Um festa pode parecer um evento bastante direto, mas quanto maior se torna, e quanto mais peculiaridades adquire, mais complexa será sua organização. É fundamental reconhecer as características singulares quando organizamos um evento.

Semelhanças entre eventos

Com certeza, os eventos têm características singulares, mas também possuem suas semelhanças. Os princípios básicos e as questões práticas gerais da organização de eventos podem ser aplicados a todos. Alguns organizadores tentam "reinventar a roda", mas não conseguem aprender lições organizacionais com outros que fazem o mesmo trabalho. Isto pode ser conseqüência de um certo orgulho pessoal e "profissional", bem como um sentimento de que algumas áreas de lazer e turismo são muito diferentes. O fato é que existem mais semelhanças gerais do que diferenças individuais.

Organizadores do campo da arte podem aprender com aqueles que trabalham em esportes e vice-versa. As necessidades técnicas e especializadas podem ser diferentes, mas haverá muitas demandas universais. Entre outras, estão as questões de financiamento, instalações, transportes, *marketing* e pessoal. Eles enfrentarão os mesmos problemas e poderão solucioná-los da mesma maneira.

É importante examinar as características específicas dos eventos, mas as semelhanças entre eles são em maior número e também precisam ser observadas. Os conceitos e os exemplos práticos deste livro irão demonstrar que idéias sólidas e ações lógicas beneficiam pessoas que trabalham em todas as áreas.

A complexidade de um evento

A importância do evento não deve ser avaliada simplesmente por sua abrangência, seja local ou internacional; seu padrão, simples ou complexo; ou simplesmente pelo número de participantes; entretanto, essas questões afetarão o evento de diversas formas.

Qualquer evento precisará de financiamento, mas a quantidade irá variar muito, dependendo da natureza da ocasião. A atenção e a cobertura por parte da mídia irão oscilar também, bem como as possibilidades de patrocínio e muitas outras considerações.

O nível de complexidade percebido não deve afetar a necessidade de se refletir minuciosamente sobre um evento; mas, inevitavelmente, irá afetar a quantidade necessária de tempo, pessoal e dedicação. Quando iniciamos um grande evento, é fundamental ter total certeza de que o financiamento e outros recursos estejam garantidos; assunto do qual trataremos posteriormente. Lembre-se do que aconteceu nos Jogos da Comunidade Britânica de 1986! É muito fácil chegar à beira do desastre se você subestimar as demandas onerosas de um grande evento. É muito comum que alguma mente brilhante decida que "devemos realizar um evento", sem levar em consideração as conseqüências ou a quantidade de trabalho envolvida.

Passos decisivos para um evento bem-sucedido

Embora os eventos possam variar, a maioria deles segue as mesmas etapas fundamentais de organização, as quais são progressivas. Apenas em circunstâncias excepcionais alguma delas pode ser omitida:

1º Passo Faça as perguntas iniciais sobre o evento.

2º Passo Esclareça e estabeleça os objetivos e as metas do evento.

3º Passo Desenvolva um estudo de viabilidade e avalie seus resultados; produza um relatório escrito e um resumo, quando for necessário.

4º Passo Estabeleça metodologias de planejamento e implementação, e elabore um cronograma.

5º Passo Garanta o financiamento e quaisquer aprovações necessárias.

6º Passo Faça o lançamento público do evento.

7º Passo Estabeleça estruturas operacionais e contrate o pessoal necessário.

8º Passo Desenvolva todo o pré-planejamento e estabeleça sistemas de controle adequados.

9º Passo Desenvolva a preparação anterior ao evento, por meio de uma força de trabalho eficaz e treinada e de um bom sistema de comunicação.

10º Passo Divulgue o evento.

11º Passo Faça uma última verificação detalhada e abrangente de todos os preparativos.

12º Passo Realize o evento de acordo com o plano e com sua estratégia de contingência.

13º Passo Analise e avalie o evento após o encerramento e finalize a contabilidade.

14º Passo Prepare um relatório detalhado para o pessoal encarregado, para futura utilização.

Organizar um evento é como assar um bolo; será consistente e agradável se os ingredientes forem bem escolhidos.

Faça as perguntas certas

Antes de começar a organizar qualquer evento, é fundamental responder às seguintes perguntas com relação à sua concepção. Se não puder respondê-las, é melhor não começar:

- *Por que* precisamos ou queremos promover um evento?
- *Qual é* a natureza exata do evento?
- *Quando* irá acontecer?
- *Onde* irá acontecer?
- *Como* pode ser desenvolvido?
- Quais são os *custos envolvidos*?
- *Quem* irá organizar?
  - comparecer?
  - assistir?
  - participar?
  - pagar?
- Como o evento será *divulgado*?
- Será de interesse da *mídia*?
- É atraente para um *patrocinador*?
- Existem *implicações políticas*?
- Há outros eventos *semelhantes*?
- O que acontecerá *depois*?
- Qual será o *próximo passo*?

Outras perguntas podem precisar ser respondidas em situações específicas, ou no caso de eventos maiores ou mais complexos, mas o conjunto dessa lista deve ser considerado antes de embarcarmos em qualquer projeto.

Por quê?

Essa é, provavelmente, a pergunta mais importante. Deve haver uma razão muito concreta para o evento, se formos investir tempo, energia e dinheiro nele. É necessário um compromisso considerável, que só poderá ser obtido através de uma clara determinação dos propósitos por parte de todos os envolvidos.

Muitas pessoas têm uma idéia que parece sensata inicialmente, mas elas não dispõem de motivação ou estímulo real, nem de um propósito específico para a promoção. Deve haver uma meta e um sentido verdadeiros para todos os esforços dos indivíduos envolvidos. Os grandes eventos, e aqueles que empregam um grande número de pessoas, são os que mais necessitam de um objetivo que estimule o espírito de equipe e a unidade de propósitos.

Quando a cidade de Sheffield promoveu o World Student Games (Universíade), em 1991, havia várias metas:

- Contribuir para a recuperação econômica da região.
- Destacar o perfil de Sheffield, em nível nacional e internacional.
- Identificar seu potencial como local de referência para os esportes.

- Estimular a participação local nos esportes e a cooperação nos jogos.
- Promover a transferência de seminários, conferências, etc, de outros locais para a cidade.
- Deixar para a cidade um legado de instalações de padrão internacional.

A cidade de Manchester teve suas próprias metas para os Jogos da Comunidade Britânica de 2002. Uma atualização do plano Manchester 2002, feita em setembro de 1997, traz as seguintes projeções:

- Benefícios importantes e duradouros do investimento de capital em novas instalações, principalmente o novo estádio em Eastlands.
- Mais de 4.000 novos empregos permanentes serão criados como resultado da promoção dos jogos em 2002. O estádio e outras construções associadas já podem gerar até 2.800 novos empregos permanentes.
- Um número significativo de empregos será gerado a partir da organização dos jogos. Durante o período de preparação, de sete anos, o volume de emprego gerado em Manchester e na região noroeste seria de aproximadamente 500 pessoas/ano. Essa cifra não inclui a participação de voluntários.
- Outros benefícios advirão de outras áreas do orçamento operacional, tais como a instalação e operação de equipamentos de comunicação, o funcionamento da vila olímpica, o *marketing*, etc. As despesas nessas áreas irão gerar benefícios econômicos para muitas empresas locais.
- Manchester e a região noroeste terão benefícios importantes a partir das despesas extras dos visitantes. O aumento da despesa turística para os jogos da Comunidade Britânica de 1994 em Victoria foi da ordem de 25 milhões de libras. Se atingirmos um nível semelhante, poderemos sustentar mais de 6.000 empregos por ano, em posições novas ou já existentes na região.
- Espera-se que mais de 100 milhões de libras ingressem na região a partir de uma combinação dos elementos acima, durante os sete anos da preparação.

O documento continua, citando outros benefícios:

- Utilização posterior das novas instalações.
- Aumento do número de visitantes e de suas despesas, resultante de uma divulgação maior de Manchester e da região.
- Potencial para atrair novos investimentos como resultado da melhoria da imagem de Manchester.
- Para o país, os jogos terão um impacto econômico em função de uma maior divulgação no mundo todo.

Todos os indivíduos envolvidos também devem estar cientes das metas do evento e de suas próprias; as demandas sobre eles serão altas, de forma que devem se dedicar ao propósito geral.

O quê?

É fundamental que sejamos explícitos sobre o que deve ser organizado. Qualquer deficiência na definição da natureza do evento irá gerar problemas posteriores, na identificação de o quê, exatamente, deve ser feito, e onde pode e deve ser desenvolvido. Para eventos de grande porte, este ponto pode ter que ser ampliado com a formulação de um documento de licitação especificando exatamente o que se quer atingir, como e onde.

Mesmo em empreendimentos de menor escala, é necessário ter um quadro claro daquilo que se pretende. Apenas dessa forma os patrocinadores e participantes apoiarão a proposta. Essa idéia pode parecer simples, mas o erro na definição de um produto enfraquece seu potencial de *marketing*, e a indefinição a respeito de um evento produzirá incertezas posteriores em todos os aspectos.

Quando?

Em primeiro lugar, certifique-se de que o evento está marcado com antecedência suficiente para que você possa desenvolvê-lo. Leve em consideração o mês do ano, o dia da semana, a hora do dia e o relacionamento com outros eventos semelhantes nos calendários local, nacional e internacional. Um conflito pode ser desastroso para todos os envolvidos.

A definição do momento é especialmente importante se estivermos em busca de cobertura da televisão ou de outros meios de comunicação. Pode ser uma boa idéia estabelecer um diálogo com a mídia antes do estabelecimento de uma data precisa para grandes eventos; isso pode ajudar a evitar conflitos e dar, com antecedência, uma indicação das possibilidades. Um evento esportivo simultâneo com a Copa do Mundo de futebol, ou um evento artístico que concorra com o Festival de Edimburgo, representaria um pesadelo para a obtenção de cobertura da mídia. Se possível, tenha algumas datas alternativas e faça consultas para definir a melhor.

A data também deve ser adequada ao calendário anual da atividade, um momento que maximize os benefícios para os participantes e para a cultura organizacional.

Onde?

A localização geográfica é importante, bem como o local específico, e ambos podem ser vitais para o sucesso. O local do evento deve oferecer meios de transporte convenientes, tanto públicos quanto privados, e sua localização deve ser de fácil acesso.

Ninguém gosta de ficar perambulando, perdido e atrasado. Um evento realizado em um local frio e desconfortável tem poucas chances de ser um grande sucesso. Além disso, se a qualidade for baixa, os participantes não voltarão a participar. Nestes tempos sofisticados, os clientes esperam um alto padrão de especialização e conforto das instalações.

Alguns locais no Reino Unido possuem instalações limitadas, tais como vestiários, que não podem dar conta da demanda. Reflita cuidadosamente sobre tudo o que é necessário para o evento, então escolha o local de acordo.

Como?

Podemos ter um local ideal e um excelente conceito, mas se não tivermos um método adequado, os dois primeiros itens nada significarão. Precisamos de recursos apropriados para produzir o evento; caso contrário, isto será impossível. São necessários pessoal, estrutura, serviços de apoio e compromisso geral para que o evento possa acontecer com sucesso.

O funcionamento é fundamental; se não existir, não há razão para continuar. A logística também deve estar no âmbito do grupo ou indivíduo mais importante; é bom ser ambicioso, mas estar fora da realidade é perigoso.

Quais são os custos?

Para ter sucesso, um evento necessita de financiamento. É muito perigoso, e talvez inviável, ir adiante sem saber como o evento será financiado. Antes de começar qualquer projeto, deve-se preparar um orçamento detalhado com as previsões de receita e despesa, tentando cobrir todas as áreas possíveis, mas ainda deixando espaço suficiente para dar conta de qualquer emergência.

Quem?

Talvez esta seja a chave do sucesso. Todo o evento necessita de pessoal. Em um acontecimento de grande porte, pode haver uma estrutura organizacional bastante complexa, formada por comitês que envolvam muitas pessoas; ao passo que os eventos locais podem ser desenvolvidos por um número pequeno de pessoas, às vezes até mesmo por uma única.

A liderança eficaz, a organização e o trabalho dedicado são fundamentais, seja qual for o número de organizadores. Um organizador de eventos é uma figura-chave, que combina os seguintes papéis:

- administrador
- planejador
- coordenador de informações
- especialista em apresentações
- consultor de gerenciamento
- responsável pelo pessoal
- humorista

- fonte de energia
- coordenador de equipe
- tomador de decisões
- administrador de crises
- pessoa com personalidade
- anjo da guarda

Além disso, há outras pessoas que devem ser levadas em conta, como membros do público e encarregados da captação de recursos:

- observadores
- público
- participantes

- patrocinadores
- parceiros políticos

Sem público ou clientes para a promoção, os esforços dos organizadores serão em vão. Se não houver um público-alvo claramente definido, não deve haver evento. Sejam idosos ou jovens, entusiastas de cães ou interessados em pombas, fãs de música ou teatro, o alvo deve ser bastante claro e o evento, planejado para ele.

Uma outra questão é: quem irá financiar o evento? Esse ponto não deve ser baseado em opiniões, palpites ou expectativas, mas identificado claramente e acertado antes que o projeto comece a ser implementado.

Outras questões

Entre os outros pontos que devem ser examinados, estão aqueles listados no final deste livro. Contudo, itens como o interesse da mídia, técnicas publicitárias e a possibilidade de patrocínio exigirão uma longa reflexão durante os estágios iniciais.

Estudo de viabilidade

Um estudo de viabilidade é um exame de todos os itens necessários. Cada evento exige que se faça e que se responda diversas perguntas, mas isso não precisa ser demorado. Um evento de pequeno porte pode exigir apenas uma conversa informal com um colega. O fundamental é que a questão da viabilidade seja considerada.

A seguir, o planejamento

O fracasso no planejamento é o planejamento para o fracasso.

(Anônimo)

Feitas todas as perguntas iniciais importantes (e talvez outras), e obtidas respostas positivas, o próximo passo é o planejamento detalhado do evento.

Planejar é "determinar o que deve ser feito e como". A amplitude do planejamento necessário para cada evento irá variar consideravelmente, de acordo com a complexidade e importância percebidas da ocasião, mas algum planejamento será sempre necessário.

A regra de ouro é que cada evento deve ser planejado; se é para acontecer um evento, ele será resultado de uma ação cuidadosamente planejada; os passos para o sucesso têm que ser identificados e desenvolvidos de forma prévia.

A melhor preparação para o bom trabalho de amanhã é o bom trabalho de hoje.
(Elbert Hubbard)

O planejamento é o processo que identifica metas e objetivos, estabelecendo os meios para obtê-los. O planejamento de eventos deve ser desenvolvido de forma estruturada e lógica (Figura 1.1). Existem diversos exemplos excelentes de metodologia de outros setores, como a construção ou a tecnologia da informação. Os organizadores de eventos de lazer devem aprender com eles.

Lembre-se

Planejamento
Preciso
Promove
Performance
Perfeita

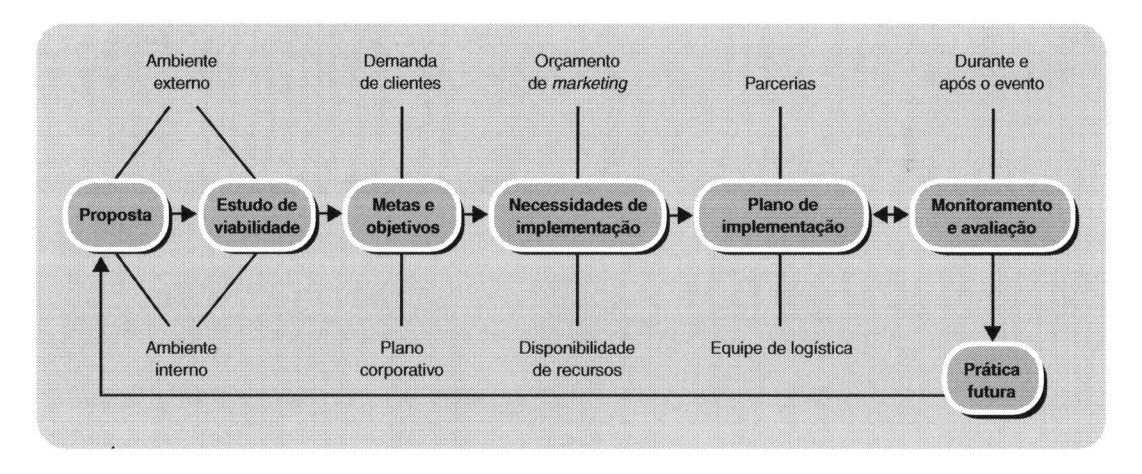

Figura 1.1 O processo de planejamento de eventos.

O ponto de partida

Algumas perguntas que devem ser feitas antes de desencadear qualquer evento foram sugeridas anteriormente, mas como uma avaliação informal. Para a implementação de um evento grande ou dispendioso, deve-se desenvolver uma investigação mais detalhada.

1º Passo As metas e os objetivos da promoção de um evento específico devem ser claramente identificados e listados.

2º Passo Deve-se desenvolver um estudo de viabilidade, fazendo as perguntas (como as anteriores) de uma forma muito mais factual. O estudo deve examinar os métodos para a concretização do evento e identificar as possíveis fontes de financiamento.

Dependendo do porte do evento, estes dois passos podem ser desenvolvidos de várias formas, indo desde a reflexão por parte de um pequeno grupo informal até o envolvimento de consultores especializados. Muitas vezes, é necessário desenvolver as investigações em um período curto. Se o evento for considerado viável e válido, a investigação deverá avançar para sugerir a forma de concretizá-lo.

O estudo de viabilidade, com seu resultado positivo, deverá mostrar como concretizar o evento, detalhando estruturas, necessidades de pessoal, fontes de financiamento e um cronograma para o desenvolvimento do projeto. Isso irá permitir um avanço mais detalhado do planejamento e da implementação do evento, desde que haja tempo suficiente. É perigoso dar início a qualquer evento se o cronograma não for adequado. É natural que ocorram problemas, não sendo aconselhável que se acrescente a pressão referente ao tempo hábil já de início.

Parte de um plano

Para que os eventos sejam eficazes, é necessário que aconteçam no contexto de um plano organizacional. Independentemente do tamanho ou da natureza da organização e de sua atividade, os eventos devem ser considerados como parte do caráter específico e da função da organização como um todo, e não apenas como concretização aleatória de uma idéia.

Para que aconteçam de forma apropriada, os eventos necessitam de tempo e compromissos individuais e organizacionais, devendo ser justificados como parte real de um plano geral; devem adequar-se às metas e aos objetivos organizacionais, ser coordenados em todas as partes da organização e valer a pena para o futuro.

Deve haver um resultado benéfico, como parte de um plano estratégico. É necessária uma estratégia de eventos que especifique os seguintes itens, do ponto de vista da organização envolvida:

- O propósito do evento.
- As metas e os objetivos do evento.
- O pessoal envolvido.
- Tipo de gestão (como será coordenado).
- A quem será delegada a responsabilidade de coordenação.

As metas do evento

Sendo parte integrante de uma estratégia geral, os eventos devem cumprir um papel fundamental na obtenção das metas organizacionais como, por exemplo, a divulgação de uma determinada questão entre o público geral de uma região.

A política geral de eventos também deve expressar claramente as metas para todos os eventos promovidos pela organização, como, por exemplo:

- Proporcionar entretenimento para a população local.
- Captar recursos para a empresa.

Um forte indicativo do ponto de vista da política de eventos pode ser expresso através de metas desse tipo. Se, por exemplo, o foco central for a promoção do atendimento aos clientes, uma meta adequada pode ser proporcionar um atendimento melhor do que as pessoas esperavam a cada evento.

É essencial estabelecer uma meta muito clara, ou um conjunto delas, para qualquer evento, desde o início. Existem centenas de exemplos possíveis:

- Atrair mais visitantes para a localidade.
- Estimular a participação local em esportes.
- Promover as artes visuais.
- Situar Wormsley-on-Sea no mapa mundial.

A lista é quase infinita. Pode haver uma meta ou várias delas, mas qualquer que seja o seu número, é essencial que sejam claramente especificadas durante a busca de financiamento e formação da equipe.

Uma visão clara é crucial se quisermos que as pessoas se engajem, desde os patrocinadores até os manobristas. Se não houver metas, qual é a razão de prosseguir? As metas detalhadas de Sheffield para a Universíade (páginas 28-36) demonstram como a cidade tinha uma idéia clara do evento e de seu propósito.

Os objetivos de um evento

Se você não sabe para onde está indo, provavelmente acabará em outro lugar.
(Dr. Lawrence J. Peter e Raymond Hill)

Tendo estabelecido a razão de ser do evento como um todo, será necessário desmembrá-la em passos mais administráveis, com uma possibilidade maior de avaliar a realização, ou seja, os objetivos.

É fundamental que os objetivos sejam estabelecidos, acordados e compreendidos por todos os envolvidos. Todas as pessoas devem estabelecer compromissos com a concretização desses alvos, o que irá nos levar a um foco determinado, um esforço coordenado e uma unidade de propósitos. Os objetivos devem ser SMART, ou seja, inteligentes, em inglês:

- Específicos do evento em questão (*Specific*).
- Mensuráveis, em termos estatísticos (*Measurable*).
- Acordados, ou viáveis, para todos os envoldidos (*Agreed* ou *Achievable*).
- Realistas, ou relevantes, em relação aos recursos disponíveis (*Realistic* ou *Relevant*).
- Bem programados em relação ao cronograma do evento (*Timed*).

Além disso, os objetivos devem ser simples e claros, evitando confusão, incompreensões ou a transmisão de mensagens incorretas.

Com certeza, os eventos podem ser "gerenciados por objetivos", desde que estes sejam claros e viáveis, sendo mais eficaz estabelecer essas referências e trabalhar no sentido de atingi-las. Um evento é um acúmulo desses estágios e pode ser melhor concretizado quando cada um deles é conquistado de forma lógica e progressiva. A análise do caminho crítico (demonstrada posteriormente) é a expressão maior deste método.

A definição precisa dos objetivos também contribui muito para o estabelecimento de uma estrutura organizacional, pois permite que cada indivíduo ou comissão receba uma série de alvos específicos (subobjetivos) que devem ser atingidos, o que irá refletir posteriormente na necessidade de que todos trabalhem em conjunto, já que muitos objetivos serão interdependentes.

É importante que os objetivos sejam adequados, simples, claros, visíveis e viáveis. Na área financeira, deve haver estimativas e orçamentos precisos para cada um, além do estabelecimento de datas, prazos e identificação dos passos fundamentais para a sua concretização.

Características dos melhores eventos

Antes de examinarmos os fatores envolvidos na concretização de nossa meta ou objetivo geral, consideremos aquilo que constrói um bom evento. Os elementos mais importantes são:

1. Uma visão nítida e um objetivo definido para os esforços de todos.
2. Objetivos SMART claros, com os quais todos estejam comprometidos.
3. Uma estrutura organizacional adequada e flexível, capaz de desenvolver tarefas específicas, mas mantendo uma unidade geral de propósitos.
4. Uma equipe comprometida, disposta a "ir além".
5. Um coordenador com capacidade, autoridade e personalidade.
6. Planejamento preciso e detalhado, desenvolvido e documentado em um cronograma adequado.
7. Um esforço coordenado e de equipe, funcionando dentro dos limites orçamentários, utilizando-se de todos os recursos disponíveis.
8. Linhas de comunicação eficientes.
9. Uma boa imagem pública.
10. Divulgação e apresentação eficazes, além de planos de contingência incluídos no plano geral.
11. Um compromisso total com o atendimento ao cliente.
12. Sistemas permanentes e eficazes de controle e monitoramento.
13. Uma atmosfera de unidade, foco, trabalho árduo, humor e entusiasmo.
14. Uma boa avaliação posterior ao evento.

A centralidade dos eventos

Uma programação paralela, com eventos de pequeno porte, junto com a programação geral, pode ser muito importante para eventos maiores, como um Festival de Primavera (Garden Festivals), mas essa importância costuma ser subestimada pelos organizadores dos principais eventos. O Glasgow Garden Festival foi programado e coordenado pela equipe de eventos, e a programação paralela acabou sendo o centro de todo o acontecimento.

O Garden Festival não era uma grande exposição de flores ou uma mostra ambiental, como muitas pessoas a consideravam, mas uma série de eventos situados no ambiente e nos arredores da grande mostra. Poucas pessoas viriam se soubessem que seria apenas uma exposição de flores, mas muitas vieram para as apresentações de grupos esportivos, artísticos e as opções de lazer. As apresentações das bandas de gaita de fole e as acrobacias foram tão fundamentais para o sucesso do festival quanto a exposição de plantas.

Além de ser uma parte importante da programação como um todo, os pequenos eventos se constituíram em um elemento-chave, contribuindo consideravelmente para o planejamento geral. Os registros diários, os formulários de reservas, os programas, a organização do pessoal, a segurança e outros sistemas desenvolvidos em função dos eventos do festival passaram a ser um esquema operacional de trabalho básico para todo evento.

Os eventos e as promoções paralelas são uma parte importante de espetáculos de grande porte e não devem ser considerados como acessórios, mas como algo absolutamente crucial e central para o projeto como um todo, contribuindo no planejamento e na implementação bem-sucedidos do festival. Os eventos são importantes não apenas em si, mas pelas implicações que têm para todos os outros envolvidos.

A centralidade e a importância dos eventos para outras ações como a revitalização urbana já foram reconhecidas pelo governo do Reino Unido, embora a reação tenha sido muito lenta. John Major, então primeiro-ministro inglês, comprometeu o último governo conservador com uma despesa de 55 milhões de libras para contribuir com a candidatura de Manchester à sede das Olimpíadas do ano 2000, construindo uma pista de ciclismo e prestando assistência ao seu comitê organizador. Ao fazer este anúncio, ele disse que "não se tratava apenas do reconhecimento da importância das Olimpíadas, mas do papel fundamental que a construção das novas instalações cumpriam na regeneração econômica da região leste de Manchester". A candidatura não foi bem-sucedida, mas a visão permanece, e os Jogos da Comunidade Britânica proporcionaram uma oportunidade de menor porte, mas da mesma natureza, em 2002.

Uma visão semelhante foi assumida por Michael Heseltine quando, dois anos após os tumultos em Toxteth em Liverpool, ele levou um Garden Festival para a cidade, para devolver-lhe um pouco de ânimo e fé em si mesma. A promoção durou mais uma década, visitando Stoke-on-Trent, Glasgow, Gateshead e Ebbw Vale, além de Liverpool. Em cada ocasião, este grande evento/promoção favoreceu a imagem e a autoconfiança da cidade anfitriã.

Sediar grandes eventos internacionais tem sido motivo de celebração em diversos locais, o que tem ajudado a colocá-los no mapa do mundo como, por exemplo, Glasgow e seu circuito cultural e Indianápolis e suas 500 milhas.

Do que você precisa para ter sucesso?

Essa pergunta é ouvida muitas vezes mas, infelizmente, não há resposta fácil ou mágica. Com certeza, todos os itens listados neste livro serão necessários, mas também será preciso uma considerável dose de sorte, capacidade de avaliação, etc. Entretanto, aqui estão alguns dos itens que podem ser importantes:

- apoio político
- atenção aos detalhes
- avaliação e controle
- boa motivação
- boa tomada de decisões
- bom gerenciamento
- bons relacionamentos interpessoais
- capacidade de responder a mudanças
- compromisso com o atendimento aos participantes e clientes
- criatividade e inovação
- entretenimento e lazer
- estrutura definida
- excelente divulgação
- gerenciamento eficiente do tempo
- grande número de voluntários
- imagem positiva
- interesse da mídia
- liderança
- liderança forte
- mecanismos adequados de implantação
- objetivos mensuráveis
- objetivos SMART
- orçamento
- personalidade carismática
- pesquisa de mercado
- pessoal comprometido, de alta qualidade profissional
- planejamento e documentação

- planejamento logístico
- plano de comercialização
- plano de contingência
- procedimentos de emergência
- programação detalhada
- qualidade garantida

- recursos e instalações
- senso de humor
- sorte
- trabalho árduo e entusiasmo
- trabalho de equipe
- visão forte

O processo de Sheffield

Introdução a um quadro geral dos eventos na cidade de Sheffield

Além do campeonato mundial de sinuca e das partidas ocasionais de futebol profissional, até 1990 a cidade tinha pouco envolvimento com eventos esportivos nacionais ou internacionais. Assim, não desenvolvia um mercado de eventos como acontecia com Birmingham, Edimburgo, Gateshead e Londres. Entretanto, a Universíade (World Student Games, WSG) de 1991, o maior evento multiesportivo já realizado neste país, havia mudado essa situação.

A construção das novas instalações e a Universíade exigiram uma programação prévia de eventos para testar a estrutura e preparar as organizações para os jogos. Em meados dos anos 1980, havia grande redução de emprego nos setores tradicionais de aço e engenharia pesada, devido à introdução de novas tecnologias de automação. Essa situação deixou abandonada uma série de espaços fabris necessitando de investimento estratégico. No final da década, parte das propostas para Sheffield 2000 estava relacionada ao desenvolvimento do setor de lazer de última geração, e os eventos esportivos internacionais eram considerados como parte disso, sendo identificados como uma forma de redefinir o perfil da cidade e promovê-la, além de estimular a economia local. Na verdade, atualmente, a cidade está comprometida com sua definição e promoção através de uma estratégia capitaneada por eventos.

No início da década de 1990, Sheffield havia investido 139 milhões de libras em instalações esportivas de alta qualidade e de última geração para promover com sucesso a Universíade. Os empregos gerados pela Universíade permitiriam à cidade promover outros eventos de grande importância nacional e internacional. Sheffield também foi capaz de desenvolver qualificação e especialização para a organização de eventos, de forma a utilizar integralmente as instalações que permaneceriam após os jogos, todas muito importantes.

Como resultado disso, em 1990, a Câmara de Vereadores indicou um funcionário de sua Unidade de Desenvolvimento Esportivo com responsabilidade específica de elaborar e coordenar uma programação de eventos como parte da Universíade, e para além dela. Para enfatizar o compromisso de longo prazo do parlamento com a promoção de grandes acontecimentos esportivos, a equipe foi ampliada para cinco funcionários trabalhando em tempo integral. Essa pequena equipe, agora reconhecida como a unidade de eventos de Sheffield, funciona no interior da comissão de serviços de lazer da Câmara de Vereadores da cidade, sendo responsável pela contratação e compras relacionadas a eventos, além de sua promoção operacional propriamente dita. A unidade funciona como o primeiro ponto de contato para organismos diretivos de organizações promotoras de eventos esportivos e outros que desejem realizar seus eventos de prestígio na cidade.

Cada evento individual é examinado com relação aos critérios estabelecidos pela cidade para sua promoção. Para avaliar o sucesso e os benefícios em relação à programação geral de eventos da cidade, foram estabelecidos metas e objetivos claros e critérios definidos. A estratégia da cidade para a atração e promoção de eventos esportivos é simples. A partir da definição de metas fundamentais, cada solicitação de evento é avaliada segundo critérios predeterminados. Isso indica a viabilidade do evento para a cidade, em termos de seu potencial para a realização e satisfação daqueles parâmetros fundamentais.

Embora a unidade de eventos de Sheffield seja parte integrante da Câmara de Vereadores da cidade, o organismo desfruta de relacionamentos de trabalho excelentes com seus parceiros empresariais, incluindo a Destination Sheffield, o veículo responsável por *marketing* e promoção, e outras empresas do setor privado. Nos últimos anos, a unidade ganhou uma experiência sem igual na promoção de eventos esportivos, com quatro de seus atuais membros envolvidos na Universíade, no Campeonato Europeu de Natação e nas Paraolimpíadas, três dos maiores eventos esportivos já realizados no Reino Unido. A unidade também cumpriu um papel importante no gerenciamento da Euro'96, assessorando a Football Association, a UEFA (Union of European Football Associations) e a Sheffield Wednesday FC a promover as partidas do grupo D, em Hillborough. A unidade contribui em muitos aspectos para os eventos esportivos, entre eles:

- questões relacionadas a esportes individuais
- credenciamento
- divulgação e mídia
- alimentação
- apoio da sociedade
- planejamento de eventos
- gerenciamento financeiro

- captação de recursos
- *marketing*
- protocolo
- publicidade e promoção
- segurança e policiamento
- patrocínio
- transporte e comunicação
- turismo

O negócio de eventos e a situação atual

Os grandes eventos esportivos têm uma dimensão nacional e uma dimensão internacional. Em ambas, existe risco de incerteza em relação à qualidade de desempenho e aos níveis de apoio de espectadores.

No âmbito internacional, existe um equilíbrio de poder instável, que afeta o processo de tomada de decisões em torno da alocação de eventos. A posição do Reino Unido no esporte mundial está em decadência, o que atualmente se constitui em uma fonte de preocupação para o conselho de esportes, assim como outras organizações nacionais esportivas e de autoridades locais que invistam em instalações esportivas internacionais. Representantes de alto nível dos esportes do país costumavam ocupar cargos importantes em federações esportivas internacionais. Acredito que a atual falta de representação do Reino Unido afetou, e continua a afetar, a capacidade das localidades em atrair eventos esportivos internacionais.

O mercado de eventos esportivos é complexo, em função do leque de organizações atualmente interessadas e envolvidas. Entre elas, estão organismos internacionais, organizações da mídia e empresas envolvidas com o patrocínio esportivo, *marketing* de esportes e gerenciamento de tecnologia de esportes (isto é, empresas envolvidas com serviços de cronometragem, marcação e resultados).

Em geral, reconhece-se que a demanda por eventos é, inicialmente, um resultado da disponibilidade de instalações, ou seja, é orientada pela oferta. A demanda por lazer costuma ser mais complexa do que a demanda por produtos, mas aquela relacionada aos eventos esportivos pode ser mais simples do que a demanda por outras formas de atividade recreacional. A demanda por eventos em geral deve crescer no Reino Unido. À medida que o mercado se desenvolve, veremos os esportes adaptando suas estruturas competitiva e organizacional para atender às demandas e expectativas de seus clientes, patrocinadores, mídia e, possivelmente, fornecedores de instalações.

O leque de instalações em Sheffield, bem como sua adequação a determinados tipos de eventos – os aquáticos em Ponds Forge, os atléticos no estádio Don Valey, esportes em locais fechados na Arena de Sheffield – orientam a forma pela qual a cidade pode participar do setor. Embora a escolha dos eventos para essas instalações seja ampla, poucas atendem aos objetivos da cidade e não oferecem segurança suficiente contra riscos e incertezas.

Sheffield é vista atualmente como um centro para importantes eventos esportivos, juntamente com outros locais estabelecidos na Europa e no mundo. Esse fato é reconhecido pelo Conselho de Esportes (Sports Council), por organismos nacionais de organizações promotoras de esportes e eventos, e foi uma das principais razões pelas quais a cidade foi apontada como a principal da Grã-Bretanha, em termos de esportes, em julho de 1995. Sheffield tem uma importante programação esportiva, com projeções para o terceiro milênio.

Esta capacidade de planejamento é conseqüência da oferta de instalações, habilidades, experiências e resultados obtidos nos últimos seis anos. Uma exceção possível é a publicidade negativa que envolveu a Universíade. Apesar disso, a cidade ganhou reputação pela qualidade de sua organização de eventos; assim, promotores, organismos, a mídia e os patrocinadores expressaram o desejo de retornar. Não nos esqueçamos de que indivíduos e organizações desejam estar associados com o melhor, com o sucesso. Sheffield desfruta desses fatores com sua programação de eventos e está capacitada para maximizar o efeito de seu orçamento limitado.

Uma estratégia para eventos esportivos nacionais e internacionais

O desenvolvimento de uma estratégia para a coordenação de eventos esportivos nacionais e internacionais era essencial para maximizar a eficiência da operação da unidade de eventos de Sheffield. Esta estratégia também oferece orientação e dá um sentido de propósito, o que facilita a melhor articulação entre as metas e objetivos identificados.

A definição dessas metas e objetivos, e os critérios pelos quais os eventos são avaliados, eram um pré-requisito para a formulação da estratégia. A premissa básica subjacente à recepção de eventos esportivos nacionais e internacionais era a qualificação do perfil da cidade (*marketing* da cidade) e o estímulo à economia local por intermédio dos efeitos multiplicadores.

Atualmente, reconhece-se que os eventos esportivos nacionais e internacionais são um importante componente do processo geral de regeneração econômica da cidade.

Metas

1. Transformar a imagem de Sheffield nacionalmente e qualificar seu perfil no plano internacional, ampliando o espaço para o esporte e lazer no mercado como parte de uma base econômica diversificada criada pela cidade e também uma maneira de atrair investimento, demonstrando que a expressão "Made in Sheffield", embora aplicada a outro contexto, continua válida como sinônimo de qualidade e realização.
2. Estimular a comunidade local a colaborar e integrar-se aos esportes e, assim, ampliar a utilização de toda a estrutura esportiva da cidade.

Objetivos

1. Entrar em contato com os principais organismos esportivos e promotores de eventos, enfatizando o potencial de Sheffield como um importante centro esportivo.
2. Trabalhar próximo ao recém-formado Grupo de Apoio a Eventos Importantes (Major Events Support group), do Conselho de Esportes, para garantir uma abordagem coordenada pela cidade, especialmente com relação a eventos de grande porte.
3. Estimular o desenvolvimento do turismo e o estímulo subseqüente para que os turistas pernoitem no local.
4. Maximizar a visibilidade nacional e internacional de Sheffield (*marketing* da cidade) incentivando a cobertura de seus principais eventos esportivos pela televisão e outros meios de comunicação.
5. Desenvolver oportunidades de participação para aqueles que não têm acesso a esportes.
6. Promover oportunidades para que organizações esportivas se transfiram para Sheffield e enfatizar o potencial da cidade como uma importante base para atividades associadas (seleções nacionais, treinamento, seminários, conferências, etc.). O projeto Sports Sheffield e a Destination Sheffield são dois mecanismos pelos quais isso pode ser viabilizado.
7. Capitalizar e aproveitar totalmente a disponibilidade de financiamento externo para fazer frente aos custos dos eventos, tanto nos estágios de planejamento quanto nas operações dos eventos propriamente ditas.
8. Desenvolver uma tentativa de diluir a carga e os riscos associados à atração de eventos, para incluir todos aqueles que possam se beneficiar de sua realização na cidade.
9. Aumentar a penetração do atual mercado de eventos e ampliar este mercado para uma área regional, além de diversificar os grupos de consumidores.
10. Incentivar o desenvolvimento de esportes e de iniciativas comunitárias de recreação para maximizar as oportunidades e garantir a melhor utilização dos recursos disponíveis.
11. Explorar as oportunidades para a hospitalidade corporativa como forma de gerar renda para fazer frente aos custos de promoção de eventos.
12. Incluir eventos culturais e artísticos na programação, de forma que as atividades esportivas e culturais se complementem.
13. Realizar o evento dentro do orçamento previsto.

O estilo Sheffield: um processo em três passos

Critérios de seleção para grandes eventos esportivos

1. O evento oportuniza o desenvolvimento contínuo de relações com organismos esportivos, enfatizando o potencial da cidade como centro de eventos específicos de grande porte? (Este critério deve orientar-se pelo conjunto de instalações que foi desenvolvido em Sheffield.)
2. Quais são as implicações financeiras e a natureza da transação realizada com o organismo esportivo ou promotor de eventos? Este é um fator crucial; nesta etapa, o envolvimento e a contribuição dos patrocinadores pode auxiliar na decisão de buscar ou não um determinado evento.
3. Na maioria dos eventos, existe um certo nível de risco e incerteza. Para contribuir no processo de tomada de decisões, é necessário conhecer a situação profundamente e

dispor de uma grande quantidade de dados. Informações financeiras e estatísticas anteriores são analisadas. Avaliam-se fontes de receita potenciais com relação à despesa projetada. O custo líquido para a cidade é submetido à uma análise do tipo custo-benefício.

4. Apesar dos custos da relização de grandes eventos, há diversos benefícios econômicos, além do orgulho cívico e da comunidade, da elevação do perfil nacional e internacional (*marketing* da cidade) e ainda outras formas de renda secundária.
5. Os gastos dos visitantes na localidade, por sua vez, estimulam a economia local – hotéis, comércio, transporte, etc. – e contribuem para o sucesso da estratégia de elaboração dos eventos. Esses benefícios econômicos têm que ser avaliados caso a caso.
6. É realizada uma avaliação sobre o nível de exposição à mídia proporcionado pelo evento em termos de desenvolvimento do perfil regional, nacional e internacional de Sheffield (*marketing* da cidade), especialmente através da televisão.
7. É necessário pesquisar o volume de financiamento externo disponível no Conselho de Esportes e em outras fontes.
8. O evento promove a relocação para Sheffield, cria oportunidades para organizações esportivas e aumenta o potencial da cidade como base importante para atividades associadas (treinamento, seminários, conferências, etc.)?
9. Qual é o impacto do evento no estímulo à economia local para colaborar e participar em atividades esportivas?
10. Existe a possibilidade de estabelecer um vínculo com o desenvolvimento de centros de excelência e a indicação de funcionários específicos para o desenvolvimento esportivo?
11. Quais são as oportunidades para o envolvimento e o atendimento das camadas da população que não têm acesso a esportes? O programa WSG Our Year Too continuou e se desenvolveu, e agora tem *status* beneficente.
12. Qual é a situação e a credibilidade do evento? Como é percebido no mercado? Qual é a sua categoria, isto é, calendário, participação, entretenimento, evento híbrido ou particular.
13. A cidade pode administrar as implicações operacionais do evento? Qual é a disponibilidade de voluntários treinados adequadamente? Existem mão-de-obra e recursos apropriados?
14. O cronograma deve ser analisado criticamente. Sempre que possível, processos e prazos de licitações devem ser avaliados para verificar se são viáveis.
15. O evento permite a prestação de um serviço de qualidade ao consumidor e pode satisfazer suas demandas e expectativas?
16. Deve-se fazer uma tentativa de quantificar o valor agregado do evento para a cidade. Outros aspectos quantificáveis podem ser avaliados, como a duração e a abrangência da cobertura televisiva (*marketing* da cidade), junto com índices de audiência e o número estimado de pernoites associado ao evento.

A avaliação de eventos

1. Como resultado da pesquisa e investigação proativas, ou da solicitação de uma organização à cidade de Sheffield com relação à promoção de um determinado evento, é necessária uma avaliação abrangente que determine seu potencial para satisfazer as metas e atingir os objetivos da principal programação de eventos esportivos da cidade.

2. É necessário que haja um diálogo com o Grupo de Apoio a Grandes Eventos do Conselho de Esportes. O secretário de estado anunciou que o Lottery Sports Fund (Fundo para Esporte) pode ser utilizado atualmente para contribuir com os custos da promoção de grandes eventos esportivos. A Associação Inglesa de Futebol já consultou o primeiro-ministro e o secretário de estado sobre a disponibilidade de apoio a uma candidatura para a Copa do Mundo de Futebol no ano de 2006.
3. Durante os eventos esportivos da cidade, e nos acontecimentos comunitários de recreação, acontecem discussões e comunicações informais.
4. Os representantes do gerenciamento de instalações são consultados sobre a disponibilidade de locais e estimativas de custos.
5. As necessidades de hospedagem são verificadas com a Destination Sheffield (a Secretaria de Turismo e Eventos da cidade), obtendo-se preços, quando for o caso. Se for concluído que a cidade não pode satisfazer a especificação de hospedagem necessária, todos os serviços potenciais serão consultados para se conhecerem seus planos de desenvolvimento futuro e, se um promotor de eventos ou um organismo esportivo tiver um interesse específico com relação ao preço, e o sucesso do evento estiver em jogo, os serviços de hospedagem devem ser notificados deste fato antes de fornecer seus preços.
6. O painel de avaliação é formado da seguinte forma:
    - gerente de operações (eventos)
    - funcionário de desenvolvimento esportivo e/ou funcionário de desenvolvimento de esportes específicos
    - representante das instalações
7. O painel de avaliação examinará o evento com relação aos critérios de seleção, tomando uma decisão objetiva sobre sua concretização.
8. Eventos de grande porte, como o World Masters Championships, incluem discussões e consultas com outros departamentos da Câmara de Vereadores onde houver conhecimento especializado disponível como, por exemplo, o departamento financeiro ou o departamento legal de administração.

Gerenciamento operacional

1. Nesta etapa, deve-se finalizar um contrato ou acordo por escrito entre a Câmara de Vereadores e o organismo promotor, estabelecendo claramente a divisão de responsabilidades e o nível de compromisso financeiro.
2. O procedimento acertado deve ser repetido para todas as outras agências envolvidas no evento proposto. Esta clara divisão de responsabilidades é fundamental e deve incluir outros departamentos do parlamento, como serviço direto e empresas estatais de prestação de serviços.
3. Em caso de aprovação do evento, o painel de avaliação irá formular e recomendar, em conjunto com o organismo esportivo, a estrutura organizacional mais adequada à natureza e tamanho do evento.
4. Nessa etapa, os papéis dos indivíduos na unidade de eventos de Sheffield podem ser identificados e administrados.
5. Da mesma forma, o papel de outros indivíduos e grupos envolvidos no evento deve ser identificado, incluindo aqueles pertencentes ao organismo esportivo ou ao promotor, junto com outros departamentos da Câmara de Vereadores e outros parceiros.

6. Deve-se fazer contato com o representante do esporte específico do evento. O momento e o contato irão variar segundo o porte da promoção.

Como se candidatar a receber eventos esportivos internacionais

Para eventos esportivos internacionais, a federação específica ou o organismo nacional faz uma oferta formal para sua federação internacional, no sentido de sediar um evento. Uma vez que isto esteja definido, elabora-se um acordo contratual com a federação internacional, e a federação específica deverá estabelecer um contrato com as cidades anfitriãs escolhidas.

A escolha do local é de responsabilidade da federação, que pode desejar escolher antes de fazer a oferta à federação internacional, confirmando anteriormente o nível de apoio daquela cidade em especial.

No caso do Campeonato Europeu de Futebol de 1996, na Inglaterra, a Associação de Futebol recebeu apoio "em princípio" do governo central, antes de se candidatar na UEFA para a promoção do evento. Contudo, não houve consulta às autoridades locais das cidades anfitriãs até que o evento estivesse garantido, causando preocupação para aquelas autoridades, que provavelmente teriam custos caso as partidas fossem disputadas em suas cidades. Esses custos incluíam fatores como gerenciamento de tráfego e aumento na demanda por limpeza. Havia também uma expectativa de que as cidades anfitriãs viessem a elaborar um programa de festivais esportivos e culturais.

Algumas federações internacionais concedem eventos para o país da federação nacional e permitem que esta escolha a cidade mais adequada, após a concessão. As cidades que pretendem ser candidatas devem estar cientes desse processo. Em ocasiões anteriores, na Inglaterra, organismos esportivos nacionais garantiram eventos esportivos europeus e mundiais supondo que aconteceriam em uma determinada cidade, tendo que escolher outra em uma data posterior.

Sheffield vem obtendo o apoio de muitas organizações quando se candidata para eventos esportivos internacionais. As duas universidades da cidade, hotéis e restaurantes, a Destination Sheffield, a Câmara de Comércio e muitas empresas locais já ofereceram dinheiro ou apoio. Além disso, a British Tourist Authority (Ministério do Turismo Britânico) tem dado muito apoio às candidaturas que possam resultar em grandes números de estrangeiros visitando o Reino Unido (*marketing* da cidade). Em diversas ocasiões, esse fator contribuiu muito para o *marketing* e para a promoção das candidaturas internacionais.

O processo nacional de candidatura para eventos esportivos internacionais costumava ser pouco estruturado e sem coordenação. Entretanto, a introdução do Grupo de Apoio a Grandes Eventos, do Conselho de Esportes, é uma iniciativa bem recebida pela cidade e levará a uma estratégia muito mais coesa e objetiva para a promoção de eventos esportivos internacionais no Reino Unido.

Financiamento de candidaturas a eventos

Os custos de candidaturas a eventos esportivos internacionais e sua promoção representam uma carga financeira para a cidade anfitriã. Muitos organismos esportivos desejam que a cidade candidata financie o processo de candidatura e garanta o custo total do evento, e muitos desses organismos têm pouca ou nenhuma experiência em candidaturas e promoções, além de não conhecerem as implicações financeiras e organizacionais associadas à promoção de eventos internacionais.

Essencialmente, as cidades do Reino Unido, como Sheffield, Birmingham e Glasgow, têm subsidiado os esportes. Por meio do financiamento do Lottery Sports Fund (Fundo para Esporte), o governo britânico demonstrou estar disposto a elevar o perfil dos esportes do país no exterior, oferecendo assistência financeira às cidades que investirem em instalações de alta qualidade para as disputas.

Monitoramento e avaliação de programas

Para medir a eficácia desse tipo de programa, é essencial incorporar um mecanismo de monitoramento e avaliação. O retorno obtido a partir de tal mecanismo pode ilustrar a eficácia da estratégia de *marketing* da cidade. Geralmente, pode-se medir o sucesso através de benefícios quantificáveis e tangíveis para a cidade. Mas, é mais difícil avaliar os ganhos em termos de imagem ou *marketing*. Como parte de nossa avaliação posterior ao evento, esses benefícios são registrados e podemos, então, avaliá-los em relação a nossas expectativas para aquele evento específico. O processo posterior ao evento pode variar de uma análise interna básica até um estudo externo mais complexo, como no caso da World Masters Swimming Championship e da Euro 96.

A importância de receber eventos esportivos nacionais e internacionais reside no papel que eles cumprem no *marketing* da cidade. Também é importante a forma como os eventos estimulam a economia local por meio de seus efeitos multiplicadores. Há um reconhecimento mundial de que esses eventos podem contribuir em muito para o plano de regeneração econômica geral da localidade. As despesas secundárias por parte dos participantes, espectadores, representantes e outros visitantes, estimulam a economia local. Hotéis, restaurantes, bares e clubes, comércio e transporte, todos se beneficiam e contribuem para desenvolver a estratégia centrada em eventos, da qual Sheffield foi pioneira na Inglaterra.

Apesar dos custos associados à promoção de grandes eventos esportivos, Sheffield registrou, através de seu programa de monitoramento e avaliação, uma elevação no orgulho cívico e da comunidade (particularmente durante os eventos propriamente ditos), na projeção de seu perfil em termos nacionais e internacionais (*marketing* da cidade) bem como benefícios econômicos decorrentes das despesas secundárias. Esse tipo de programa também traz grandes benefícios para a comunidade esportiva local, proporcionando oportunidades para a participação ativa e passiva. Aqui apresentamos algumas estatísticas importantes em termos do que foi conquistado em Sheffield por meio do programa de eventos esportivos desde 1990:

- Designação de Sheffield como principal centro esportivo do país.
- Realização de 320 eventos esportivos nacionais e internacionais, incluindo 39 relacionados a esportes específicos.
- Um total de 17 instalações esportivas diferenciadas foi utilizado tanto no setor público quanto privado.
- A cidade recebeu 13 campeonatos mundiais e nove europeus em um período de seis anos.
- Os campeonatos mundiais e europeus envolveram mais de um milhão de pessoas, entre participantes, espectadores e pessoas ligadas à organização.
- Estima-se que mais de 45 milhões de libras tenham sido gastas na economia local, diretamente relacionadas a este programa, o que representa um retorno bastante favorável sobre o investimento feito pelas autoridades. Para cada libra gasta no programa, 37,50 libras retornaram para a economia local.

O perfil da mídia e o *marketing* da cidade por propaganda transmitida na televisão em horário nobre é um custo que seria proibitivo fora de um programa de eventos nacional e internacional.

- Dos 320 eventos realizados em Sheffield, 88 receberam cobertura televisiva nacional ou internacional. Muitos outros foram cobertos em nível regional.
- O evento McDonald's IAAF Permit, realizado no estádio Don Valley, em 1996, recebeu duas horas de cobertura em horário nobre na televisão nacional e foi assistido por mais de 5,3 milhões de espectadores. Além disso, as imagens foram transmitidas pelo Eurosport, via satélite, para 20 países europeus, com uma audiência calculada em mais de 20 milhões. Estima-se que a cobertura televisiva recebida pela cidade como resultado desses eventos tenha rendido à região cerca de 90 milhões de libras.

Questões para auto-avaliação

1. A partir de um evento que você esteve envolvido ou participou, identifique a meta geral e até cinco objetivos SMART. Examine quatro das perguntas-chave, questões ou itens que deveriam ser considerados.

2. Elabore sua própria lista de 15 fatores fundamentais a partir da idéia de promover com sucesso uma quermesse.

3. Considere um organismo – autoridade local, empresa privada ou organização voluntária – e sugira qual o papel que os eventos cumprem ou poderiam cumprir em seu plano estratégico geral.

Capítulo 2

Gestão

Existe um ditado anônimo que diz:

Gerenciar é a arte de fazer com que os outros trabalhem.

O bom gerenciamento é muito importante para o sucesso da organização de eventos locais ou internacionais e a implementação eficaz de princípios e práticas sólidos de gestão organizacional e individual é fundamental. Segundo os dicionários, gerenciar significa: conduzir, dirigir, controlar, liderar, lidar, auxiliar e treinar. Gerenciamento é fazer com que as coisas aconteçam, por intermédio de pessoas eficazes e processos eficientes.

O famoso autor da área de gestão, Peter F. Drucker, definiu um gestor como sendo "alguém que tem a tarefa de criar um todo verdadeiro que seja maior do que a soma de suas partes, uma entidade produtiva que ofereça mais do que a soma dos recursos nela investidos". Mais uma vez se enfatiza que a unidade de propósitos é a meta da boa gestão, o que já havíamos identificado como sendo vital para qualquer evento de sucesso. No início de qualquer trabalho devemos definir a unidade de propósitos como sendo um de nossos objetivos-chave e, para obtê-la por meio do bom gerenciamento, devemos levar em consideração e empregar alguns conceitos centrais.

Quando estudamos gestão, é comum examinar seus princípios e suas funções. Não existe uma receita pronta, sendo que diferentes autores preferem aspectos ou ênfases variados, de modo que é fundamental examinar mais detalhadamente os princípios importantes para a organização de eventos, tendo em mente que as pessoas podem utilizar várias palavras para os mesmos conceitos e, talvez, para visões diferenciadas a respeito deles. No caso dos eventos, o importante é sua implementação concreta, embora o estudo teórico venha a contribuir para uma boa prática.

As principais funções de gestão

Apresentamos aqui algumas das principais funções do gerenciamento. O Capítulo 3 trata da organização e da comunicação, de forma que elas não serão apresentadas nesta parte.

- organização
- planejamento
- motivação
- comunicação
- criação
- controle
- solução de problemas

Criação

Criar é o primeiro passo no processo de planejamento. O gestor deve tomar a iniciativa, apresentando a hipótese que, por meio de um estudo de viabilidade, poderá ser testada. Afinal, alguém tem que ser responsável pela idéia original do evento. O pensamento inovador ajudará a criar um conceito viável, um evento interessante baseado nas necessidades do cliente, e a gerar formas novas e importantes de financiar o projeto. Também é fundamental que o gestor seja capaz de aplicar a reflexão livre na implementação de um evento. Um bom administrador de eventos também será capaz de articular idéias ou tarefas adequadas para atingir as metas definidas de forma inovadora e estimulante. Lembre-se sempre que a criatividade deve ser colocada no contexto adequado, articulada ao suporte financeiro. A criatividade sem uma base sólida é irreal e provoca o desastre.

Solução de problemas

Os problemas são apenas oportunidades em uniforme de trabalho.

(Henry J. Kaiser)

A solução de problemas é uma habilidade essencial para o bom funcionamento do evento. Esta é uma característica absolutamente vital para aqueles que trabalham no setor, e qualquer um que tenha experiência poderá comprová-lo. Os problemas sempre ressurgem, e é necessário um pensamento positivo e inovador para resolvê-los. O pensamento criativo e periférico pode ser muito útil para enfrentar dificuldades e encontrar soluções. A solução de problemas tem várias etapas:

1. Levantar os fatos.
2. Especificar os objetivos.
3. Identificar o problema.
4. Formular soluções alternativas.
5. Escolher a melhor solução.
6. Pôr em prática a solução escolhida.
7. Continuar observando para garantir que a solução escolhida funcione.
8. Escolher uma nova solução, ou adaptar uma ação corretiva; ou voltar à primeira etapa.

A solução de problemas está intimamente vinculada ao gerenciamento de crises; é a capacidade de resolvê-los antes que se transformem em crises. Devemos nos concentrar no desenvolvimento de qualificações pessoais, fortalecimento e habilidade analítica para dar conta de qualquer problema enfrentado. É fundamental aprimorar essas habilidades analíticas praticando a segmentação de questões em partes relevantes. Tente ser sistemático na abordagem de problemas, de forma a não negligenciar detalhes importantes, especialmente quando estiver sob pressão. Também é importante assumir uma atitude simples e inovadora com relação aos problemas, já que uma abordagem exageradamente complexa irá apenas mascarar a questão e sugerir idéias ultrapassadas, raramente produzindo uma solução nova ou adequada.

Motivação

Manter a equipe motivada e interessada é sempre importante em qualquer situação de trabalho. No caso de eventos, há sempre o benefício do envolvimento de muitas pessoas, o que possibilita aproveitar o seu comprometimento. Mas não se pode contar apenas com isso, é necessário um esforço para manter a motivação elevada, especialmente porque os eventos sempre demandam uma dedicação extraordinária de todos os envolvidos.

A primeira questão fundamental é uma compreensão clara das metas e objetivos do evento por parte de todos os envolvidos, conquistando a unidade de propósitos e mantendo o objetivo final na mente de todos. A atmosfera do evento deve ser realista, aberta e honesta do início ao fim, e a equipe deve ser mantida informada. Devem-se comunicar as dificuldades financeiras ou quaisquer outros problemas para a equipe no momento em que ocorram, já que a ocultação indevida pode ser bastante desmotivadora.

As recompensas concretas podem ser mínimas, por demandas geralmente muito pesadas que se estabelecem sobre os envolvidos nos eventos. Provavelmente, a maior dessas recompensas é a satisfação e o prazer do trabalho. Para alguns, isso pode ser suficiente mas, para outros, não é tão importante. Tenha isso em mente quando fizer exigências à equipe. Pagar horas extras pode ser difícil mas, quando possível, vale a pena fazê-lo para atender aos interesses dos funcionários. No entanto, o dinheiro não motiva a todos (nem mesmo a muitos) envolvidos nos eventos de lazer.

É fundamental para o líder de um evento tentar compreender o que motiva seus funcionários ou voluntários, e fazer todo o possível para atender às necessidades individuais ou do grupo. Particularmente, é importante reconhecer o papel desempenhado pelos indivíduos na estrutura de um evento, bem como oferecer alguma forma de reconhecimento público como motivação, no caso de um evento local. Pode-se fornecer um uniforme para a equipe com vistas a criar uma identidade e coordenar os esforços. Qualquer pequeno brinde, como o uso de um carro cortesia, refeições gratuitas ou a famosa camiseta, pode realmente ajudar a motivar as pessoas e aumentar o seu comprometimento. Pequenas recompensas rendem muito.

As demandas de um evento costumam ir além do normal, de forma que qualquer motivação terá que ser, também, excepcional. Lembre-se de que fazer com que as pessoas façam o que você quer é manipulação, não motivação; o objetivo é fazer com que elas queiram o que você quer.

Controle

Desde o começo, deve ficar claro que o controlar não é algo sinistro, nem implica a manipulação de indivíduos; o controle relaciona-se ao monitoramento do desempenho de sistemas e recursos. Controle é a função de gerenciamento que verifica se o que deve acontecer está acontecendo ou irá acontecer. Essa é uma parte crucial na gestão de eventos, pois é necessário que as coisas realmente aconteçam, e não fiquem apenas na promessa.

Nas etapas de planejamento de um evento, deve-se estabelecer sistemas de controle para verificar se os objetivos são cumpridos dentro do cronograma previsto. O controle eficaz tem quatro etapas:

1. Planeje o que você pretende fazer.
2. Avalie o que já foi feito.
3. Compare as realizações com o plano.
4. Desenvolva ações para corrigir qualquer coisa que não esteja como deveria.

Em termos práticos, o controle pode ser exercido de várias formas:

- *Controle financeiro* garante que a despesa seja feita da forma e no momento esperados; isto é fundamental.
- *Pelo menos duas pessoas* devem saber sobre que tarefas foram realizadas.
- A *moderna tecnologia* monitora as realizações reais.
- Os *sistemas de relatório e comunicação abrangentes* detectam todas as tarefas que não foram realizadas.
- O *controle flexível* ajusta-se a mudanças nas circunstâncias e concede tempo suficiente para uma adaptação fácil.
- *Relatórios regulares* para todos os grupos de indivíduos.

Ao delegar autoridade e estimular todos para que façam sua parte, é fundamental implementarmos sistemas para garantir que todas as tarefas sejam levadas até o fim. O controle adequado irá garantir um resultado final adequado.

Planejamento

O sábio enxerga adiante.

(provérbio)

Sempre existe um certo perigo em considerar uma função de gerenciamento como sendo mais importante do que outra. Contudo, em termos de organização de eventos, seria bastante legítimo escolhermos o planejamento como o fator principal para a obtenção do sucesso. O planejamento cuidadoso é absolutamente vital para os bons eventos; as coisas não acontecem ou surgem simplesmente por acidente, elas são produzidas mediante planejamento e reflexão eficazes.

Planejar é o processo de estabelecer metas e decidir sobre a melhor estratégia para conquistá-las. O tempo gasto no planejamento cuidadoso é bem empregado e será recompensado mais tarde, já que ajudará a eliminar esforços inúteis e equivocados. Para um evento, devem ser produzidos três tipos de plano:

- Os *planos estratégicos* orientam a organização no sentido de seus objetivos gerais, levando em conta as principais influências: política, ambiental, econômica, etc.
- Os *planos específicos* são projetados para conquistar determinados objetivos, como estimativas orçamentárias, geração de recursos e planos de divulgação.
- Os *planos administrativos, organizacionais e estruturais* explicam como os objetivos serão conquistados.

O valor do planejamento está em reduzir a incerteza, concentrar a atenção nas metas, gerar unidade de propósitos, produzir uma operação eficiente e garantir que se estabeleçam sistemas adequados de controle.

Etapas do planejamento de eventos

1. Elabore a visão e as metas do evento.
2. Formule uma política, adote a visão e analise suas conseqüências.
3. Realize um estudo de viabilidade e tome decisões fundamentais.
4. Estabeleça os objetivos SMART.
5. Identifique os recursos financeiros e verifique sua disponibilidade.
6. Identifique as tarefas a serem realizadas.
7. Defina a estrutura organizacional e identifique os papéis.
8. Selecione o pessoal.
9. Escolha a estrutura de comunicação apropriada.
10. Elabore um orçamento.
11. Faça planos detalhados e defina o calendário; trabalhe no sentido retroativo em relação ao evento propriamente dito.
12. Planeje as reuniões necessárias e escolha os sistemas de controle.
13. Planeje a implementação do evento, sua apresentação, preparação, encerramento e fechamento de contas.
14. Finalize a contabilidade; avalie se as metas e os objetivos foram atingidos, e registre quaisquer modificações a serem consideradas na organização de eventos futuros.

Como foi sugerido na etapa 11 desse processo de planejamento, será necessário estabelecer um cronograma detalhado. Este fator é vital, já que um evento depende totalmente do tempo; apenas com tarefas finalizadas dentro do tempo disponível é possível ter sucesso em um evento, e qualquer atraso pode ser fatal.

Os setores de engenharia e construção utilizam a análise do caminho crítico para determinar o avanço dos projetos e, embora ela possa ser complexa demais para algumas situações, é recomendável utilizar algum tipo de diagrama na etapa 11 (Figura 2.1). O processo deve ser projetado para adequar-se a cada evento e será de grande benefício para os processos de planejamento e monitoramento. Para eventos de maior porte, poderia haver um diagrama de planejamento para cada grupo de trabalho, que seria projetado pelo grupo e estabeleceria as datas mais importantes. Entretanto, com ou sem diagrama, o planejamento deve ser minucioso, cuidadoso e detalhado. Apenas um evento bem planejado será um bom evento. Lembre-se, o fracasso no planejamento é o planejamento para o fracasso!

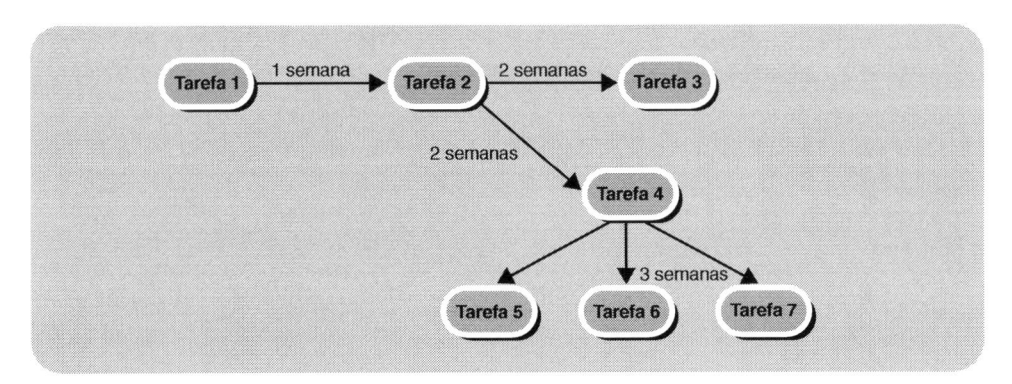

Figura 2.1 Tarefas fundamentais e seus cronogramas.

Outros conceitos de gestão

Há outros conceitos identificados na área de gestão que são particularmente importantes para os eventos e seus aspectos mais relevantes. Assim sendo, antes de examinarmos algumas das habilidades pessoais de gerenciamento, devemos analisar a tomada de decisão, a construção de equipes, a delegação, a liderança, a avaliação e treinamento de pessoal, a autoridade, a responsabilidade com o poder, o gerenciamento de crises e a solução de problemas.

Tomada de decisões

Aquele que hesita está perdido.

(provérbio)

A tomada de decisões é uma parte da gestão de qualquer tipo de organização, sendo impossível definir uma forma de abordar a questão. Contudo, alguns princípios gerais devem ser aplicados, e é sempre interessante segui-los em uma situação de pressão.

Precisamos tomar decisões em diversos níveis dos eventos: individual, grupal e organizacional. Qualquer que seja o nível, isto envolve a avaliação e implementação de estratégias possíveis, considerando a flexibilidade, a atitude do indivíduo em relação ao risco e a resposta da organização a tal atitude. Em um evento, considerando-se que o resultado final irá afetar a todos, costuma ser melhor utilizar a tomada de decisões de maneira "democrática", na tentativa de envolver o maior número de pessoas possível. Também é interessante utilizar o conhecimento coletivo do grupo para ajudar a tomar a decisão correta e assim contribuir para a construção de uma unidade de propósitos, de forma que as decisões acordadas contribuam para a apropriação conjunta do projeto.

Construção de equipes

Obter resultados através das pessoas é uma habilidade que não se aprende na sala de aula.

(J. Paul Getty)

Em certa medida, essa é uma habilidade de gestão que não se pode definir, estando relacionada a aspectos psicológicos tais como o estado de espírito, a camaradagem e os traços de personalidade. Embora sua definição seja difícil, é essencial que qualquer gerente de eventos faça um esforço real para construir sua equipe. Para atingir o sucesso no mundo da gestão de eventos, que muitas vezes funciona sob pressão, a unidade de propósitos e uma atmosfera de cooperação são essenciais.

O reconhecimento dos aspectos formais e informais de uma organização contribui para o trabalho em equipe e permite a melhoria de ambos. É importante estimular reuniões informais para ajudar a construir relacionamentos e promover entendimentos conjuntos, bem como estruturas e cadeias de comando claras, que ajudarão a evitar confusão e conflito. O treinamento formal, o convívio informal, a tomada de decisões em grupo e o envolvimento do pessoal em todas as etapas contribuirão para construir uma equipe eficaz. Isto é muito importante para eventos de todos os portes, com a participação de voluntários e de trabalhadores remunerados, podendo até mesmo ser essencial no caso do setor voluntário.

Delegação

Aquilo que vale a pena ser feito, vale a pena o esforço de pedir que alguém o faça.
(Ambrose Bierce)

A delegação de tarefas é uma etapa fundamental no gerenciamento e crucial para o sucesso de qualquer evento. Ela não significa renunciar à autoridade, mas sim dar às pessoas funções à altura de suas capacidades. Tenha em mente que o coordenador ainda tem a responsabilidade pelo fracasso, se este for o resultado. É importante gerenciar da forma certa, através da delegação planejada, e não apenas de uma alocação aleatória de tarefas. Reflita sobre o que pode ser delegado e quais seriam os benefícios no caso de alguém fazer qualquer trabalho em especial. Talvez as tarefas tomem um pouco mais de tempo quando delegadas; inicialmente, talvez, a qualidade seja inferior, mas o velho ditado aplica-se muito bem aos eventos: 1% de cem pessoas é melhor que 100% de uma pessoa. A longo prazo, a realização é maior.

Lembre-se de que delegar não é se livrar de algo, nem uma oportunidade de passar adiante todas as tarefas enfadonhas ou difíceis. A delegação é projetada para obter sucesso pela maximização da eficiência, utilizando o tempo, a especialização e o esforço de todos para o melhor propósito. É importante escolher trabalhos que ofereçam algum desafio e um sentido de realização aos indivíduos, não apenas tarefas menores que o líder do grupo não queira desempenhar. É necessário que seja dada uma orientação clara, e as tarefas delegadas não devem ser vagas ou exigir que as pessoas gastem muito tempo e esforço para entendê-las.

Conheça a capacidade e a disposição do indivíduo ou grupo para realizar a tarefa que está sendo delegada. Delegue a quem está qualificado e que provavelmente será capaz de cumprir o trabalho (com orientação e treinamento). Estimule a delegação até o nível de atividades mais primário possível na organização. O compromisso e a motivação surgem pela delegação e pela oportunidade de realizar tarefas reais. Em geral, as pessoas costumam crescer diante de desafios verdadeiros.

Dê instruções precisas sobre a tarefa que você quer ver realizada, incluindo o quê, em que prazo e em que padrão. Mas explique como isso deve ser feito e garanta que os mecanismos para o relatório de andamento e para a busca de ajuda estejam claramente entendidos. Comunique o que está acontecendo a outras pessoas que serão afetadas pela delegação de tarefas. Durante o processo, solicite relatórios sobre o andamento e os verifique regularmente, demonstrando que o líder está interessado.

Também é necessário transmitir uma avaliação positiva, de forma construtiva, para auxiliar a pessoa na realização da tarefa. Em um evento de porte significativo, o líder principal não poderá fazer tudo sozinho, o que torna a delegação eficaz um fator essencial.

Liderança

A liderança é uma influência interpessoal, exercida em situações críticas e direcionada pelo processo de comunicação, rumo à realização de uma ou várias metas determinadas.
(Tannenbaun e Massarik)

Nunca é demais enfatizar a necessidade crucial de uma liderança eficaz e carismática para qualquer evento de sucesso. É preciso definir o caminho e assumir a liderança. O sucesso é impossível sem um capitão, e é certo que um evento sem um timoneiro irá naufragar.

Assim como a beleza, a boa liderança é uma questão de ponto de vista, mas apresentamos a seguir algumas das qualidades necessárias para a gestão de eventos. O gestor deve ser:

- acessível
- decidido
- esforçado
- flexível
- informado
- inovador
- firme, mas justo
- diplomático
- carismático
- criativo
- compreensivo
- democrático
- diligente
- motivador
- entusiasta
- perceptivo
- analítico
- organizado
- abençoado com um senso de humor
- ciente da questão financeira

Quem dispuser de todas essas qualidades será um super-homem ou uma supermulher.

Como os eventos podem variar, dos mais formais aos mais informais, o líder precisa ser capaz de variar, de uma postura autoritária à amigável, de acordo com a demanda da ocasião. É o caso da liderança pelo exemplo, demonstrando compromisso e sentido de propósito e, a seguir, esperando que outros façam o mesmo.

O verdadeiro líder não tem necessidade de mandar. Ele se contenta em apontar o caminho.
(Henry Miller)

Em algumas ocasiões, pode ser necessário assumir uma postura assertiva com companheiros de trabalho, mas é mais comum que a ordem do dia seja o estímulo por meio da força da personalidade e do exemplo. Um líder eficaz demonstra sua preocupação aos funcionários, dizendo-lhes exatamente o que é necessário fazer, compartilhando a experiência geral do evento e recompensando ou reprendendo os trabalhadores, de acordo com o que for necessário. Um bom estilo e a qualidade do líder serão um fator decisivo no sucesso de qualquer evento.

O estilo de liderança pode variar em uma faixa que vai da liberalidade total até a conduta ditatorial, com uma série de etapas entre uma e outra.

Ditador ◄──► Autoritário ◄──► Democrático ◄──► Consensual ◄──► Liberal

O único estilo totalmente inadequado para os eventos é o último, o Liberal, já que, sem alguém no leme, o evento pode desandar ou, no mínimo, ficar à deriva.

Um Ditador total seria igualmente inaceitável, especialmente quando há voluntários envolvidos, e uma abordagem dogmática será ineficiente na maioria das situações, muitas vezes causando mais problemas do que avanços.

Essencialmente, o estilo do líder tem que ser adequado à situação mas, em geral, irá permitir uma contribuição importante por parte dos outros. Quem foi excluído do processo de tomada de decisões também poderá se sentir afastado da conquista das metas do evento e provavelmente não irá seguir qualquer líder que não o envolva no processo. Uma postura positiva, mas democrática e pragmática, por parte da liderança, costuma ser a forma para obter um certo grau de controle, juntamente com a unidade de propósitos. Um líder adequado também deverá oferecer previsão, orientação e conhecimento sobre o contexto para garantir o sucesso, além de manter-se atento ao que acontece ao seu redor, para que tudo fique sob controle (Figura 2.2).

Gestão

Acima — Gerenciamento de financiadores e parceiros importantes

Exteriormente — Gerenciamento do atendimento ao cliente

Antes — Monitoramento e controle de recursos, pessoal e sistemas

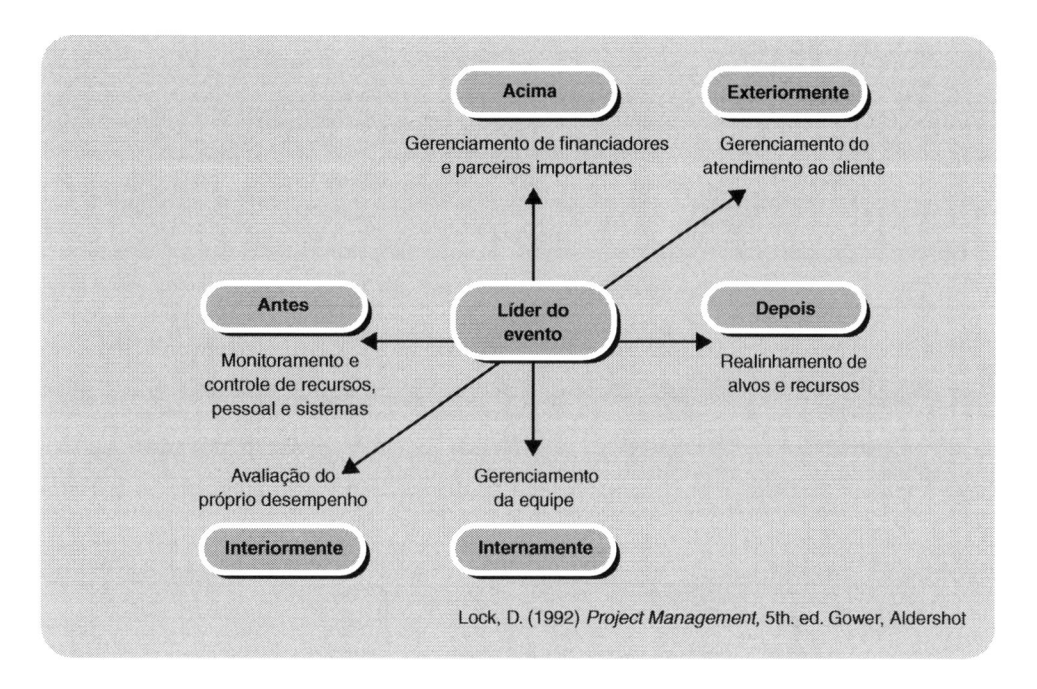

Líder do evento

Depois — Realinhamento de alvos e recursos

Interiormente — Avaliação do próprio desempenho

Internamente — Gerenciamento da equipe

Lock, D. (1992) *Project Management*, 5th. ed. Gower, Aldershot

Figura 2.2   Um líder de eventos deve prestar atenção ao que acontece a sua volta.

Avaliação e treinamento de pessoal

Devido à natureza transitória dos eventos, a área de desenvolvimento de pessoal costuma ser ignorada, o que é um grande erro, já que muitas das pessoas e habilidades necessárias deverão ser desenvolvidas, em vez de apenas encontradas. A avaliação de pessoal pode ser difícil, devido a um cronograma apertado, mas qualquer comentário que se possa fazer aos funcionários a respeito de seu desempenho e de seus pontos fortes e fracos virá a estimular seus esforços. As pessoas costumam apreciar a orientação construtiva, em vez de apenas desenvolverem suas tarefas sob pressão.

Deve haver tempo para o treinamento dos funcionários, o que acabará se revelando um benefício considerável para o processo como um todo. Também é benéfico ter pessoal altamente qualificado e capacitado, seja voluntário ou remunerado. Existem dois tipos de treinamento para as equipes de eventos:

- O *treinamento desejável*, que melhora as habilidades pessoais, tais como a tomada de decisões e a criatividade.
- O *treinamento essencial*, que garante que o pessoal esteja ciente das exigências legais, por exemplo, com relação à legislação sobre saúde e segurança, e que possa desempenhar tarefas rotineiras de processamento de texto e computação.

Apesar da pressão do tempo, deve-se realizar o maior número possível de treinamentos, para ajudar na melhoria da qualidade do evento e permitir que ele seja desenvolvido com maior eficiência e eficácia.

Autoridade, responsabilidade e poder

Conhecimento é poder.

(Francis Bacon)

A gestão e a estrutura de qualquer evento devem deixar claro quem possui a autoridade, a responsabilidade e o poder. Esses conceitos são importantes e se constituem em partes vitais da delegação de tarefas. Lembre-se: não se pode delegar apenas a culpa pelos problemas! Transmitir e delegar a autoridade, a responsabilidade e o poder no maior nível possível e viável trará benefícios, eficácia e prazer para a equipe. Os funcionários ficam mais motivados se forem realmente capazes de desenvolver e completar tarefas sem que sempre tenham que informar ou obter permissões.

É importante que todos conheçam sua própria posição e não sejam tentados a subestimar, ou talvez superestimar, seu papel, especialmente em áreas como as de recursos financeiros. Alguém deve assumir responsabilidade por cada decisão e por cada gasto, e todos devem saber quem é esse alguém. A comunicação é uma parte central deste processo, sendo fundamental estabelecer canais claros e definir onde está a responsabilidade.

Gerenciamento de crises

Ou você é parte da solução, ou é parte do problema.

(Elridge Cleaver)

É difícil imaginar um evento sem algum tipo de crise, ou pensar em um organizador de eventos que não precise ter habilidades de bombeiro. Como diz Kipling, "se você consegue manter o bom senso quando todos ao seu redor já o perderam e culpam você por isso". A regra de ouro para qualquer problema é não entrar em pânico, o que é fácil de dizer, mas difícil de fazer. No caso de eventos, muitas vezes se pode julgar uma pessoa pela sua reação a uma crise inesperada. A capacidade de lidar com esse tipo de situação é a habilidade fundamental para pessoas que ocupam posições importantes no gerenciamento de eventos. Um bom administrador enfrenta crises e lida com elas de forma calma e eficaz.

Por meio de pré-planejamento cuidadoso e reflexão antecipada, um bom organizador deve esforçar-se para evitar o maior número possível de crises. Além disso, como parte do mesmo processo, a equipe pode ser preparada para tomar a atitude adequada quando de fato surgir uma crise, através de planos de contingência claros. É a chamada Lei de Murphy: se você fizer um planejamento para enfrentar possíveis problemas, é possível que mesmo assim os desastres aconteçam; se você não fizer o planejamento, com certeza os desastres acontecerão. Aliado ao treinamento de pessoal, a reflexão antecipada prevê os problemas e os torna menos complicados. Uma equipe bem treinada gerará um número menor de crises e terá mais capacidade de lidar com as que ocorrerem. Existem diversos passos fundamentais para a solução de qualquer crise:

1. Analise friamente a situação – o mais friamente possível!
2. Reexamine os objetivos.
3. Examine as possibilidades.
4. Avalie as conseqüências das diversas soluções.
5. Escolha a melhor opção (a menos prejudicial).
6. Implemente a ação adequada.
7. Continue monitorando para evitar a repetição.

No caso do gerenciamento de crises, a análise e o tratamento em equipe terão mais chances de sucesso. Quando se lida com pessoas, os indivíduos podem causar problemas mas, quando funcionam como parte de um grupo, eles poderão trazer a solução.

Gestão de pessoas, reuniões e do tempo

O gerenciamento não diz respeito apenas a conceitos ou resultados, ele também está relacionado às pessoas. A personalidade e o estilo gerencial de qualquer líder terá um efeito profundo sobre os resultados finais de um evento. Um líder democrático e carismático geralmente terá mais voluntários do que o autoritário, o qual pode ter maior sucesso com funcionários pagos. A tensão característica dos eventos gera a necessidade de que todos trabalhem dispostos e não sob pressão.

As variáveis que influenciam a escolha da melhor abordagem, se é que ela existe, dependem de muitos fatores: local, finanças, compromisso, expectativas, etc. Um bom gerente de eventos tentará equilibrar todos os fatores e ajustar seu estilo de liderança. A lista de funções gerenciais pode ser longa demais para este livro, mas existem algumas atribuições que talvez devam ser levadas em consideração em determinadas situações:

- consultar
- inspirar
- prever
- informar
- analisar

- resolver
- orçar
- recrutar
- supervisionar
- revisar

Gestão de pessoas

O primeiro requisito para a gestão eficaz é gerenciar a si mesmo. Quando o fizer, você estará em melhor posição para realizar, ser eficaz e trabalhar em cooperação com os demais. Existem diversas considerações importantes com relação ao gerenciamento de si próprio nas situações de evento:

- Conheça a si mesmo como administrador e entenda como você funciona e como é percebido pelos outros.
- Tenha objetivos claros e identifique as prioridades corretas.
- Garanta uma organização de pessoal eficiente.
- Seja claro sobre as responsabilidades e papéis pessoais e conheça seu lugar no interior da organização.

Os dois primeiros itens são difíceis de quantificar. A análise pessoal nunca é fácil, mas um bom administrador deve ter tempo para uma verdadeira reflexão. Para gerenciar terceiros de forma eficiente e eficaz, você precisa aprender a desenvolver tarefas que considera difíceis. O treinamento e o estudo sobre o processo de gerenciamento e os estilos de liderança irão auxiliar na avaliação de suas habilidades pessoais com relação ao ideal, e sua própria experiência e antecedentes também podem servir de guia para seus pontos fortes e fracos. O tempo gasto com a auto-análise será bem empregado.

Os objetivos e as prioridades podem variar em termos gerais mas, no caso dos eventos, eles são estabelecidos em relação à meta, aos objetivos e ao cronograma do projeto em questão. Da mesma forma, os papéis e as responsabilidades precisam ser esclarecidos e acordados para cada evento, contribuindo em muito para a operação pessoal e organizacional. A maioria de nós pode desenvolver grandes melhorias em relação à eficiência pessoal. Existem muitas publicações de boa qualidade sobre a auto-organização, e o organizador de eventos dedicado deveria estudá-las. O aprimoramento de determinadas atividades irá aperfeiçoar o gerenciamento de comportamento e melhorar o desempenho no trabalho.

Os organizadores de eventos devem

Tentar	Desenvolver habilidades para	Tentar permanecer
ser responsáveis	manter-se saudáveis	entusiastas
escutar	dizer não	acessíveis
ser eficientes	refletir	positivos
ser organizados	priorizar	qualificados
dar o exemplo	pesquisar	responsivos
ser lógicos	manter registros	
ser facilitadores		

Gestão do tempo

A melhor preparação para o bom trabalho de amanhã é fazer um bom trabalho hoje.
(Elbert Hubbard)

É inevitável que o tempo seja extremamente limitado em todas as etapas do planejamento, preparação e implementação de eventos. Como acontece com os princípios gerais da gestão, aqueles especificamente relacionados ao tempo também se aplicam aos eventos, cumprindo um papel realmente central na gestão da situação de administração.

A boa gestão de eventos é fundamental durante as últimas semanas e dias, e durante o próprio acontecimento. O tempo se tornará mais limitado; podem haver prazos apertados e surgir problemas que os afetem. Embora devamos nos preparar para todas as contingências, o bom gerenciamento do tempo permite lidar com as crises. Mesmo nos eventos bem gerenciados e organizados, deve-se encontrar tempo para o planejamento. Uma boa administração de tempo fará com que você desenvolva melhor as seguintes atividades:

- organização
- planejamento
- delegação de tarefas
- controle de estresse

Para chegar a essa situação satisfatória, é necessário tomar diversas medidas. Em primeiro lugar, devemos evitar os seguintes fatores de desperdício de tempo. Alguns deles você traz consigo e outros são engendrados por outras pessoas:

- adiamentos
- mesa de trabalho desorganizada
- controle deficiente de documentos
- planejamento ineficiente
- delegação ineficaz
- controle excessivo
- incapacidade de encerrar visitas, especialmente aquelas que não foram solicitadas
- incapacidade de dizer não
- má organização
- reuniões longas e ineficazes
- interrupções (por telefone)
- interrupções (físicas)
- má comunicação
- atrasos desnecessários
- funcionários subqualificados
- erros de outros

A eliminação dos fatores de desperdício aumentará o tempo disponível para o trabalho real no evento, mas também podemos dar alguns passos positivos para aumentar a disponibilidade de tempo:

- De vez em quando, reflita sobre como você gasta seu tempo; será que você o utiliza de forma eficaz? Tempo gasto em reflexão e planejamento não é tempo desperdiçado.
- Aprenda como gerenciar documentos. Não escreva coisas desnecessariamente, pois a escrita e a leitura demandam tempo.
- Utilize memorandos apenas para transmitir informações. É melhor que as questões polêmicas sejam debatidas e que se façam críticas.
- Quando escrever, faça-o corretamente. O trabalho escrito permanece e, portanto, seja sucinto e preciso.
- Mantenha o mínimo possível de listas de distribuição de cópias e retire seu nome daquelas que forem desnecessárias.
- Mantenha um arquivo cronológico de toda a correspondência, reduza o número de arquivos por temas e torne as coisas mais fáceis de encontrar.
- Mantenha o menor número possível de arquivos, utilize arquivos centrais ou compartilhados sempre que possível e não hesite em se desfazer de arquivos mortos.
- Classifique sua correspondência em urgente, não-urgente e interessante. Despache-a nessa ordem. Tente processar a documentação apenas uma vez.
- Priorize seus telefonemas. Faça os mais curtos em primeiro lugar.
- Reserve algum tempo em seu dia para "a realização e a reflexão".
- Durante o evento, ou durante o tempo muitas vezes frenético que o antecede, carregue sempre consigo um gravador ou um bloco de notas, registrando imediatamente pontos a serem lembrados ou que necessitem de ação. Questões lembradas subitamente podem ser anotadas e tratadas no momento adequado, sem atrapalhar quaisquer considerações ou discussões em andamento.
- Crie uma lista de "coisas a fazer". Tendo anotado todas as tarefas, o próximo passo é classificá-as em A, B ou C. Tente realizar todas as tarefas A, a seguir passe às B e depois, às C. Ao final do dia, a lista será uma confusão, com alguns itens realizados, outros acrescentados, etc. – mas, simplesmente avance para o dia seguinte. Não caia na tentação de resolver apenas as questões triviais, tente também realizar algumas tarefas fundamentais.

O pré-planejamento cuidadoso é absolutamente vital, como em tantas outras áreas de gerenciamento de eventos.

Gestão de reuniões

Fazer reuniões é indispensável quando não se quer fazer coisa alguma.

(J. K. Galbraith)

Muita gente escreveu livros inteiros apenas sobre esse tema. Quando prepararmos um evento qualquer, várias reuniões serão inevitáveis. Para maximizar sua eficácia, não perca de vista alguns princípios básicos em sua organização:

1. Faça reuniões apenas quando forem necessárias.
2. Envolva apenas as pessoas que possam contribuir e que irão se beneficiar por estar presentes.
3. Mantenha as reuniões objetivas e diretas.
4. Tenha uma agenda detalhada e um cronograma para os encontros.
5. Esteja bem preparado para seu papel na reunião.
6. Tenha objetivos claros.
7. Mantenha minutas precisas ou anotações sobre o acontecido.
8. Liste as ações a serem executadas.
9. Não permita que os indivíduos ou a reunião percam o foco.
10. Faça contribuições positivas, não negativas.
11. Estabeleça um limite de horário para a reunião.
12. Realize apenas reuniões que produzam ações.

Estas diretrizes irão ajudar a tornar as reuniões mais suportáveis e compensadoras. Um evento de lazer é como qualquer outro projeto ou negócio: precisa ser bem gerenciado. Aplicando os princípios identificados, será possível produzir um evento bem-sucedido.

Questões para auto-avaliação

1. É sempre difícil priorizar as funções de gerenciamento, mas agora você deve tentar. Pense a respeito de uma situação prática, identifique as cinco funções mais importantes e justifique sua escolha para cada uma delas.

2. Você será o principal organizador de um evento para a próxima festa de rua em sua cidade. Quais são as habilidades específicas, em termos de liderança, que você considera que terá que demonstrar, e por quê?

3. Examine a forma como organiza sua vida pessoal atualmente e, servindo-se das seções sobre gestão do tempo, de pessoas e de reuniões, identifique as formas nas quais você poderia se tornar mais eficaz.

Capítulo 3

Organização e Comunicação

Estes dois conceitos – organização e comunicação – receberam um capítulo específico em função de sua grande importância. A organização e a comunicação são fundamentais para o processo de gerenciamento de eventos e, portanto, devem ser estudadas profundamente pelo profissional ou estudante.

Organização

Podemos considerar organização como sendo

> *a definição das atividades especiais a serem realizadas rumo aos objetivos finais; a articulação dessas atividades em estruturas relevantes; a alocação da realização dos objetivos, por meio dessas atividades, para grupos ou indivíduos apropriados.*

Os gerentes precisam compreender as organizações, pois estas fornecem a estrutura dentro da qual os indivíduos podem cooperar para conquistar aquilo que não seria possível por conta própria. A organização é a forma pela qual os ideais e as metas se tornam realidade. A elaboração de uma estrutura e a definição de quem faz o quê serão passos fundamentais na realização de um evento.

O processo de organização deve gerar sinergia, a qual deve realmente fazer com que 1 mais 1 seja igual a 3; em outras palavras, que o todo seja maior do que a soma de suas partes:

Our	**S**tructures
Regime	**A**ppropriate
Gets	**T**o
Action	**I**ndividuals and
Necessary	**O**rganisation
Inside	**N**ow*

---

*N. de T. Nosso regime realiza as ações necessárias em estruturas adequadas a indivíduos e organizações, já!

Toda a organização tem uma razão de existir e, muitas vezes, várias delas. Mas, no caso dos eventos, existe um objetivo principal: oferecer serviços de qualidade que produzam um bom evento, satisfazendo assim as necessidades de seus clientes.

Lembre-se de que as estruturas organizacionais envolvem pessoas; elas são o centro de tudo. O desenvolvimento de relacionamentos de trabalho será de importância crucial, assim como a definição dos papéis de cada um, das tarefas a realizar e da estrutura a ser utilizada. O foco de cada organização deve estar na conquista da ação necessária por meio de seu pessoal. O sistema organizacional escolhido precisará ser flexível, para dar conta de situações inusitadas, que muitas vezes ocorrem durante os eventos, especialmente nos de grande porte. Existem vários passos na escolha da estrutura organizacional de um evento:

1. Defina as metas e os objetivos do projeto.
2. Analise a conjuntura geral na qual o evento deve ser realizado (auditoria ambiental externa e interna).
3. Liste todas as tarefas a serem realizadas.
4. Agrupe todas as tarefas listadas.
5. Defina as relações entre esses grupos.
6. Estabeleça um entendimento comum em relação aos papéis respectivos de todos os envolvidos.
7. Identifique as possíveis linhas de comunicação entre os vários grupos.

Muitas organizações possuem uma série de características que afetam seu funcionamento. Uma delas é a coexistência entre as estruturas formais e informais, ambas fundamentais no caso de relacionamentos. A comunicação não acontecerá apenas por meio de linhas pré-estabelecidas, sendo necessário tomar cuidado para garantir que as estruturas formais e informais não entrem em conflito. Uma boa estrutura informal é muito importante quando lidamos com equipes de voluntários, devendo-se assumir uma postura profissional, mas com uma atmosfera mais relaxada. A estrutura de uma organização é determinada pelas funções que ela desempenha para realizar o evento. Qualquer estrutura deve ser projetada para atender a essas funções da forma mais apropriada e eficiente possível.

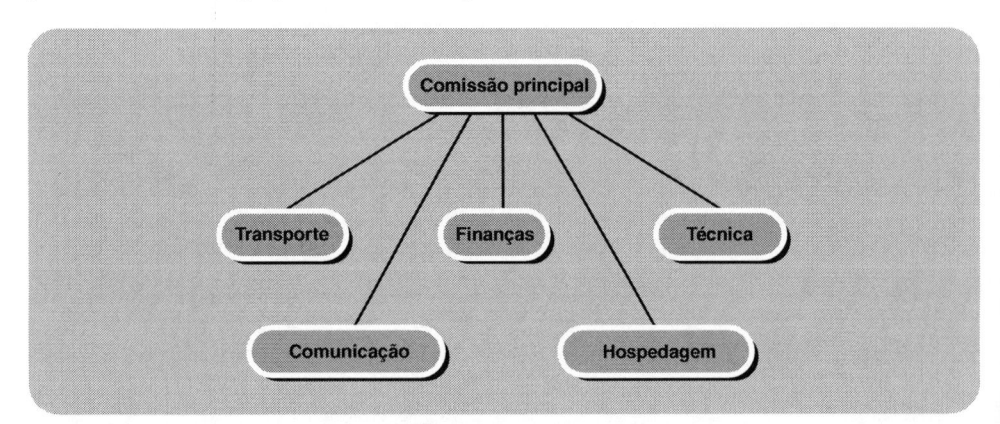

Figura 3.1 Uma estrutura organizacional simples. Por trás de cada subcomissão pode haver uma pequena comissão ou apenas um indivíduo, subordinado à comissão principal, ou a qualquer um que faça parte dela.

Após a definição do desenho organizacional, devemos alocar cuidadosamente as várias tarefas a quem elas couberem, e todas elas devem ser distribuídas. O tamanho da estrutura irá depender do nível, complexidade e natureza exata do evento, mas não a torne desnecessariamente complicada. É igualmente importante garantir que todos os envolvidos saibam quais são as suas responsabilidades, a quem estão subordinados, quais são suas tarefas e qual é o seu lugar na estrutura.

A estrutura pode ser formalizada em um diagrama, mas sem que isso sugira seu engessamento, pois talvez seja necessário modificá-la. Um evento de grande porte pode exigir um diagrama detalhado para apresentar claramente as estruturas, pois até uma confusão pode ser prejudicial. O número de estruturas possíveis é quase infinito; é difícil imaginar diretrizes gerais sobre a escolha de uma estrutura, mas experiências anteriores com outros eventos podem ser um bom indicativo. As Figuras 3.1 e 3.2 ilustram algumas possibilidades e, posteriormente, apresentamos alguns exemplos.

Depois de estabelecida a estrutura geral para a realização do evento, especifique as tarefas de cada indivíduo ou grupo (Figura 3.3). Explique exatamente a responsabilidade de cada um e deixe claro como ela se relaciona com os outros. Para cada grupo organizador, bem como para cada subcomitê e cada membro da equipe (contratado ou voluntário), será necessário desenvolver esse processo de visualizar e alocar tarefas. Ninguém deve trabalhar sem uma descrição de cargo com suas respectivas tarefas, ligada a uma compreensão clara do que os demais estão fazendo. *Todos* devem possuir atribuições precisas, desde o presidente do grupo executivo até o trabalhador mais humilde.

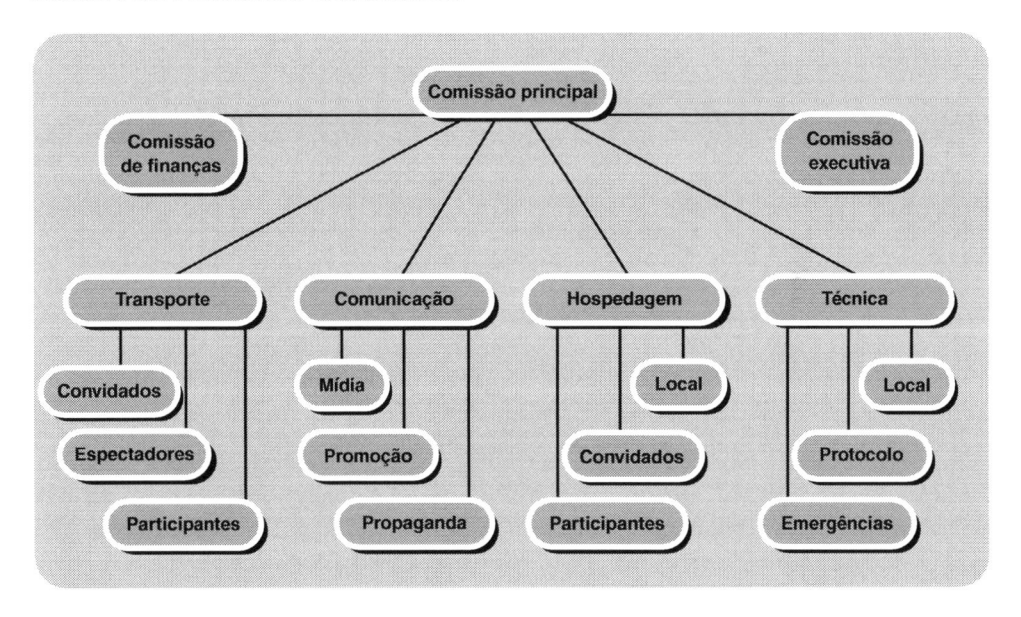

Figura 3.2 Uma estrutura organizacional mais complexa. Outra estrutura, ainda mais complexa, necessária apenas para grandes eventos, é apresentada no Capítulo 7.

Nome do cargo	Supervisor de estacionamento
Função geral	Responsável pela entrada, estacionamento e saída de todos os veículos que vêm ao evento
Tarefas específicas	• Organizar o espaço e a distribuição adequados para o estacionamento. • Garantir facilidade de entrada e saída para todos os veículos: 2 horas para a entrada, 30 minutos para a saída. • Estacionar todos os veículos de forma segura e protegida. • Garantir a prestação de serviços a todos os grupos especiais, como VIPs e portadores de deficiências. • Estabelecer conexões com exigências relevantes.
Subordinado a	Gerente do local
Seus subordinados	Seis funcionários
Possui conexão com	Polícia — Guardas de trânsito Departamento de estradas — Brigadas de incêndio Coordenador VIP

Figura 3.3 Descrição de tarefas.

A estrutura organizacional, o diagrama de relacionamentos e a descrição de cargos devem ser combinados para responder às seguintes questões em relação a cada indivíduo ou grupo:

- Qual é o meu cargo?
- Qual é o meu papel?
- Quais são os meus objetivos?
- Quais são as minhas tarefas?
- A quem estou subordinado?
- Quem está subordinado a mim?

Lista para verificação organizacional

Após estabelecer a estrutura organizacional, é aconselhável verificar o resultado final em relação a algumas questões:

- Todas as tarefas e responsabilidades estão corretamente identificadas?
- O trabalho está dividido de forma adequada?
- Todos os esforços estão coordenados adequadamente?
- Existe superposição ou lacunas indevidas entre as alocações de trabalho?
- As atividades estão alocadas a indivíduos ou grupos com as qualificações adequadas?
- O trabalho está alocado de forma a facilitar o fluxo?
- As tarefas alocadas estão articuladas?
- O nível de tomada de decisões está correto?
- Existem indivíduos recebendo ordens de duas fontes?
- Existem sistemas de comunicação construídos de forma inadequada?
- Os relacionamentos individuais ou em grupo estão sendo acompanhados?
- A estrutura é adequada ao evento em questão?
- A estrutura irá produzir um bom resultado para o evento?
- Todos os envolvidos têm uma definição de cargo detalhada?
- Todos estão cientes das estruturas organizacionais e comunicacionais?

A estrutura organizacional de eventos deve abranger o planejamento, o desenvolvimento, os relacionamentos de trabalho e as formas de atingir os objetivos. Além disso, deve cobrir as cadeias de comando, a amplitude de controle e as áreas de responsabilidade delegada. Deve ser apropriada, eficaz e projetada especificamente para cada evento.

Coordenação

Mesmo que a estrutura seja adequada e as pessoas façam seu trabalho, o resultado será pequeno, a menos que os esforços sejam articulados. Essa articulação de esforços é fundamental para o sucesso da organização e do gerenciamento, sendo gerada a partir da divisão de trabalho apresentada anteriormente, de forma que as tarefas possam ser alocadas e realizadas. Todas as organizações precisam de mecanismos de coordenação, com níveis e papéis claramente definidos, bem como atribuições detalhadas aos grupos. Os mecanismos mais sofisticados, como equipes de projeto e coordenadores, são mais caros, mas podem ser úteis em eventos de maior porte, de forma que todos conheçam o que todos estão fazendo.

Em termos gerais, a coordenação surge a partir da existência de uma meta compartilhada e objetivos comuns, no contexto de uma cultura e estrutura adequadas. Todos devem trabalhar árdua e permanentemente, em um esforço para preservar essa unidade de propósitos, tão vital para eventos coesos e bem-sucedidos, qualquer que seja o seu tamanho. Se a unidade de propósitos estiver presente e se for preservada, e toda a organização, o planejamento, a delegação e os sistemas de controle forem escolhidos e estiverem operando de forma correta, a articulação de esforços será uma conseqüência natural.

Comunicação

A comunicação eficaz leva à articulação e, daí, a uma organização eficiente. A comunicação em níveis interno e externo é vital para o bom gerenciamento de eventos, de várias formas e em todos os níveis, entre indivíduos e organizações. A comunicação pode ser definida como o ato de "dar, receber ou trocar informações, de forma que o material comunicado seja completamente entendido por todos os envolvidos". No caso do gerenciamento de eventos, podemos acrescentar "e que as ações adequadas sejam desenvolvidas". Compreender a mensagem é vital, e esta é a natureza bidirecional de toda a comunicação. Ambos os conceitos são absolutamente essenciais para a transmissão de informações, antes e durante os eventos.

Antes de analisar como se comunica, qualquer organização deveria considerar quais são os seus propósitos com essa comunicação. Eles podem ser vários:

- Enviar uma mensagem.
- Receber uma mensagem.
- Garantir a compreensão.
- Realizar a ação correta.
- Intercambiar informações.

Se nenhum desses objetivos for atingido, talvez a mensagem não seja adequada ou eficaz; a comunicação para eventos deve produzir, em última análise, uma ação ou, no mínimo, um intercâmbio de comunicação. É essencial que tudo se baseie na realização de tarefas, ou seja, em ações necessárias para implementar o evento. Existem vários métodos de comunicação, e sua escolha é bastante importante.

Comunicação verbal

A comunicação verbal é comum, mas pode não ser satisfatória no caso do gerenciamento de eventos, já que não é necessariamente testemunhada por outros e nem sempre há retorno do receptor. Muitas vezes, pode ser difícil encontrar tempo para um intercâmbio de informações face-a-face, mas essa troca costuma ser essencial para facilitar os relacionamentos interpessoais e fazer com que as coisas sejam feitas de forma correta. A comunicação verbal é essencial, mas não abuse dela.

Comunicação não-verbal

A comunicação não-verbal está sempre presente em qualquer situação face-a-face e consiste de gestos e orientação corporais, expressão facial, contato visual e aparência pessoal. Trata-se de uma interação complexa, em parte inconsciente. Todos que trabalham em uma organização devem ter conhecimento básico de comunicação não-verbal a qual, utilizada adequadamente, pode ajudar a consolidar os relacionamentos.

Comunicação escrita

A comunicação escrita é, provavelmente, a forma mais comum no gerenciamento de eventos e na maioria dos outros contextos, mas costuma ser utilizada em excesso e de forma ineficaz. A utilização de documentos deve ser reduzida ao mínimo, pois consome muito tempo para ser lida e escrita, além de poder ser desmotivadora e facilmente ignorada.

Comunicação visual

A comunicação visual é uma área em crescimento. Os vídeos têm sido utilizados para a promoção de produtos e para o treinamento de funcionários. Um logotipo eficaz transmite a mensagem e contribui para o sucesso de um evento, e a comunicação visual também ajuda a gerar e manter o interesse da equipe.

Comunicação eletrônica

As evoluções mais rápidas estão na área da comunicação eletrônica: computadores, correio eletrônico, Internet, fax e telefones móveis são fatores que trazem benefícios enormes para o gerenciamento de eventos, já que este tipo de atividade costuma acontecer em áreas amplas, talvez em um grande local ou em vários pontos distantes. Os rádios são absolutamente essenciais para a maioria dos eventos, de forma que os avanços permanentes na tecnologia são de grande importância.

O processo de comunicação

Quaisquer que sejam os métodos ou processos escolhidos, devem estabelecer linhas eficientes de comunicação no interior de uma organização, flexíveis o suficiente para responder a mudanças, quase inevitáveis (Figura 3.4). Na transferência de informações, deve haver uma compreensão correta e uma ação apropriada. Assim sendo, a informação deve ser:

- clara
- concisa
- cortês
- correta
- completa
- corretamente direcionada

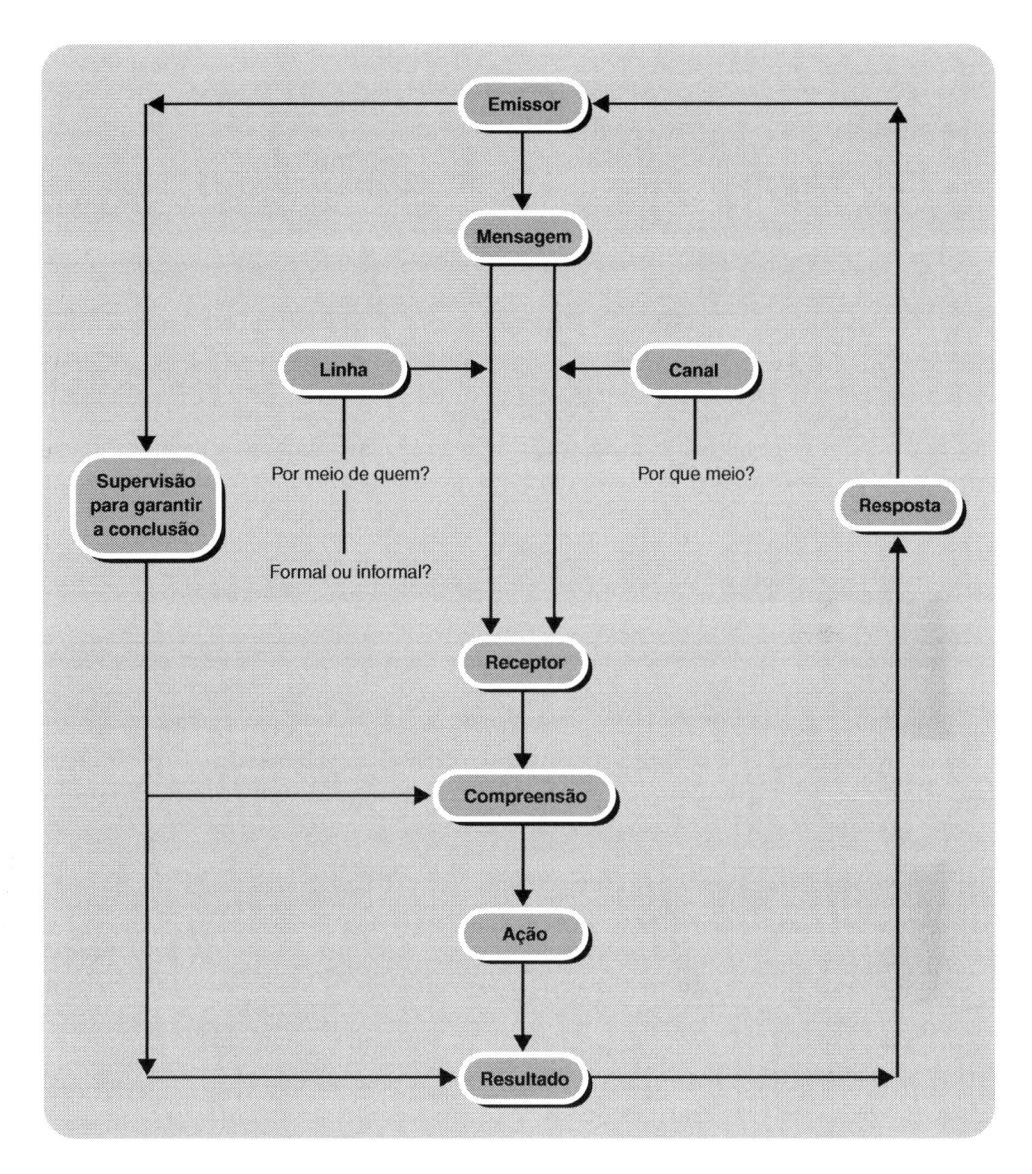

Figura 3.4 O processo de comunicação.

Um dos grandes problemas da comunicação é a facilidade com que surgem obstáculos, bloqueando o progresso organizacional. Eles podem surgir de várias formas: utilização de meio inadequado, linguagem confusa, palavras e expressões ambíguas, sobrecarga de informações, interferência em vários níveis, circulação incorreta de informações, desconfiança entre participantes, longas cadeias de comunicação e percepções individuais equivocadas. Todos esses obstáculos podem causar atrasos e gerar inatividade, ambos fatais para os eventos.

A boa comunicação precisa de canais eficientes e diversificados, sejam formais ou informais; além disso, é fundamental para um evento de sucesso. Dito de forma simples: as pessoas não saberão o que fazer se não entenderem o recado! Portanto, o que isso quer dizer?

- Todos os envolvidos precisam entender claramente os seguintes fundamentos:
  - a estrutura geral da organização

- quem tem poder e responsabilidade sobre o quê
- quais os métodos de comunicação a serem utilizados
- como a comunicação será realizada
- que tarefas cada um deve realizar, quando e como
- Devem ser estabelecidos sistemas de comunicação eficazes entre todos os grupos e indivíduos relevantes para o evento.
- Os métodos de comunicação (formais e informais) devem ser simples e claros para todos os envolvidos.
- Os métodos práticos de comunicação: correio eletrônico, fax, telefones móveis, fotocopiadoras, etc., devem estar instalados no momento certo e disponibilizados a todos que deles necessitarem.

Administração

A administração é o lado formal da comunicação. O trabalho e a comunicação eficazes durante um evento dependem da qualidade dos procedimentos e processos administrativos, bem como da existência de funcionários e instalações adequados. Contudo, isso não quer dizer que os sistemas sejam instalados apenas para constar; é absolutamente imperativo que não sejamos tomados pelo trabalho burocrático ou por procedimentos desnecessários, demorados e caros.

Durante o evento, uma nota escrita à mão pode ser adequada, sem que seja necessário digitá-la, podendo ser enviada por fax ou fotocopiada para circulação interna. Em geral, não são necessários altos padrões de apresentação interna, que desperdiçam seu tempo e o de seus funcionários. Será melhor concentrar-se em questões voltadas à circulação externa, onde a imagem e apresentação são mais importantes.

Recursos humanos

Sem ser formal ou teórico demais, é importante que os organizadores de eventos estejam cientes dos fatores humanos que afetam sua operacionalidade, como relacionamentos interpessoais, dinâmica de grupo, necessidades individuais e outros fatores de interação social.
Além disso, os organizadores devem considerar alguns conceitos da área de recursos humanos, tais como motivação, envolvimento e treinamento, além das questões mais sistemáticas, como recrutamento e seleção.

Os relacionamentos interpessoais são uma área ampla e complexa de estudo, mas mesmo o organizador de pequenos eventos deve saber como eles operam, se quiser obter o melhor de sua equipe. Para que uma estrutura organizacional seja "facilitada" rumo às suas metas, seus organizadores precisam estar cientes da formação de "panelinhas", alianças problemáticas, pontos fortes e fracos das pessoas, ressentimentos e individualismos, além de conflitos pessoais.

Os organizadores não são, necessariamente, conhecedores do processo grupal; todavia, eles o implementam. Grande parte do trabalho de um evento é realizada em um ambiente de grupo, sendo que as equipes deverão interagir de tempos em tempos, de forma que a produção de um evento de qualidade será conquistada através de uma boa dinâmica de grupo. Os organizadores devem avaliar diversos aspectos do grupo e os relacionamentos entre seus membros:

- As pessoas se gostam e/ou se *respeitam* e, portanto, trabalham juntas?
- Cada indivíduo ou seção tem o *status* necessário?
- Existe *poder* para autorizar e controlar o trabalho em andamento?
- Cada membro compreende todos os *papéis* no grupo?
- A *liderança* do grupo está relacionada à sua operação?

Segundo Maslow, o desempenho de um indivíduo é determinado por um conjunto de necessidades:

- psicológicas
- de segurança
- sociais
- relativas à auto-estima
- relativas à auto-realização

Já mencionamos os possíveis efeitos sobre cada indivíduo em termos de motivação, mas analisemos como esses desejos, talvez inconscientes, virão a afetar o grupo como um todo. Nem sempre será viável estabelecer regras para todas essas influências, mas qualquer líder que as ignore estará correndo riscos. Especialmente no caso de eventos, quando é necessário um compromisso substancial, o principal grupo de funcionários deve estar ciente de todas as interações em curso, pois elas são cruciais e não se deve perdê-las de vista. Os eventos dizem respeito a *pessoas* e aos relacionamentos entre elas.

Parcerias

As parcerias constituem um aspecto importante da organização de eventos. Sejam indivíduos ou grupos (públicos ou privados, comerciais ou institucionais), poucas são as organizações que podem desenvolver um evento sem estabelecer um tipo de parceria que inclua outras organizações importantes. Vale a pena estabelecer parcerias no início do planejamento do evento, de forma que todos os envolvidos no êxito de sua realização estejam presentes desde o início do projeto. Em geral, quanto mais cedo for o envolvimento, maior será o comprometimento.

É muito comum que as empresas locais estejam envolvidas em um evento juntamente com um organismo esportivo ou artístico, bem como com a autoridade local ou o patrocinador comercial, todos necessários para uma promoção bem-sucedida e significativa. Pode haver problemas na combinação das motivações de todos esses membros em uma parceria eficaz, mas essa relação será benéfica para gerar financiamento e recursos suficientes para maximizar o sucesso do evento.

As parcerias são adequadas em todos níveis dos eventos, e costumam ser essenciais. É importante que qualquer acontecimento esportivo estabeleça um relacionamento com uma entidade beneficente local para a captação de recursos. Haverá benefícios mútuos, desde que ambos ofereçam suas contribuições, como a qualificação organizacional do grupo esportivo e o poder de mobilização pública da organização beneficente.

Em geral, identificar os possíveis parceiros para o evento pode ser um bom ponto de partida para o organizador. Essas parcerias podem ser benéficas em função de suas qualificações especiais, dos recursos dos quais dispõem ou do financiamento que podem atrair para o evento. Deve haver um acordo entre todos os parceiros com relação aos propósitos do evento e seus perfis. Apenas com metas e objetivos compartilhados, além de um relacionamento de trabalho claramente definido, as parcerias poderão funcionar. Elas costumam ser essenciais e diversos projetos se beneficiaram muito delas, em várias situações.

No âmbito de qualquer comissão de trabalho ou na organização de qualquer tipo de evento, será importante ter outras instituições envolvidas. Costuma ser útil ter a polícia e as autoridades locais presentes na organização, mesmo que seja apenas para a troca de informações, já que isso contribuirá para garantir sua boa vontade. Este também é um tipo de parceria que evolui, já que existe a necessidade de garantir apoio de determinadas instituições e a melhor forma de fazê-lo é ter sua presença real na comissão, tomando decisões e sendo parte do todo, ao invés de ser um elemento externo, assessorando em um nível inferior. Grandes corridas de rua no Reino Unido raramente são bem-sucedidas a menos que tenham um membro da força policial em sua comissão organizadora.

Questões para auto-avaliação

1. A organização e a comunicação mereceram um capítulo separado neste texto. Quais são as razões apresentadas para essa ênfase e atenção especiais? Você as considera justificadas? Por quê?

2. Com relação a um evento de pequeno porte, como um torneio de clube ou uma exposição artística local, sugira:
   (a) uma estrutura organizacional adequada
   (b) uma descrição de cargo e função para dois funcionários principais

3. A tecnologia da informação passou por avanços profundos nos últimos cinco anos, o que beneficiou em muito os organizadores de eventos. Identifique três avanços específicos e sugira que diferença eles podem ter feito e como podem ser mais bem utilizados para melhorar um evento.

Capítulo 4

Recursos Financeiros

Um evento não será bem-sucedido sem suporte financeiro. O maior erro, e talvez o mais comum, é comprometer-se com a realização sem a garantia prévia dos recursos financeiros necessários, gerando um desgaste durante todo o processo, e levando a uma baixa qualidade (orçamento baixo) e, possivelmente, ao fracasso do evento. Na verdade, ele pode até ser cancelado em algum momento, deixando todos com uma má impressão.

Dois pontos importantes:

- Às vezes, é melhor suspender um evento no início, do que insistir e apresentar um fracasso, gerando uma imagem negativa para sua organização.
- Nem todos os eventos necessitam de uma grande soma de dinheiro para ter sucesso, especialmente os locais.

Entretanto, lembre-se de que, se houver despesas a pagar, é melhor garantir que isso possa ser feito já no início. Para verificar esse fator, as finanças devem ser um elemento-chave em qualquer estudo de viabilidade, talvez o mais importante. Na verdade, pode valer a pena fazer um estudo separado da viabilidade financeira, verificando-o mais de uma vez, em função de sua importância.

Orçamento

Um orçamento bem feito é fundamental para o bom funcionamento e a credibilidade de qualquer evento, e o processo de elaboração dos detalhes precisos será um dos testes reais. É necessário orçar com cuidado, tanto para descobrir as necessidades do evento em termos financeiros, quanto para criar um mecanismo de monitoramento durante o processo de planejamento e implementação. Durante essa elaboração, diversos problemas poderão surgir:

- Dificuldade de obter informações precisas sobre as necessidades reais.
- Gerentes sem experiência ou qualificação, que não dão a devida atenção ao orçamento.
- Previsões imprecisas a respeito de tendências futuras.

- Falta de informações sobre os requisitos técnicos disponíveis.
- Orçamentos baseados em informações imprecisas.
- Procedimentos de elaboração de relatórios e controles insatisfatórios.
- Pouca flexibilidade, a qual costuma ser necessária em eventos.

A tarefa fundamental é desenvolver uma análise de mercado adequada.

O primeiro passo no processo de exame das necessidades financeiras é estabelecer o custo exato da promoção. Provavelmente será necessário antecipar diversas despesas, e você encontrará posteriormente neste livro uma lista de itens de despesas a serem verificados. Só se podem fazer estimativas precisas após identificar e orçar todas as tarefas relevantes.

Todos os itens devem ser listados em uma coluna e, ao lado desta, as prováveis despesas e possíveis receitas, obtendo-se um demonstrativo preciso sobre as previsões. Pode parecer simples, mas a obtenção de números corretos em todos os itens pode ser uma tarefa onerosa. Todavia, é fundamental ser o mais exato possível, já que números imprecisos podem ser enganosos e causar vários problemas mais tarde. Cada atividade deve ser desmembrada e analisada da seguinte forma:

- A atividade exata a ser realizada.
- O custo estimado.
- O benefício.
- A receita (se houver).
- A necessidade da atividade (especialmente se for cara para os padrões do evento).
- O lugar ocupado nas prioridades orçamentárias.
- A forma como a despesa da atividade pode ser monitorada.
- De que forma a receita será captada e o seu grau de certeza.

Com esse processo finalizado, você será capaz de avaliar os custos e benefícios do projeto como um todo, antes de tomar decisões definitivas sobre seu prosseguimento. Existem alguns custos fixos que deverão ser garantidos para a promoção de qualquer evento, como a contratação de local, funcionários, *marketing* e seguros. Assim que houver acordo sobre o prosseguimento do projeto, a maioria desses custos terá que ser paga, utilizando a receita designada para esse fim. Existem outros custos que não permanecerão constantes: os custos variáveis, que irão oscilar segundo o porte e a natureza do evento, e talvez devam ser adequados durante o trabalho. Exemplos de custos variáveis são alimentação, entretenimento e hospedagem.

Na orçamentação, é fundamental ser o mais preciso possível, mas aconselha-se sempre superestimar a despesa e subestimar a receita. Fazer o contrário é um indicativo de desastre. Um orçamento pessimista é uma boa opção, desde que não se chegue a ponto de fazer com que as pessoas abandonem o projeto.

Itens especiais

Impostos

Os impostos e taxas e seus efeitos sobre a receita e a despesa devem ser levados em conta. Mesmo os eventos de menor porte devem orçar essas despesas legais para evitar surpresas desagradáveis. Deve-se tomar cuidado ao registrar entradas e saídas de itens sujeitos ao imposto e incluir seus efeitos no orçamento.*

---

*N. de R. T. No Brasil, esse item é muito importante devido à diversidade de impostos e de taxas, como ISSQN, INSS para autônomos, Imposto de Renda, CPMF, direitos autorais, entre outros. Em muitos casos, a fonte pagadora – no caso, o evento – é responsável pelo recolhimento. Eventos internacionais podem ter taxas alfandegárias.

Inflação

A inflação pode ter conseqüências muito profundas sobre o orçamento, distorcendo em muito as estimativas. Uma mudança relativamente recente na taxa de inflação no Reino Unido causou uma oscilação de cerca de 10% em um período de 12 a 18 meses. As estimativas devem ser calculadas utilizando preços atuais, mas considerando um possível impacto na inflação. Os cálculos devem acompanhar as estimativas para indicar o que pode acontecer com qualquer financiamento em função das tendências inflacionárias.

Seguro

No caso de eventos mais onerosos, deve-se orçar um seguro contra falhas, cancelamentos ou adiamentos, mesmo que seja bastante caro. Deve-se providenciar um seguro de responsabilidade civil e talvez até mesmo um seguro limitado para acidentes pessoais. Este é outro item facilmente esquecido e com conseqüências potenciais de alto custo. Por exemplo, todo o equipamento emprestado deve estar segurado. É fundamental refletir sobre tudo, como alguns itens que não estão automaticamente cobertos. Lembre-se de incluir o custo do seguro quando elaborar orçamentos.*

Taxas de câmbio

As taxas de câmbio podem afetar significativamente o montante de receita em eventos internacionais, especialmente conferências, nos quais a participação de delegados pode sofrer o impacto de qualquer movimentação nas taxas de câmbio. Uma baixa quantia obviamente coloca em dúvida a viabilidade desses eventos, pois pode gerar grandes variações de receita. A receita oriunda dessa fonte pode mudar na moeda local, de orçamentos estimados para o recebimento de taxas.

Contingências

O orçamento deve incluir um montante para cobrir custos não-previstos. Dependendo do porte do projeto, deixe entre 5 e 10% da despesa total para dar conta de contingências. Na verdade, isto é apenas suposição, mas o fundamental é que um montante realista seja definido para tais emergências, que inevitavelmente surgirão.

Cronograma

É necessário ter um cronograma financeiro para os eventos, prevendo o momento preciso em que as despesas irão ocorrer, bem como quando o dinheiro deve entrar, de onde virá e quem estará pagando. A elaboração do cronograma é uma parte essencial do orçamento quando analisamos a viabilidade financeira de qualquer projeto: calculam-se as taxas de juro de qualquer empréstimo ou investimento, define-se quando a receita será necessária e o controle posterior da despesa em relação ao cronograma predeterminado. Se não for possível elaborar um cronograma adequado para estas despesas (Figura 4.1), ou se não puderem ser feitos arranjos compensatórios, fica claro que o evento terá dificuldades financeiras e provavelmente não deva continuar. O fluxo de caixa é fundamental para qualquer empreendimento.

---

*N. de R. T. Nos eventos de artes visuais, o transporte e exposição de obras de arte deve ter seguro específico.

Estruturas financeiras

Após acordar-se que o evento é viável e será implementado, as estruturas operacionais financeiras precisam ser estabelecidas. Dependendo do nível do evento, a forma de funcionamento poderá ser bastante simples, tendo um tesoureiro que controle todas as finanças, ou ser mais complexa, envolvendo diversas comissões e até mesmo funcionários pagos para gerenciar as finanças.

Qualquer que seja o nível, serão necessários estruturas e sistemas financeiros. O controle de um evento de menor porte pode exigir menos sofisticação, mas demandará o mesmo cuidado.

Onde houver uma estrutura formada por comissões, existem duas opções principais:

- A comissão de finanças é autônoma; todos os outros solicitam dinheiro e esperam por sua decisão.
- Cada comissão ou subcomissão tem seu próprio tesoureiro para cuidar do orçamento alocado.

Pode ser eficiente ter tesoureiros por comissão, mas não há dúvida de que um controle centralizado acaba por diminuir as despesas. O controle centralizado será mais lento, pois o comitê de finanças terá que emitir e receber relatórios, mas a opção alternativa enfatiza o papel dos tesoureiros de subgrupos. Uma comissão de finanças autônoma proporciona maior controle centralizado, mas o sistema de tesoureiros por comissão dá poder àqueles que fazem o trabalho.

A escolha do método irá depender da natureza e do porte do evento, além das finanças e das personalidades envolvidas. Todos devem estar cientes das vantagens e desvantagens de ambas as opções. Seja qual for a estrutura das comissões, é importante que ela seja clara para o processamento e controle financeiro (Figura 4.2). Todos devem saber quem gerencia o dinheiro e quem autoriza e controla as despesas. Os diversos sistemas de controle são fundamentais para manter a despesa dentro dos limites previstos, e a ausência de controles detalhados é um indicativo de desastre.

O orçamento será definido durante várias etapas (Figura 4.3). O processo é demorado, mas eficaz, envolvendo todos na identificação de custos (e receitas possíveis) e minimizando as chances de erros ou negligência; este processo, além de ser fundamentalmente importante, deve ser desenvolvido junto com as metas e objetivos do projeto, mantendo-os no foco.

Cronograma / Rubrica	2 anos	1 ano	6 meses	2 meses	1 mês	evento	3 meses depois	6 meses depois
Estudo de viabilidade	—							
Assessoria profissional	—	—						
Hospedagem				20%				
Local				10%			80%	
Alimentação				10%	10%	20%	90%	
Publicidade				20%	30		60%	
Seguro			—					
Despesas de contrato							—	
Custos de pessoal			—	—	—	—	—	—

Figura 4.1 Um cronograma simples para despesas de um evento.

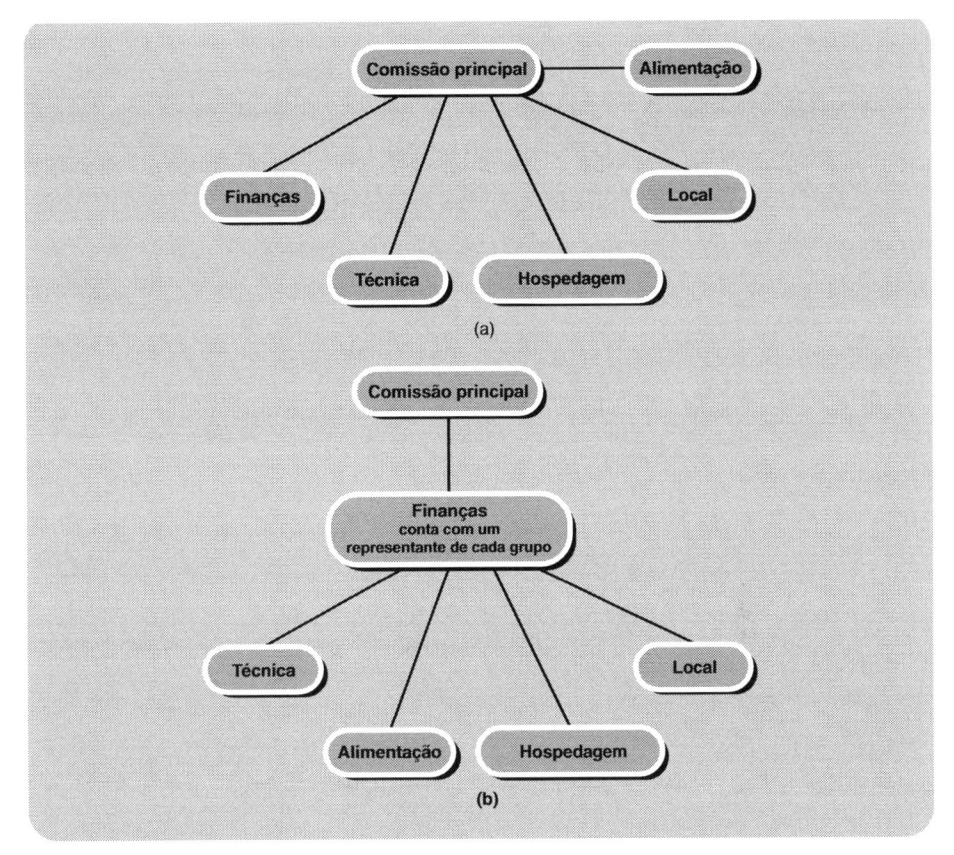

Figura 4.2 Sistemas de controle financeiro.
(a) Cada comissão ou subcomissão tem o seu próprio tesoureiro para cuidar do orçamento alocado.

(b) A comissão de finanças é autônoma.

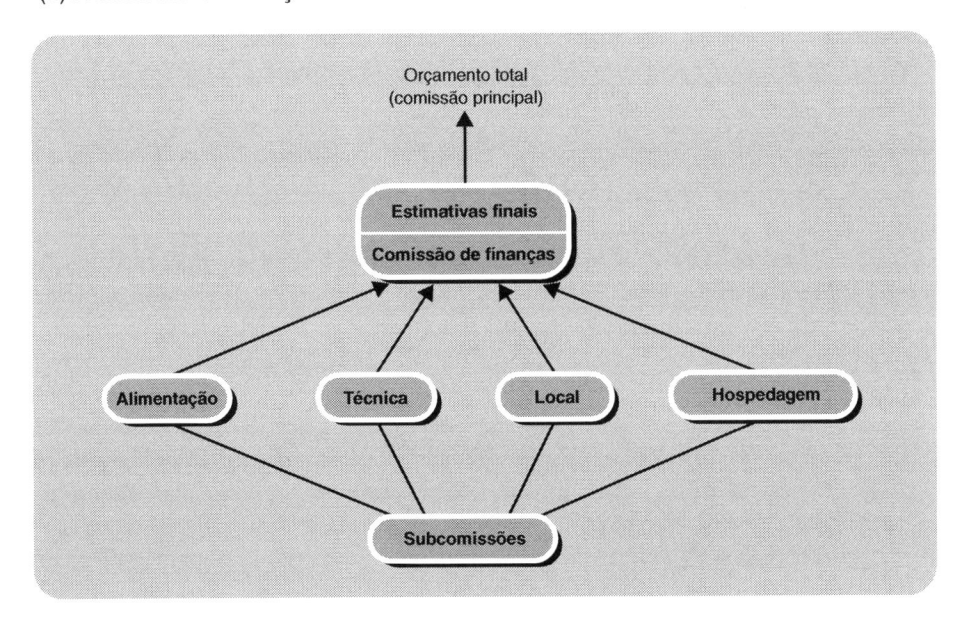

Figura 4.3 Como estabelecer um orçamento de forma democrática.

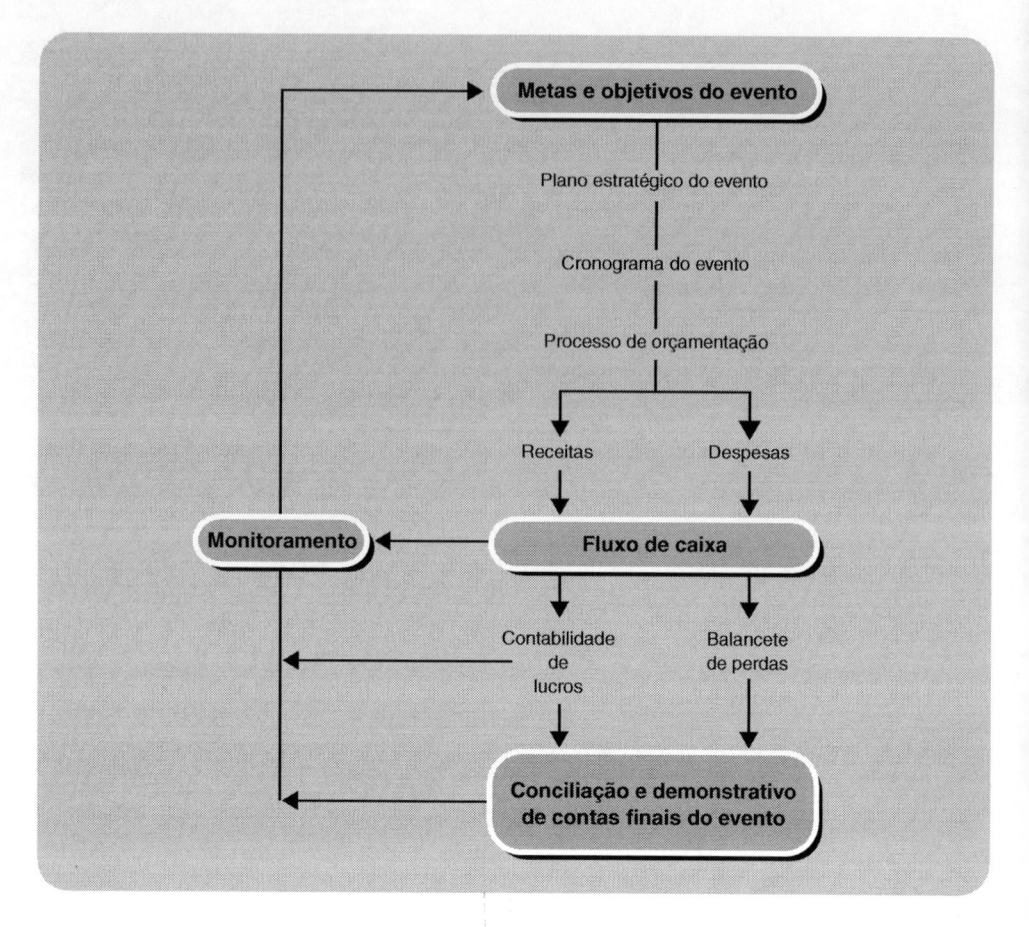

Figura 4.4 Orçamentação e controle financeiro.

Controle

O controle minucioso de todas as transações financeiras pode ser considerado como o aspecto mais importante do gerenciamento de eventos no setor privado, no qual o lucro é essencial, e nos setores público e voluntário, nos quais grandes perdas podem ser desastrosas. Os sistemas de controle efetivo devem:

- ser compreensíveis
- seguir as estruturas organizacionais
- identificar rapidamente os desvios
- permanecer flexíveis
- orientar a ação corretiva
- ser econômico

A gestão de eventos exige controle preciso e ágil, mas que mantenha a flexibilidade. É fundamental ter funcionários (pagos ou voluntários) conhecedores dos sistemas financeiros e da essência do controle, com o papel fundamental de garantir a viabilidade permanente. Se sua organização não dispuser desse tipo de conhecimento, vale a pena contratar um contador ou uma assessoria financeira adequada, com um especialista em custos de eventos, para auxiliar no orçamento.

Alguns aspectos de um evento podem ser subestimados ou improvisados, mas isso não se aplica ao controle financeiro. É fundamental ter experiência real e muita atenção, pois a ausência de um controle adequado dos orçamentos irá certamente levar ao caos. Alguns passos práticos:

- Limite o número de pessoas autorizadas a fazer despesas.
- Mantenha registros precisos de toda a receita e de toda a despesa.
- Utilize métodos apropriados de registro, incluindo programas informatizados, para manter os dados financeiros corretos, atualizados e prontamente disponíveis.
- Garanta estruturas adequadas que canalizem um comprometimento financeiro para as pessoas encarregadas de manter os registros.
- Garanta que a informação financeira circule amplamente por todos aqueles aos quais é importante.
- Produza sistemas de informação claros e que sejam compreendidos por todos os envolvidos.

Contabilidade

É muito comum que os eventos passem e as finanças não sejam finalizadas de maneira adequada. É fundamental manter a organização das contas durante o processo, pagando faturas e organizando um balanço final de lucros e perdas, o que será necessário como mecanismo de monitoramento, mas também para que possamos finalizar o caixa rapidamente. Em qualquer evento, o mais importante para os organizadores é o resultado, (o lucro ou prejuízo), assim como encerrar a contabilidade daquele evento antes de dar início ao próximo. Pode ser necessária a ajuda profissional, especialmente na auditoria final, o que será um investimento válido para a maioria dos grandes eventos.

Para obter o fechamento da contabilidade, a equipe deve ser pressionada para que todas as contas sejam apresentadas e pagas, visando à produção de relatórios contábeis. Isso pode parecer simples, mas muitos projetos se arrastam durante muito tempo tentando fechar as finanças; por exemplo, as contas dos jogos da Comunidade Britânica de 1986 não foram finalizadas até muitos anos após o evento.

Recursos financeiros

Até aqui, analisamos a despesa e seu controle. Ainda que isso seja fundamental, não sejamos pessimistas sobre a estimativa de custos ou o gasto nela, caso contrário, o evento pode simplesmente não prosseguir. É fácil tratar os eventos de forma muito pessimista ou avaliá-los de maneira negativa, julgando que os custos são altos e os riscos, enormes. Isso costuma acontecer com freqüência e, sem uma postura positiva, otimista e determinada na captação de recursos por parte de um indivíduo ou grupo centrais, muitos eventos não avançariam.

Os organizadores precisam identificar possíveis fontes de receita como garantia do financiamento. Esta postura positiva – levantaremos os recursos necessários – é a única com possibilidades de sucesso, já que o foco permanece nas metas e objetivos. Cada vez mais, muitos eventos são realizados a partir de uma base puramente comercial, fazendo com que se tenha uma análise desapaixonada; ou seja, se não há probabilidade de lucro, o evento não deve acontecer.

Nas áreas de esportes e artes, e no caso de eventos realizados com autoridades locais, outros fatores, tais como a publicidade, o incremento ao turismo e a melhoria da imagem, são considerados importantes o suficiente para justificar o prosseguimento, apesar das possíveis perdas financeiras. Se um evento com possibilidade de perdas tiver chances de produzir alguns desses outros benefícios, o prejuízo pode ser assumido pelos organizadores.

Todos os organizadores de eventos procuram instituições públicas e privadas em busca de financiamento e recursos; apresentamos aqui algumas sugestões:

- Departamento de lazer da autoridade local
- Secretaria de educação
- Secretaria de esportes local ou nacional
- Secretaria de cultura local ou nacional
- Organismos ligados às artes e a organismos desportivos
- Organismos turísticos, locais ou nacionais
- Associações e ONGs
- Associações profissionais
- Instituições beneficentes
- Agências financiadoras
- Institutos profissionais
- União Européia (e outras parcerias internacionais)
- Agências nacionais de desenvolvimento empresarial
- Organizações empresariais (por exemplo, câmaras de comércio)
- Hotéis
- Empresas ou conselhos empresariais locais
- Agências do patrimônio
- Organizações beneficentes, locais ou nacionais
- Organismos voluntários
- Agências de *marketing* comercial
- Doações por pessoas físicas ou jurídicas
- Captação de recursos (por parte de grupos ou outros)
- Emissoras de rádio e televisão (direitos de transmissão)
- Ministérios federais
- A loteria nacional
- Grandes empresas locais

Além disso, o próprio evento irá produzir receita a partir de uma série de atividades:

- Franquia
- Doações
- Venda de ingressos
- Programações paralelas
- Taxas de ingresso
- Captação de recursos
- Sorteios
- Suvenires

- Alimentação
- Publicidade
- Hospedagem corporativa
- Licenciamentos (utilização de logomarcas, etc.)
- Feiras comerciais
- Contribuição de participantes
- Comercialização de estandes
- Bar

A geração de receita exige uma energia considerável mas, por seu caráter vital, é um tempo bem empregado. Antes de iniciar o projeto de qualquer evento, é essencial garantir que os recursos financeiros necessários estarão disponíveis, e não se basear em probabilidades. Para atrair investimentos, o evento deve ter um propósito claramente definido, que seja amplamente aceito. Um perfil de público bem divulgado costuma ser um fator importante para a obtenção de apoio financeiro de fontes públicas e privadas.

O apoio pode ser dado em espécie, em vez de um financiamento propriamente dito. O fornecimento gratuito (ou a custos reduzidos) de impressos, hospedagem, passagens, etc., é muito importante, sendo possível elaborar um pacote de patrocínio sem que haja muito dinheiro envolvido.

A captação de recursos

Muitos projetos, especialmente os menores, irão exigir a captação de recursos financeiros, que pode assumir muitas formas, as quais, escolhidas com cuidado, podem significar valores importantes. As idéias inovadoras costumam ser especialmente bem-sucedidas. Aqui, algumas sugestões:

- Corridas, natação ou passeios ciclísticos patrocinados
- Eventos de dança, discotecas
- Maratonas de natação, gincanas, eventos beneficentes
- Loterias (rifas) e sorteios
- Lavagem de carros
- Noite de apostas, como corridas ou cassinos

Patrocínio

O patrocínio é a parte mais difícil de todas.

(Robin Knox-Johnson)

O patrocínio é considerado por muitos como a panacéia para todos os problemas financeiros; mas todos sabemos que tal panacéia não existe, e isso certamente se aplica neste caso. O patrocínio comercial pode ser extremamente difícil de encontrar e exige muito trabalho. Lembre-se de que ele deve ser considerado como um negócio de benefício mútuo entre o patrocinador e patrocinado, para atingir objetivos comuns.

Encontrar patrocinadores nunca é fácil e depender disso pode ser perigoso. Se o evento ocorrer mais de uma vez, existe também o risco de perder patrocinadores em algum momento, pois são poucos os que apóiam as promoções indefinidamente. Sempre vale a pena lembrar que eles podem abandoná-lo em qualquer momento ou por qualquer razão, como no caso de uma proibição governamental sobre o patrocínio de cigarros nos esportes. Esteja ciente das implicações do patrocínio (apresentadas posteriormente). Já se disse, talvez com alguma justificativa, que os patrocínios podem representar mais problemas do que benefícios. Um patrocinador exigente, que invista uma quantia muito pequena de dinheiro em um evento de menor porte, pode ser um desperdício de tempo para o organizador. Para atender os patrocinadores é necessário muito tempo, e às vezes pode ser mais útil para o evento se este tempo for dedicado à obtenção de outras formas de apoio.

Fontes de informação

- Páginas amarelas e guias telefônicos locais
- Jornais locais e nacionais com informações e anúncios
- Escritórios de consultoria sobre recolhimento de impostos de pessoas jurídicas
- Organizações empresariais, como Câmaras de Comércio e Rotary Clubs e Lyons
- Profissionais, como arquitetos e advogados

- Participantes e seus contatos pessoais
- Lojas importantes, em nível nacional e local
- Bibliotecas locais, regionais e nacionais
- Pesquisa de mercado através de centros especializados, consultorias e outras fontes
- Parceiros que tenham apoiado eventos anteriores
- Atuais patrocinadores: empresas que já compreendem os benefícios

Como funciona o patrocínio

Quando se está buscando patrocínio, é muito importante observar o projeto do ponto de vista do patrocinador. Afinal, se você não puder convencer a si próprio de que o projeto vale a pena e de que é possível um pacote com benefícios mútuos, é improvável que você venha a convencer o patrocinador. Quando se busca patrocínio, é necessário acreditar no evento para convencer qualquer outra pessoa de seu valor. Para considerar o evento do ponto de vista do patrocinador, reflita sobre as seguintes questões:

- O evento é adequado à imagem do patrocinador?
- Quanta exposição na mídia ele terá?
- Quanta publicidade ele pode obter no evento e em torno dele?
- O nome da empresa pode ser incorporado ao título do evento?
- Existe a possibilidade de hospedagem corporativa?
- O patrocinador irá encontrar personalidades famosas?
- Existem outras oportunidades promocionais?
- O nome será sinônimo do evento? (por exemplo, Free Jazz Festival, Cornhill Insurance e o Test Match cricket)
- O evento está adequado ao público-alvo?
- O dinheiro investido será recompensado?

Se você concluir que existe um retorno significativo para o patrocinador, continue buscando um benefício comercial. Se puder oferecê-lo, vá atrás dos patrocinadores com todas as forças.

Algumas dicas na busca de patrocínio

Utilize a imaginação e a inovação

Uma idéia nova e brilhante tem muito mais probabilidade de persuadir alguém a gastar seu dinheiro do que um projeto velho ou conhecido, que já foi apresentado por muitas pessoas no passado. Abordar novas companhias também vale a pena, já que a novidade pode interessá-las.

Realize um esforço de marketing

Garanta que o produto e o preço estejam corretos, e que todos conheçam a qualidade do evento. Sendo amplamente conhecido, o projeto terá muito mais chances de atrair interesse de patrocinadores potenciais. É importante promover a imagem e o bom funcionamento da organização e/ou da agência.

Defina claramente o tipo de mercado

Os patrocinadores gostam de conhecer o tipo de mercado que pode ser criado. Se os participantes forem pessoas de meia-idade, as companhias de cartão de crédito podem estar muito dispostas a trabalhar com os organizadores do evento.

Considere a possibilidade de mudar a natureza de sua atividade, evento ou promoção

Adapte o evento à idéia do patrocinador, ao invés de apenas repetir seus métodos antigos e mal sucedidos ou persistir com algo que talvez não seja adequado aos seus desejos específicos. O projeto e os organizadores devem ser flexíveis o suficiente para ajustar-se às exigências razoáveis de um patrocinador.

Experimente abordar seus patrocinadores por meio de organismos empresariais locais

Entre em contato com patrocinadores por intermédio da associação de mulheres da cidade, da Câmara de Comércio ou do Rotary Club, bem como por meio da mídia ou pessoalmente. Esses grupos podem oferecer idéias e contatos.

Avalie as respectivas imagens

Verifique se as imagens são compatíveis e experimente trabalhar com grupos onde exista vínculo ou correspondência evidentes. Os patrocinadores precisam ser compatíveis com um evento e seus participantes.

Aborde os alvos improváveis

Pode haver alguém que nunca foi abordado antes e que gostaria de patrocinar um evento. Talvez você possa oferecer a oportunidade ideal. Até recentemente, ninguém havia pensado em escritórios de advocacia patrocinando ou fazendo publicidade em eventos, o que se tornou bastante comum na Inglaterra.

Faça a pesquisa necessária

Examine os mercados nos quais as empresas parecem estar operando e verifique qual é a faixa etária do público-alvo, se equivale ao seu. A pesquisa detalhada feita utilizando jornais e outros meios de comunicação, além da biblioteca local, irá render dividendos a longo prazo. Você será visto como alguém que busca o patrocínio com conhecimento e causará uma boa impressão sobre os patrocinadores potenciais.

Confira os patrocinadores existentes

Descubra quais as empresas que estão patrocinando atualmente; isso irá indicar os campos que as interessam. Os bancos costumam buscar jovens estudantes secundaristas, às vésperas de abrir sua primeira conta corrente, pois podem ser clientes para a vida toda. Mas isso não significa que as empresas irão ignorar outras áreas, e mesmo se já estiverem patrocinando algum tipo de evento, podem estar interessadas em algo diferente.

Experimente começar com o apoio da mídia

Se dois ou três jornais locais ou nacionais ou, talvez, uma estação de rádio, trabalharem com os organizadores e derem algumas contribuições construtivas nas etapas iniciais, pode ser mais fácil atrair patrocínio. O apoio e entusiasmo da mídia será crucial para o organizador e para o patrocinador durante o projeto, sendo muito vantajoso obtê-los desde o início.

Quem se deve abordar

A escolha de quem abordar pode muitas vezes ser a parte mais difícil, mas talvez a decisão mais importante. Muitas vezes, podemos tomar a direção totalmente errada e não encontrar um patrocinador para o que poderia vir a ser uma competição, exposição ou conferência muito interessante. Enviar correspondência para os patrocinadores não tem muita razão de ser. São necessárias muita reflexão e pesquisa sobre o que poderia interessar o patrocínio de um projeto e porque este seria adequado a uma determinada empresa. Como uma pesquisa detalhada do mercado é fundamental, conheça as empresas potenciais, suas políticas e seus funcionários com poder de decisão.

É sabido que diversas empresas estão interessadas no patrocínio voltado a grupos específicos da comunidade. Por exemplo, é provável que os bancos estejam dispostos a patrocinar eventos para jovens (entre 15 e 21 anos), já que terão seu nome associado a este grupo etário, que representa clientes potenciais para a vida toda, uma mercadoria bastante valiosa.

Muitas instituições financeiras patrocinam as artes, acreditando que isso lhes confere uma identidade positiva com empresários influentes; as empresas locais tendem a apoiar eventos locais; os consumidores de diferentes grupos de renda irão apoiar eventos diferenciados, os quais atrairão patrocinadores diversos. As empresas têm mercados-alvo, e é provável que um fabricante de refrigerantes esteja disposto a associar-se a maratonas ou manifestações esportivas de peso; um exemplo é, a permanente batalha da Coca-Cola e da Pepsi para participar dos grandes eventos esportivos no mundo inteiro.

O aspecto fundamental é abordar uma empresa adequada à sua proposta. É improvável que uma empresa com uma imagem ágil, moderna e voltada a consumidores de alto poder aquisitivo venha a patrocinar um seminário relacionado a idosos. O problema é manter-se ciente acerca das companhias e de seus atuais mercados-alvo. Ambos podem mudar, e atualmente há alguns aposentados com considerável poder aquisitivo.

Patrocinar quase qualquer coisa pode ser bastante compensador como exercício de relações públicas, muitas vezes bem mais barato do que outras formas de *marketing*, especialmente a publicidade, o que é um bom argumento a ser utilizado com os patrocinadores potenciais.

O que oferecer

Supondo-se que um provável patrocinador tenha sido contatado, o próximo passo é preparar um pacote de benefícios atraente, realista e viável. Em compensação ao seu apoio, a agência patrocinadora deve ter como garantia algum retorno. Também é importante abordar patrocinadores no estágio de elaboração do conceito, dando-lhes uma oportunidade de fazer sugestões, em vez de lhes apresentar algo pronto. Os patrocinadores gostam de dar sua opinião detalhada sobre o evento, de forma que uma consulta prévia pode ser importante. O detalhamento e a apresentação do pacote são cruciais, e você só terá chances de sucesso se eles forem adequados às expectativas do público. Também é essencial que o pacote seja bem elaborado e viável. Se uma oferta estiver fora da realidade, o patrocinador irá notar e se assustar. A viabilidade é tão importante para a proposta quando o seu brilhantismo, e aqui há alguns itens a serem incluídos:

- pesquisa de mercado
- oportunidades de *marketing*
- nível de envolvimento necessário
- benefícios oferecidos
- informações sobre o evento e os organizadores

Como apresentar a proposta

Em termos ideais, deve-se organizar uma reunião com a pessoa-chave na organização do patrocinador potencial. Isso pode ser combinado pelo telefone, seguido de uma confirmação escrita e da entrega do pacote de patrocínio com alguns dias de antecedência à reunião, dando oportunidade para o estudo do documento. Às vezes, a reunião não é possível e o diretor do projeto pode depender totalmente de uma carta ou do pacote para produzir uma resposta por parte do patrocinador. Ainda assim, é aconselhável estabelecer prazos e informar que o patrocinador será contatado por telefone em uma data estabelecida para se conhecer sua avaliação a respeito do pacote, discutir detalhes e avaliar possíveis modificações a serem feitas para tornar a proposta mais adequada. É fundamental cumprir suas promessas referentes a cartas, reuniões e telefonemas; caso contrário, a proposta irá parar na lata do lixo. Se chegarmos à etapa de reunião, existe uma chance de 70% de finalizar o negócio, desde que existam argumentos sólidos e que sejam apresentados com compromisso e entusiasmo.

A apresentação

- entretenha
- apresente histórias
- crie uma imagem
- faça uma apresentação
- realize sua *performance*
- utilize características do evento, personalidades, fotografias e materiais audiovisuais

Acordo ou contrato

É essencial estabelecer um acordo de patrocínio por escrito, assinado por ambas as partes, seja ele curto ou longo, detalhando exatamente o que será dado como patrocínio e o que se espera como retorno. Também pode ser necessário incluir penalidades para o caso de qualquer das partes não atingir os níveis indicados no contrato ou acordo. Essa atitude pode parecer um pouco draconiana, mas está baseada na experiência e é certamente a melhor forma de proceder, já que resolve qualquer problema, como quando o patrocinador tenta abandonar o projeto no último minuto ou busca benefícios posteriores que nunca foram solicitados. Esse tipo de disputa pode ser bastante desagradável, sendo importante ter um documento para consultar e esclarecer quaisquer fontes de desacordo antes ou durante o evento.

Faça tudo o que puder

Se você tiver a sorte de obter um patrocinador, especialmente algum que seja bom, firme e justo, não poupe esforços para mantê-lo. Talvez esta seja a área na qual a maior parte dos organizadores falhe, especialmente os voluntários. Eles fracassam em reconhecer o acordo comercial no qual entraram e a importância de desenvolver sua parte nele e, se possível, superá-la. Muitos pensam que podem receber dinheiro e não dar a contrapartida, mas os patrocinadores terão sempre a expectativa da realização completa do pacote prometido. Se houver qualquer dúvida sobre o que deve ser feito, ela deve ser resolvida em favor do patrocinador.

É sempre uma boa idéia assinar um acordo de dois ou três anos com o patrocinador, que irá requerer pelo menos um ano de experiência para verificar se o compromisso continua. Vale a pena mantê-lo feliz (supondo-se que você esteja feliz com ele), já que isso economizará uma grande quantidade de trabalho na busca de um novo patrocinador para o próximo ano. Lembre-se, cumpra sempre aquilo com que se comprometeu.

Apoio em espécie

No caso de alguns eventos locais, o maior fornecedor em espécie pode tornar-se o principal patrocinador sem que haja qualquer transferência de dinheiro, e sim o fornecimento de bens ou serviços, que representam um grande custo para o evento. É comum que a autoridade local seja um grande patrocinador, quer auxiliando com o fornecimento de instalações, de assessoria ou de assistência organizacional gratuita. Da mesma forma, empresas de bebidas, comunicação, transporte, informática e confeitarias podem muitas vezes vir a ser grandes patrocinadores, sem que haja qualquer troca de dinheiro.

É sempre interessante identificar todas as necessidades de um projeto e, a seguir, elaborar uma lista correspondente de possíveis fornecedores para solicitar apoio em espécie. Aborde todos e tente convencê-los dos benefícios de apoiar o evento. Não poupe esforços nem deixe de investigar qualquer fonte potencial. Para muitos eventos, esse tipo de patrocínio é suficiente. Na maioria dos casos ele é, sem dúvida, mais fácil de obter do que dinheiro.

Um organizador de eventos, normalmente trabalhando com um orçamento muito limitado, deve adotar o *slogan* "nunca pague por aquilo que você pode obter de graça". Na verdade, nada é de graça mas, pelo menos, se pode obter algo de um patrocínio ao invés de pagar em dinheiro.

Fazendo com que o patrocínio funcione

Para um organizador de eventos, muitas vezes será difícil fazer com que o patrocínio funcione tão bem quanto poderia. Todos devem esforçar-se nesse sentido, mas pode ser interessante delegar tarefas, apenas para facilitar o relacionamento, e passar a ser o relações-públicas interno ou a pessoa de ligação com o patrocinador.

Também é muito importante enfatizar para o patrocinador, desde o início, que caso sua organização queira receber o melhor do patrocínio, ela deve buscar outras formas de investir no negócio. É comum se dizer que um patrocinador que põe 5.000 reais no evento deve reservar outros 5.000 para maximizar os benefícios de relações públicas a partir dele. Por exemplo, eles podem se beneficiar da propaganda, da hospitalidade corporativa, da identificação da marca, dos brindes promocionais, como camisetas, ou da presença de faixas e *banners* no local do evento para destacar seu envolvimento. Todos esses elementos adicionais irão maximizar os benefícios do patrocínio para a empresa envolvida. E um pensamento inovador nessa área pode ser de muita ajuda.

O patrocínio, na prática

Algumas questões práticas podem melhorar o processo como um todo e garantir uma boa imagem corporativa para ambas as partes, levando ao sucesso no negócio. Nem todas se aplicam a qualquer ocasião, mas existem algumas idéias que valem a pena considerar:

- Um orçamento detalhado e preciso deve ser fornecido aos patrocinadores potenciais, de forma que eles conheçam o significado de sua contribuição.
- Patrocinadores potenciais devem ser convidados a participar de eventos atuais, possibilitando vendas futuras.
- O preço do patrocínio não deve ser nem alto nem baixo demais.
- Na definição de organizações, pessoas e instituições adequadas; a imagem e os recursos devem ser corretos.
- As chances de sucesso devem ser maximizadas com o uso de todas as informações de mercado disponíveis.
- Todos os contatos, incluindo os contatos sociais, devem ser investigados visando a um possível patrocínio.
- Todos os momentos requerem uma postura profissional.
- O preço deve ser justo e, o pacote, bem preparado.

- A abordagem inicial pode acontecer por escrito, mas deve ser seguida rapidamente por um contato pessoal.
- Os patrocinadores devem ser constantemente informados, inclusive a respeito dos problemas.
- A honestidade é fundamental, em todos os momentos, para o desenvolvimento da parceria.
- É importante atender seus patrocinadores, cuidando de todas as suas exigências (razoáveis) assim que forem identificadas.
- O planejamento prévio o ajudará a adequar-se aos orçamentos de patrocinadores potenciais.
- O trabalho árduo irá maximizar o retorno de seu patrocinador.
- Seja criativo, flexível e inovador em suas idéias sobre patrocínio.
- Esteja ciente das evoluções no mundo dos negócios e dos possíveis "oponentes" na busca de patrocínio.
- As reuniões conjuntas para informação e atualização são essenciais.

Para atrair patrocínio, um evento deve ser bem feito; a má qualidade será potencialmente desastrosa para todos os envolvidos. As qualificações e o conhecimento técnico do organizador devem ser utilizados para que o evento aconteça de forma correta em termos de planejamento e realização, justificando o apoio do patrocinador.

Resumindo, o patrocínio pode valer a pena, mesmo com todo o esforço a ele associado. Ambas as partes devem trabalhar para torná-lo eficaz e, em momento nenhum, os organizadores do evento devem promover o que não puderem concretizar. Por outro lado, existe uma tendência entre os organizadores de subestimar seu produto, especialmente quando estão buscando apoio de patrocinadores ou instituições como autoridades turísticas ou conselhos empresariais. Lembre-se de que os eventos podem ser um elemento de crescimento muito importante para uma área. O retorno pode ser enorme para a economia local. O Festival de Edimburgo, as corridas de barcos da Ilha de Wight ou os diversos Festivais de Primavera são exemplos de eventos que têm, ou tiveram, um efeito profundo sobre a área em termos de estado de espírito, retorno financeiro, comercial e turístico.

Não tenha receio de citar exemplos bem-sucedidos, mas evite demonstrar grandiosidade ou fazer afirmações fora da realidade com relação ao seu evento. Se você tem algo para vender, faça-o com dedicação e, depois, cumpra o que prometeu. Martin Morton sugeriu a seguinte seqüência:

1. Prepare a abordagem.
2. Explore as oportunidades.
3. Escolha as empresas.
4. Marque um momento para a abordagem e realize sua *performance*.
5. Apresente o pacote.
6. Nunca desista.
7. Desenvolva todos passos.
8. Investigue a organização.

Também é fundamental concluir o negócio de patrocínio com um relatório abrangente sobre o evento, detalhando todos os acontecimentos. O relatório deve ser preparado para o patrocinador e para a equipe de gerenciamento do evento, contendo os seguintes itens:

Sucesso de *marketing* Com base em pesquisa consistente durante e depois do evento, será necessário declarar o impacto que o projeto teve na imagem do patrocinador, e o que se fez por ele de outras formas, por exemplo, benefícios comerciais, hospitalidade corporativa e penetração no mercado. Isto precisa ser baseado em fatos e números concretos, e não em benefícios percebidos ou imaginários.

Cobertura da imprensa O relatório deve incluir cópias de todas as matérias de imprensa, fotografias ou mesmo gravações de rádio, para dar uma indicação clara do nível de publicidade obtido pelo patrocinador.

Materiais promocionais Devem ser incluídas cópias de todos os cartazes, ingressos, folhetos e outros itens promocionais no relatório, indicando a imagem e exposição do patrocinador.

Análise do evento Fatos e números abrangentes e claros, bem como opiniões de indivíduos, devem ser apresentados no relatório final, fornecendo ao patrocinador informações precisas como números de participação e níveis de desempenho.

Gratidão Uma declaração de agradecimento deve explicar tudo que o patrocinador fez e a natureza fundamental de seu apoio, sendo melhor quando for oriunda de participantes e espectadores, bem como de organizadores.

O futuro As propostas para futuros relacionamentos devem acompanhar a conclusão e os agradecimentos. Obviamente, todos esperam que o patrocínio continue.

Esse tipo de avaliação profissional será um fator fundamental na manutenção do patrocinador, ou mesmo na atração de outros. Qualquer patrocinador estará interessado em conhecer como os eventos anteriores foram realizados e relatados.

Obstáculos potenciais para um patrocínio bem-sucedido

Muitas coisas podem atrapalhar o relacionamento de patrocínio, mas é importante que os organizadores não sejam a causa dos problemas e examinem com cuidado todas as questões, para garantir que não haja imprevistos desnecessários. A seguir, alguns itens que podem causar problemas se não forem tratados adequadamente:

Ausência de objetivos claros Se não houver clareza de propósitos para o evento, será difícil atrair patrocinadores.

Falta de abordagem estratégica Se não houver uma estratégia bem-definida para a atração de patrocinadores, o trabalho será aleatório e, provavelmente, menos eficaz.

As necessidades estão satisfeitas? Se quisermos o patrocínio de alguém, é importante satisfazer suas necessidades ao prestar um serviço, caso contrário, é provável que não haja apoio ao nosso empreendimento.

Publicidade Durante todo o projeto, a publicidade deve ser interessante e deve-se tomar as medidas necessárias para obtê-la; a publicidade é a força vital do patrocínio.

Reputação O patrocinador e o organizador devem ter credibilidade e sustentar um projeto válido. Se um deles tiver uma reputação que, de alguma forma, coloque o projeto em risco, talvez não se deva estabelecer vínculo de patrocínio.

Direcionamento Devem ser dados os passos necessários para garantir que o público do evento seja claramente identificado e os patrocinadores potenciais sejam adequadamente abordados. Patrocinadores em potencial esperarão receber uma proposta clara.

Esforço É necessário que haja um esforço importante para obter patrocínio e, posteriormente, realizá-lo. Se a equipe não estiver disposta a dedicar tempo e esforço, a busca por patrocínio é inútil.

Tempo da equipe Encontrar o patrocínio e realizar o serviço irá levar algum tempo. Isto precisa valer a pena e ser eficiente. Caso contrário, talvez se possam encontrar outras formas de levantar dinheiro, com métodos que exijam menos esforços de longo prazo.

Qualificação A organização deve ter qualificação suficiente para encontrar o patrocínio e cumprir o combinado durante o projeto, e especialização para elaborar as propostas aos patrocinadores com antecedência. Uma carência de qualificação será prejudicial, se não fatal, ainda que se possa contratá-la externamente.

Apesar dessa lista aparentemente negativa, a quantidade de dinheiro disponível para os eventos certos e adequadamente apresentados é cada vez maior.

Questões para auto-avaliação

1. Você está encarregado de captar recursos para a apresentação de Natal local, que contará com a participação de jovens em idade escolar. Sugira quem você poderá abordar para obter apoio financeiro e justifique sua resposta.

2. Tendo por base o evento mencionado na primeira questão, prepare uma estimativa orçamentária apresentando a receita e a despesa previstas. Apresente também um relatório de dois parágrafos, que você enviaria à comissão, sobre os itens mais importantes no orçamento. Sugira a estrutura e os mecanismos que você gostaria de ter para o controle financeiro.

3. Naturalmente, o evento irá exigir patrocinadores. Identifique possíveis empresas, indivíduos ou agências para esta finalidade; sugira quais os benefícios que poderiam ser oferecidos e como a apresentação seria feita para cada um deles.

Capítulo 5
Marketing

É possível que o termo *marketing* seja um dos mais utilizados e menos compreendidos em muitas situações de gerenciamento, incluindo os eventos. O mais importante é que todos os envolvidos tenham muito claro que o *marketing* é uma abordagem, e não apenas um conceito, devendo ser um método que permeia a organização como um todo e não somente uma declaração de intenções ou uma afirmação com relação à promoção. O processo de gerenciamento de projetos deve ser dominado, em seu conjunto, pelo desejo de oferecer um evento a todas as partes interessadas, não somente a espectadores e participantes, mas também a patrocinadores, mídia, VIPs, equipe, anunciantes e público.

Existem muitas definições de *marketing*:

O marketing é um processo integrado de produção, distribuição e venda de bens e serviços. (fonte desconhecida)

O marketing é um esforço integrado, necessário para descobrir, criar, estimular e satisfazer as demandas do consumidor – de lucratividade. (The Institute of Marketing)

O marketing é tão básico que não pode ser considerado como uma função separada... é o negócio como um todo a partir de seu resultado final, ou seja, do ponto de vista do cliente. (Peter Drucker)

Mas o acrônimo de Lyndsey Taylor resume as características e mensagens fundamentais que o *marketing* genuíno deve conter:

Meeting costumer needs	(atender às necessidades do consumidor)
Attracting new customers	(atrair novos clientes)
Reacting to market trends	(responder às tendências do mercado)
Keeping up with competitors	(acompanhar os concorrentes)
Encouraging customer loyalty	(estimular a fidelidade dos clientes)
Targeting specific customers	(visar a clientes específicos)

Identifying market opportunities (identificar as oportunidades do mercado)
Noting customer feedback (considerar a avaliação dos clientes)
Getting it right every time (acertar sempre)

São raras as definições de *marketing* específicas para eventos. Contudo, qualquer uma que enfatize o processo e as pessoas será adequada. Minha preferência é por algo semelhante à definição de Phillip Kotler:

O conceito de marketing *diz que a chave para a conquista de metas organizacionais consiste na determinação de necessidades e desejos dos mercados-alvo (definidos como o conjunto de compradores reais e potenciais de um produto) e na satisfação de tais desejos e necessidades de forma mais eficaz e eficiente do que os concorrentes.*

Ou, nas palavras de Michael Hall:

Marketing é a função do gerenciamento que é capaz de manter em contato participantes e visitantes (consumidores), nos tornando aptos a compreender suas necessidades e motivações, a desenvolver produtos que atendam a essas necessidades e a construir um programa de comunicação que expresse o propósito e os objetivos do evento.

O princípio fundamental é: o cliente é o fator mais importante. Da concepção à conclusão, tudo deve ser desenvolvido tendo os clientes em mente (clientes de todos os tipos). O *marketing* tem sido aplicado tradicionalmente a produtos, mas recentemente passou a ser uma ferramenta reconhecida para os setores de serviços. Por meio do gerenciamento de eventos criamos produtos, mas o mais importante é a forma como isto é feito, o processo; e mesmo o produto final está menos relacionado a objetos tangíveis do que a sentimentos e experiências.

Os eventos, assim como os serviços, são diferenciados dos produtos industriais. A seguir, algumas de suas características especiais:

Intangibilidade Os clientes sentem os benefícios e podem desfrutá-los, mas não podem tocar no evento.

Perecibilidade A diversão é transitória; é raro termos evidências duradouras de um evento.

Inseparabilidade Os clientes associam um evento ao próximo; identificam-se com a reputação da agência organizadora.

Consistência Os clientes exigem consistência, e é importante oferecê-la.

Ausência de propriedade Os eventos não pertencem a ninguém, mas são desfrutados temporariamente por muitas pessoas.

Os clientes de eventos serão muito exigentes quanto à forma como são tratados, às instalações e aos serviços oferecidos; e eles não se contentarão em ver uma exposição de arte ou uma competição esportiva em condições precárias. Nos últimos anos, muitos promotores de grandes espetáculos tiveram que melhorar radicalmente o nível e a qualidade das instalações e dos serviços disponíveis para a sua clientela. Teatros e estádios de futebol antigos não são mais adequados para clientes que agora têm expectativas muito mais sofisticadas. Este elemento, o atendimento ao cliente, é o que diferencia o setor de serviços das indústrias manufatureiras, e é vital para os eventos. A verdadeira qualidade deve ser o alvo constante de todos os organizadores.

Atendimento aos clientes

O atendimento aos clientes é, hoje, a expressão fundamental em todas as empresas, especialmente nos setores de serviços, como a hospitalidade, e se constitui em uma parte vital do gerenciamento de eventos. É necessário refletir cuidadosamente sobre todos os clientes dos eventos; se eles gostarem, voltarão e talvez convidem os amigos para a próxima edição do programa ou para um futuro evento planejado pela mesma agência.

O atendimento ao cliente deve começar assim que ele chega ao evento, ou quando começa sua viagem rumo a ele. As orientações, o estacionamento, a recepção, o local e todas as instalações envolvidas devem estar no padrão mais alto possível e prontas para a chegada e uso por parte dos clientes. A melhor forma de prestar um bom atendimento é colocar-se no lugar do cliente e observar o evento a partir de seu ponto de vista.

O que você quer ou do que precisa? Se você precisar de alguma coisa, o cliente também precisará.

O atendimento ao cliente deve ser considerado como compromisso de todos os envolvidos no grupo organizador, do gerente ao manobrista. Sem os clientes, o evento não terá qualquer razão de ser, de forma que todos devem acreditar no serviço. Alguns membros do grupo podem estar atendendo aos jogadores em um torneio de futebol, outros podem estar servindo aos espectadores, juízes, convidados especiais e patrocinadores.

Cada parte terá seus clientes específicos, mas é importante que todos os grupos construam uma imagem e uma impressão positivas nos clientes em geral. Eles devem tentar fazer tudo o que for possível por seus clientes e, em última análise, por todos os que participarem do evento. A atitude deve ser: façamos tudo o que pudermos para evitar que qualquer coisa desagrade nossos clientes ou os impeça de desfrutar do evento; estamos todos envolvidos na tarefa de maximizar seu prazer. Devemos tentar oferecer aos nossos clientes mais do que eles esperam.

O atendimento ao cliente envolve os pontos mais básicos, como parecer asseado, organizado e apresentável; vestir o uniforme ou o distintivo do evento; deixar muito claro quem você é, o que você está fazendo ali; conhecer as frases básicas nas línguas estrangeiras para fazer com que o cliente se sinta bem-vindo. Alguns visitantes podem estar fazendo sua primeira viagem ao seu país ou região. Lembre-se de que o cliente é o rei; faça reverência ao rei.

Embora as pessoas e os serviços sejam a base dos eventos, o seu *marketing* tem muitas semelhanças com outras situações comerciais.

Fatores importantes do *marketing*

O *marketing* pode ser afetado por diversas questões, algumas delas controláveis, outras não, mas os organizadores devem estar cientes de todas:

Localização Leve em consideração os atrativos e a acessibilidade do local, além de fatores ambientais como tráfego e paisagem.

Fatores sociais A atitude de amigos e colegas irá afetar a atitude das outras pessoas.

Influências culturais Grupos sociais que se diferenciem, por exemplo, em termos de origem étnica, classe social e região do país verão um mesmo evento de maneiras diversas.

Moda Em determinados períodos, certos tipos de projetos estarão em voga e irão atrair grandes públicos.

Fatores políticos As autoridades locais e centrais buscarão áreas de apoio que sejam adequadas às suas convicções.

Fatores econômicos Avalie a quantidade de dinheiro disponível em fontes empresariais e individuais; leve em consideração as taxas de câmbio e outros fatores econômicos semelhantes.

Filosofia As crenças e as atitudes de grupos, indivíduos e outros elementos irão afetar o universo dos eventos.

Lista de itens a serem verificados em *marketing*

1. Conheça profundamente sua organização e esteja capacitado para identificar segmentos de mercado e grupos-alvo potenciais.
2. Conheça as metas do evento; elabore um orçamento e um plano estratégico para alcançá-las.
3. Conheça seu cliente; converse com formadores de opinião, visite os estabelecimentos a eles relacionados e aprenda com as idéias dos outros.
4. Conheça seus concorrentes; descubra o que eles têm para oferecer, sua estrutura e seus programas.
5. Mantenha-se em contato com outros parceiros do mesmo negócio; utilize as relações públicas e a hospitalidade para fazer amigos na imprensa.
6. Identifique possíveis espaços para seu evento no mercado; faça testes com as idéias preliminares e reflita cuidadosamente sobre o processo.
7. Examine formas de aumentar o tamanho e o *status* do evento, e aproveite ao máximo as oportunidades de *merchandising*.
8. Avalie os ganhos gerados no evento.
9. Crie uma imagem para o evento; comece por uma recepção eficiente, evite filas e empregue funcionários inteligentes e adequados em todos níveis.
10. Seja inovador, aceite conceitos originais e riscos; seja flexível para potencializar todas as possibilidades.
11. Para obter publicidade, seja original; os primeiros são importantes e serão sempre lembrados.
12. Mudanças nas circunstâncias sempre significam novas oportunidades para promoção e publicidade; aproveite todas que surgirem.
13. Motive as pessoas; faça com que os funcionários sejam parte de uma equipe disposta a se identificar com o evento e o divulgar.
14. Certifique-se de que todos os aspectos do evento sejam elaborados de forma que as pessoas queiram participar dele; esteja voltado para o cliente.
15. Lembre-se de que os brindes são importantes. Todos gostam de ganhar algo; um adesivo ou um distintivo irão ajudar as pessoas a lembrar do evento, antes, durante e depois. Além disso, também não esquecerão as experiências positivas que podem persuadi-las a participar da próxima edição.
16. Elabore as regras do evento de forma justa e adequada a todos.
17. Faça as instalações atraentes e limpas; crie uma imagem de qualidade.
18. Torne-as, também, acessíveis, com mapas adequados, sinalização, estacionamento, etc.

19. Faça os esforços necessários para que todos, seja interna ou externamente, saibam exatamente o que está acontecendo, o tempo todo; a falta de informação é o pior tipo de publicidade.
20. "Venda" o evento a todos: funcionários, financiadores, patrocinadores e clientes.

Analise a maioria desses aspectos, ou todos eles, para cada evento. Será necessário muito esforço para construir uma verdadeira abordagem de *marketing*. O apoio e o entusiasmo para realizar o *marketing* de seu projeto não surgirão espontaneamente, precisam ser cultivados. Os conceitos de *marketing* são muito aplicáveis comercialmente e também são importantes para os eventos. A pesquisa de mercado, a auto-análise, a definição dos alvos e o *mix* de *marketing* são úteis no desenvolvimento apropriado dessas idéias.

Pesquisa de mercado

A pesquisa de mercado diz respeito à avaliação e à análise dos mercados. Uma definição adequada seria a seguinte:

A coleta, o registro e a análise objetivos de todos os fatos relacionados à prestação de serviços ao consumidor certo.

Uma pesquisa profunda antes do evento poderá ajudar a responder algumas perguntas:

- O evento tem um propósito útil?
- As pessoas irão se interessar?
- As pessoas irão comparecer e/ou participar?
- Será viável financeiramente?
- Terá uma recepção favorável por parte da comunidade empresarial?
- E por parte da mídia?
- Será adequado ao público-alvo?

Essas informações gerais, talvez com o auxílio de alguns detalhes mais específicos, irão ajudar a decidir se o evento é relevante, interessante e viável. Não há muita razão para ir adiante com um projeto se a pesquisa de mercado oferecer resultados negativos. A pesquisa de boa qualidade é vital e não deve ser ignorada, uma vez que tenha sido realizada. Nenhum evento deve prosseguir sem algum tipo de pesquisa de mercado, e a complexidade do evento irá determinar a quantidade e o tipo de tais pesquisas. O custo da pesquisa precisa ser avaliado, e as informações existentes devem ser verificadas para conhecer o que já está disponível.

A pesquisa de mercado pode auxiliar a reduzir a incerteza e, portanto, o risco de falha. Além disso, pode contribuir para planejar uma estratégia de *marketing* eficaz e para analisar suas possibilidades de sucesso. A pesquisa eficaz deve seguir as seguintes diretrizes:

- Elabore objetivos muito claros.
- Construa um plano viável em termos de custos, sobre a melhor forma de garantir a informação relevante.
- Declare como o plano será implementado.
- Explique quais planos serão necessários para analisar o processo e a informação.

Talvez seja necessário um programa de pesquisa pública de grande porte para eventos maiores mas, para os projetos menores, isso costuma ser caro e complexo demais.
Existem muitas fontes de informações secundárias importantes:

- registros pessoais
- conhecimentos de funcionários
- bibliotecas públicas
- departamentos do governo
- universidades e faculdades
- sindicatos e associações profissionais
- agências de pesquisa em *marketing*
- outras instituições

Entre as outras instituições podem estar os organismos artísticos, desportivos, as autoridades turísticas ou instituições relacionadas ao patrimônio nacional.

A pesquisa direta pode ser do tipo que é preenchido pelo próprio entrevistado, questionários postais, entrevistas telefônicas, entrevistas pessoais ou discussões em grupo. As questões devem ser elaboradas cuidadosamente para evitar o erro e a imprecisão, e todos os entrevistadores devem ser confiáveis e isentos para que os resultados sejam significativos. Todos os resultados devem ser revisados de forma minuciosa após a análise. Para sua compilação será fundamental a utilização de computadores, mas a interpretação deve ser desenvolvida cuidadosamente, por um especialista que examine todas as possíveis conclusões dos dados coletados. Tente obter aquilo que é realmente verdadeiro, e não o que você espera que seja. Apenas as conclusões genuínas serão importantes e construtivas para desenvolvimento do evento.

Análise SWOT

A análise situacional – passada, presente e futura – é fundamental para qualquer projeto de *marketing*, e para a forma como o empreendimento irá se adequar a ela. Esse tipo de análise é mais bem desenvolvido pelos métodos SWOT (*strengths*: pontos fortes, *weaknesses*: pontos fracos, *opportunities*: oportunidades e *threats*: ameaças):

Strengths
Os pontos fortes internos da organização

Weaknesses
Os pontos fracos internos da organização

Opportunities
As oportunidades externas que possam surgir

Threats
As ameaças externas enfrentadas pela organização

Os resultados desse trabalho, com certeza, irão variar muito, dependendo da natureza específica e das demandas do evento em questão. Apresentamos aqui algumas possibilidades que podem se aplicar a uma ampla variedade de eventos.

Pontos fortes

- capacidade da equipe
- conhecimento especializado e experiência
- reputação local
- apoio político
- entusiasmo e compromisso

Pontos fracos

- estrutura de transportes de má qualidade
- recursos financeiros limitados
- imagem pública negativa
- falta de qualificação geral para o gerenciamento

Oportunidades

- aumento da divulgação entre o público
- desenvolvimento de parcerias
- retornos financeiros
- mudança de atitudes
- oferta de novas possibilidades

Ameaças

- falta de apoio comercial
- concorrência de promoções semelhantes
- tendências econômicas
- mudanças nas prioridades de financiamento

Esse tipo de análise auxilia no planejamento realista para o empreendimento como um todo, mas especialmente no caso da estratégia de *marketing* (em breve, apresentaremos mais sobre o assunto).

Público-alvo

Para que qualquer tipo de *marketing* funcione, seu alvo deve estar muito claro. As diversas promoções podem ter um público muito variado: velho ou jovem, em boa forma ou não, acadêmico ou artesão. Alguns eventos, contudo, irão visar a um público mais específico: um empreendimento pode ser voltado particularmente às mulheres ou ao grupo etário acima dos 50 anos, ou àqueles que falam a língua gaélica, ou ainda à comunidade empresarial local ou ao mercado europeu. Qualquer que seja o grupo, ele deverá ser claramente identificado e alcançado.

No caso de eventos, os alvos podem ser diferentes em função de aspectos distintos (Figura 5.1). Pode ser necessário identificar públicos, como participantes potenciais, espectadores, patrocinadores e funcionários potenciais, todos oriundos de áreas diferentes e exigindo *marketing* diferenciado para que seja possível a obtenção de seu apoio. A pesquisa de mercado e a utilização cuidadosa do conhecimento prévio irão identificar os grupos certos para eventos específicos. O próximo passo é certificar-se das necessidades de cada grupo e elaborar um plano para atendê-las.

Mix de Marketing

O *marketing* costuma ser apresentado como um conceito complexo, dotado de muita mística, talvez visando a uma glória maior das empresas ou dos profissionais do setor. Em essência, ele é uma combinação simples de fatores buscando a obtenção de um equilíbrio correto para qualquer atividade comercial. Existem quatro fatores principais:

- praça
- produto
- preço
- promoção

Figura 5.1 Alguns públicos-alvo para o marketing de eventos.

O equilíbrio correto para um empreendimento é chamado de *mix* de *marketing*. A reflexão sobre cada fator irá variar de um evento para outro mas, em cada ocasião, todos os quatro devem estar equilibrados, e esse equilíbrio não será obtido se ignorarmos qualquer um deles. No caso do evento, as seguintes definições podem ser aplicadas:

Praça Inclui diversos aspectos:

- local
- hospedagem/acomodações
- instalações secundárias
- sinalização
- mapas
- estacionamento
- localização do local de alimentação
- transportes
- acesso de emergência
- cidade anfitriã
- região
- país
- condições ambientais
- localização geográfica, etc.

Produto É o resultado final – o evento, o torneio, a exposição, o seminário ou o show. Envolve também as contribuições secundárias, como programações, apresentações, produção de qualidade e atendimento aos clientes.

Preço O evento pode ser oferecido a um preço aceitável aos clientes? Os pacotes de preços podem ser elaborados de forma a sustentar participações em grupo ou tarifas turísticas?

Promoção Inclui vários aspectos:

- propaganda
- relações com a mídia
- publicidade
- *merchandising*
- folheteria
- cartazes
- logomarcas
- vitrines

O bom gerente de eventos deve equilibrar esses aspectos para produzir um bom *mix* de *marketing*. O ajuste desse equilíbrio, desde o conceito até a finalização, irá afetar fundamentalmente o resultado do projeto (Figura 5.2).

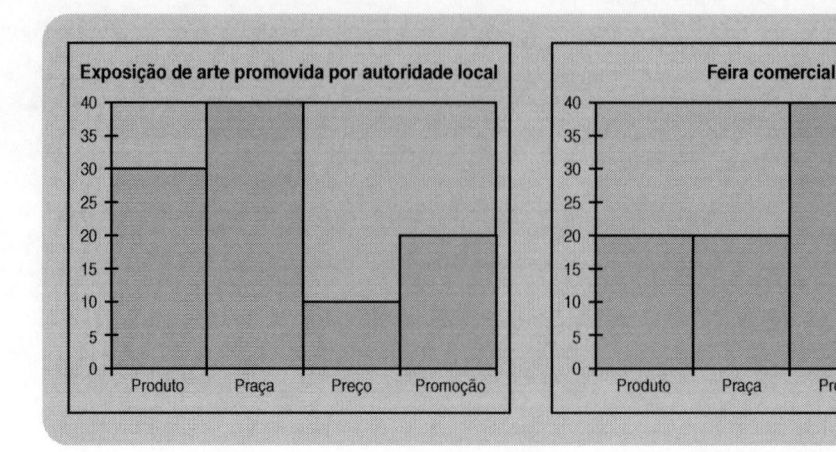

Figura 5.2 Exemplos de *mix* de *marketing*. A principal preocupação de autoridades locais não é o preço do produto, e geralmente elas dispõem de um orçamento promocional limitado; o produto e o local terão que ser muito bons. O lucro é fundamental para as organizações comerciais; o preço do evento irá determinar o número de expositores; o local será menos importante do que a promoção, especialmente a imagem e a divulgação; os expositores irão fornecer os produtos.

As preocupações principais devem estar centradas nas pessoas e no atendimento de qualidade prestado por elas. Entretanto, a operação como um todo deve levar em conta os elementos do *mix* de *marketing*, em todas as etapas e em todos os níveis.

No caso de alguns serviços e, com certeza, dos eventos, existe uma série de outros "Ps" que deveriam ser incluídos:

Pessoas As pessoas são um fator crucial para um bom evento, especialmente o bom atendimento aos clientes e o trabalho em equipe eficaz. O pessoal bem treinado e capacitado constitui-se em uma ferramenta de *marketing* fundamental.

Pacote O pacote diz respeito à forma como os eventos são apresentados para comercialização sejam eles parte de uma temporada ou de um festival, como um torneio ou como um evento isolado. Qualquer *marketing* irá depender do pacote, seja ele um pacote familiar ou um ingresso de temporada.

Parceria O apoio de terceiros e sua presença de *marketing* podem ser benefícios importantes.

Programação A data marcada de um evento será uma ferramenta importante para o seu *marketing*, devendo adequar-se ao calendário cultural ou eleitoral, gerar interesse e se utilizar de outros projetos ao seu redor.

Por meio do equilíbrio de todos os Ps, um gerente qualificado poderá elaborar uma estratégia para maximizar o sucesso de um evento específico.

Promoção

Muitos aspectos devem ser levados em consideração com relação à promoção: imagem, logomarca, propaganda, mídia, relações públicas, verbas, suvenires, apresentação, *merchandising* e publicidade. Um equívoco que acontece com freqüência é tratar a promoção como sinônimo de *marketing*, o que ela não é. Promoção é a parte do *marketing* que diz respeito à comunicação, à forma como o produto pode se tornar conhecido pelo público e por participantes em potencial. Ela também está relacionada à imagem e à apresentação do produto, em nosso caso, o evento. O objetivo de apresentar aos clientes um esquema promocional baseado em propósitos é obter AIDA:

Atenção
Interesse
Desejo
Ação

A logomarca

Uma logomarca adequada pode ser uma parte fundamental de qualquer imagem pública. É importante refletir cuidadosamente sobre esse aspecto, consultando organizações especializadas e autoridades antes de finalizar o *design*. Seu impacto no *merchandising* e nos suvenires pode ter um efeito considerável na receita.

Antigamente, costumava-se buscar logomarcas relativamente simples, utilizando apenas uma cor. Atualmente, contudo, as logomarcas multicoloridas e, muitas vezes, com diversas imagens diferentes são utilizadas em eventos internacionais para maximizar as combinações e possibilidades de cores, aumentando também as vendas de souvenires. Para eventos de maior porte isso pode significar uma mina de ouro mas, no caso dos menores, não se deve adquirir um estoque muito grande, que corre o risco de não ser vendido.

Uma boa logomarca deve:

- refletir o evento
- comunicar seu tema
- ser atraente e chamar a atenção
- criar uma imagem do evento
- transmitir mensagens importantes
- ser colorida (de preferência)

A mascote

Outro aspecto também relacionado à imagem é a mascote, que pode fazer parte de qualquer evento, de qualquer tamanho, desde que se possa pagar por ela. A mascote também poderá auxiliar a promover o evento de várias formas, especialmente com relação a determinados públicos-alvo, devendo ser realmente identificada com o evento, adequada, importante e atraente, além de retratar a imagem do projeto e ser vendável.

Propaganda

A propaganda bem direcionada e financeiramente viável pode fazer a diferença entre o sucesso e o fracasso. Todavia, grande parte da propaganda é cara, de forma que deve ser feita tendo em mente objetivos específicos, e em nível adequado ao evento. Em geral, é possível obter cobertura editorial como alternativa à propaganda em jornais, além de utilizar outros espaços, como a propaganda barata em ônibus ou em *outdoors*.

Entretanto, apesar do custo, a propaganda eficaz tem um valor inestimável, e os locais mais adequados devem ser escolhidos a partir de uma lista possível. Ainda assim, existem questões simples, mas que são muito importantes:

- Por quê?
- Para quem?
- Quando?
- Quanto?

- O que, exatamente?
- Quais os meios?
- Onde?
- Quem avalia a resposta?
- Como ela é avaliada?

Uma boa campanha publicitária tem várias características importantes:

- Divulga o evento.
- Transmite informações sobre detalhes importantes.
- Estimula o desejo de participar ou comparecer.
- Promove a idéia de que o evento vale a pena.
- Estabelece padrões e incentiva a participação a longo prazo, para eventos futuros.
- Estimula a decisão que transforma o interesse em participação ou comparecimento.
- Promove a imagem e a logomarca do evento.
- É positiva e interessante para atrair atenção.

A propaganda na imprensa e nas rádios locais não é barata, mas pode valer a pena, especialmente se os jovens forem o público-alvo, e no caso de estações comerciais. A televisão pode ser cara, mas é muito eficaz para atingir grandes públicos. Obviamente, o custo é um fator determinante, mas a mídia escolhida também deverá refletir o público-alvo. Certos jornais são lidos por determinados grupos, e a rádio comercial local estabelece um contato íntimo com públicos específicos. A propaganda direcionada é necessária e deve compensar.

Publicidade e relações com a mídia

Devemos dar muita atenção às relações com a mídia e à publicidade. Deve-se desenvolver uma campanha bem planejada, paralela à campanha de propaganda. Em termos ideais, esse esforço deve acontecer por um período de alguns meses, atingindo o pico um pouco antes do evento. A divulgação antecipada permite que participantes e espectadores em potencial façam reservas em suas agendas e evita possíveis conflitos com atrações concorrentes. Será necessário pagar por alguma divulgação, mas sempre há formas de se obter publicidade por pouco ou nenhum custo; o segredo é usar a imaginação e prestar atenção aos detalhes. A Internet é uma forma de obter uma boa divulgação, de forma relativamente barata e fácil.

É importante que o contato com a mídia seja estabelecido cedo. Elabore um *slogan* e uma logomarca para identificar o seu evento. Tente fazer com que uma figura pública se envolva ou o inaugure, contribuindo para a divulgação local. Outros meios que podem ser contatados são jornais de circulação nacional ou publicações locais, boletins de associações profissionais, rádio, televisão e teletexto. Existem também oportunidades através de mala direta, divulgação a grupos, listas de eventos de organizações nacionais, adesivos para carros e a divulgação boca a boca. Não seja tímido ao estabelecer contatos com a mídia; ela depende de que as pessoas lhe digam o que está acontecendo, especialmente quando não há muitas notícias importantes no campo dos esportes ou da política. Alguns pontos gerais a serem lembrados quando lidamos com a mídia são:

- Ela precisa de você, tanto quanto você precisa dela.
- Você conhece mais os pormenores técnicos de seu assunto do que ela.
- Demonstre confiança durante uma entrevista; quanto mais relaxado você parecer, melhor será seu desempenho.

- Com um pouco de imaginação, é possível obter uma boa quantidade de espaços de divulgação gratuita.

Algumas diretrizes para obter a atenção da mídia

Um título de efeito em uma nota à impressa irá atrair atenção e criar imagens positivas na mente dos editores. A famosa manchete de jornal 'Freddie Starr ate my hamster' gerou muito interesse em todo o país, mesmo sendo imprecisa. Uma nota à imprensa deve ter um ponto de vista interessante e ser distribuída com antecedência; todas as notas devem ser voltadas para o consumo local ou nacional.

Seja sempre positivo com relação ao evento. Não deixe que as notícias sejam distorcidas e se tornem negativas. Os jornalistas podem estar mais interessados nas más notícias, e podem tentar adaptar o que estiver acontecendo. Esteja preparado para essa situação e resista a ela o máximo que puder; aproveite qualquer oportunidade de transmitir informações positivas.

Com a ênfase correta, uma história local pode rapidamente tornar-se nacional. Talvez seja um fato inédito no país, ou algo totalmente único, como uma história recente sobre a reciclagem de botas de chuva devido ao seu alto teor de plástico, totalmente sem importância, que chegou aos noticiários nacionais no rádio britânico.

Diversas publicações especializadas reúnem endereços e números de telefone de editores de jornais, revistas, emissoras de televisão e estações de rádio importantes.* Se você quiser que alguém lhe responda, é muito importante saber seu nome. Uma correspondência genérica ao editor ou subeditor não terá tanto sucesso quanto uma carta enviada a um repórter específico, principalmente alguém especializado em sua área temática.

Na Inglaterra, por exemplo, a A. & C. Black publica o Writers and Artists Year Book, com uma listagem anual de nomes e endereços úteis. Organizações, como o Sports Council e o Arts Council, também podem fornecer listagens detalhadas de especialistas que você poderá contatar com relação a um determinado evento.

Reflita muito sobre quem pode estar interessado naquilo que você está fazendo. Não tenha receio de entrar em contato com as pessoas.

Hoje em dia, o correio eletrônico e o fax são os métodos preferidos, mas uma conversa telefônica pode gerar um interesse que nenhuma nota à imprensa, não importa o quanto seja bem escrita, poderá produzir. Um dia de telefonemas poderá gerar mais divulgação para o seu evento, e muito mais rapidamente, do que dois ou três dias escrevendo e enviando notas à imprensa.

Pode valer a pena passar algum tempo com um jornalista ou um editor, definindo a cobertura do evento, e um bom almoço de trabalho pode ser um bom investimento.

Notas à imprensa (press releases)

Todos os dias, diversas notas de pouco conteúdo chegam à mesa dos editores. Se você quiser que seu evento seja noticiado, as informações devem ser interessantes. Não espere que o 23º Campeonato Inter-regional de Futebol chame a atenção de um jornalista. É fundamental transformar esse evento de rotina em algum tipo de história, de preferência inédita, como a primeira vez em que os campeões ingleses visitaram Newcastle, ou a primeira vez que os três principais jogadores da Inglaterra participaram do torneio.

É fundamental que a nota à imprensa comece com os fatos mais importantes nas primeiras duas linhas, que muitas vezes são a única coisa lida. A nota deve ser breve, não se utilizando mais do que duas folhas de papel A4, e uma já será suficiente para obter interesse. Seja sucinto, claro, interessante e utilize uma formatação agradável.

---

*N. de R. T. No Brasil, é mais conveniente recorrer direto às publicações, no caso de jornais e revistas, ou aos *sites* mantidos por todos os veículos na Internet.

Forneça no final da nota o nome do contato e o número de telefone e de outras fontes que poderão ser ouvidas pelo jornalista, para mais informações. No Capítulo 7, apresentamos uma amostra de nota à imprensa.

Os segredos do contato com a mídia

1. Ao lidar com a mídia, é sempre melhor ter uma atitude proativa do que reativa.
2. Obtenha sempre um nome de contato, pois correspondências endereçadas "a quem interessar possa" geralmente acabam na lata do lixo.
3. Tente refletir sobre o título, especialmente quando estiver redigindo uma nota à imprensa. Ele pode atrair a atenção.
4. Ao falar com jornalistas, tenha em mente que o conteúdo dessa conversa poderá ser publicado.
5. Encontre o melhor porta-voz para o evento ou promoção e o nomeie como seu contato com a mídia, garantindo, assim, uma linha coerente para toda a organização. Muitas pessoas diferentes fornecendo informações à imprensa, representam uma receita para o desastre.
6. Guarde cópias de toda a cobertura de rádio, televisão e outros meios de comunicação. Isto será importante para o evento e deixará os patrocinadores felizes, além de ajudar os contatos individuais na mídia a melhorarem seus desempenhos.

Entrevistas coletivas

As entrevistas são uma forma rápida e eficaz de obter uma boa cobertura de imprensa e informar diversos jornalistas ao mesmo tempo, mas exigem uma reflexão cuidadosa, já que podem ser extremamente arriscadas. Se nada despertar o interesse da imprensa, a participação será muito baixa, o que pode ser bastante constrangedor.

A seguir, algumas boas razões para realizar uma entrevista coletiva:

- Lançar seu evento ou conferência.
- Apresentar verdadeiras novidades sobre alguém que irá participar do evento, se essa pessoa for um nome de destaque.
- Esclarecer possíveis polêmicas que estejam circulando sobre o evento. A especulação da mídia pode ser enorme e prejudicial.
- Dar uma notícia em primeira mão, como a de que um famoso conferecista será o principal palestrante.

Se for o caso de utilizar uma declaração escrita, faça-a através de uma nota à imprensa. Deve haver algum benefício para justificar uma entrevista coletiva, e o porta-voz indicado deve ser preparado para responder a qualquer pergunta de forma precisa e confiante. Encontre um local de fácil acesso, que possa proporcionar a hospitalidade adequada; por exemplo, com a presença de artistas para uma sessão de fotos.

Certifique-se de que sua entrevista coletiva não colida com outros eventos públicos importantes, grandes acontecimentos esportivos ou promoções artísticas. Essa investigação detalhada irá compensar na hora da escolha da data e da hora. Contudo, sempre existe o risco de uma notícia importante de última hora roubar a cena, e ninguém comparecer.

É fundamental dar telefonemas para relembrar aos editores do convite já enviado e transmitir informações adicionais. Tente enfatizar a presença de determinadas pessoas, a oportunidade para realizar boas entrevistas para o rádio e a televisão e a possibilidade de conseguir boas fotos de nomes de destaque. Reflita sobre quem irá aparecer para a mídia: a presença de um patrocinador é sempre bem-vinda. O presidente do comitê organizador ou o porta-voz devem estar devidamente informados.

O local é muito importante. Realize a entrevista em algum lugar de fácil acesso aos jornalistas. Em caso de eventos nacionais, é importante enviar informes à mídia das principais capitais do país, porém a realização de eventos fora dos grandes centros pode gerar problemas de divulgação. Mesmo se tratando de um evento regional, a cidade mais importante na região é o melhor local de lançamento na mídia.

Providencie os recursos audiovisuais necessários para a apresentação: o uso de vídeos ou *data show* de boa qualidade realmente aumenta o interesse por parte do público. Garanta que sejam feitas consultas aos jornalistas com antecedência, seguidas por telefonemas aos indivíduos que possam estar interessados. Prepare uma pauta detalhada para a entrevista coletiva e a mantenha, embora, se houver interesse, as perguntas possam se estender.

Caso convide jornalistas de outras localidades, providencie hospedagem. Isto irá permitir um tipo um pouco diferente de aproximação, boa para o desenvolvimento de relacionamentos.

Oportunidades fotográficas

É muito importante fornecer informações visuais, além das verbais. As palavras são menos contundentes, mesmo que acabem aparecendo nos jornais. As fotografias, por sua vez, podem chamar muita atenção. Elas exigem um pouco mais de produção e imaginação, mas podem valer a pena, geralmente produzindo maior divulgação para o evento e ajudando a satisfazer o desejo de publicidade do patrocinador.

Meios de comunicação importantes

É essencial envolver todos os meios de comunicação. As estações de rádio locais são um meio excelente e muitas vezes esquecido, podendo oferecer a possibilidade de divulgar eventos e entrevistas com os organizadores. Também é possível persuadir uma estação local a montar o seu próprio estande no evento, oferecendo publicidade ao vivo. Jornais regionais ou locais importantes podem ser de muita utilidade; não se preocupe apenas com a mídia nacional.

A idade, o interesse, a leitura provável ou os hábitos de escuta de seu público irão determinar quais os meios específicos que você deve priorizar. Lembre-se sempre da imprensa relacionada a interesses específicos; o mercado nacional é imenso. Uma cobertura em uma revista especializada será muito importante para garantir o apoio do público, chegando até possíveis participantes e gerando publicidade nacional.

Outras formas de atrair interesse podem ser um concurso promocional (tendo ingressos como prêmio), um sistema de descontos para a participação em grupo ou algum outro tipo de incentivo. O *marketing* direto por meio de correio ou telefone é uma forma eficaz de fazer com que a mensagem chegue aos clientes potenciais, ainda que seja um pouco invasiva. Mesmo no caso dos eventos localizados, este tipo de promoção boca a boca pode ser um fator importante na obtenção de apoio.

Relações públicas

As relações e a imagem pública do grupo organizador são componentes fundamentais para o sucesso de um projeto. A política de relações públicas combina de forma eficaz todas as questões relevantes, como propaganda, imagem, logomarca e relações com a mídia, com os principais fatores de relacionamento e atendimento aos clientes.

A obtenção de uma imagem positiva é uma prioridade para muitos projetos. Por sua própria natureza, os eventos costumam ser elaborados de forma a obter uma divulgação maior da atividade envolvida e criar um ponto de interesse. As boas relações públicas podem ser mais bem obtidas influenciando-se as pessoas por meio de figuras influentes. Isto pode ser feito utilizando-se os meios de comunicação de massas e obtendo apoio de importantes especialistas no campo em questão. Muitas pessoas na área de artes consideram as opiniões dos críticos como um fator decisivo para o sucesso. Isto pode ser verdade ou não, mas uma recomendação para o rádio ou televisão pode ser decisiva para o avanço de um projeto; além disso, o apoio de uma celebridade é geralmente benéfico. "Não existe má publicidade", diz o velho ditado. No caso dos eventos, isto não é necessariamente verdadeiro; uma imagem ruim certamente não irá atrair espectadores, agora ou no futuro. As relações públicas são a vitrine para os participantes e para o público. Assim sendo, desenvolva-as da melhor forma possível. É fundamental obter uma boa imagem, mas esta só se mantém se baseada em fatos reais.

Vendas

Todos os funcionários envolvidos no evento são responsáveis pela sua "venda". É necessário que eles vendam a participação no evento como sendo válida para todos com os quais entrarem em contato. Isto significa uma abordagem de vendas positiva, da telefonista e do executivo-chefe, bem como de todos que estão entre eles. Aproveite todas as oportunidades para gerar interesse em visitantes e participantes potenciais com relação ao projeto. Todos os membros da equipe devem tornar-se representantes de vendas.

Outro aspecto importante das vendas acontece durante o evento e em torno dele: *merchandising*, venda de suvenires, franquia e comércio. São as vendas diretas, que podem acrescentar quantias consideráveis de dinheiro e contribuir muito para a receita. No caso de alguns eventos de maior porte, a franquia (venda de todos ou parte dos direitos de venda por um preço ou uma porcentagem) é a forma mais conveniente de gerar retorno em vendas sem maior esforço do comitê organizador. Esse sistema talvez não seja o mais lucrativo, exceto no caso de eventos como as Olimpíadas. O franqueado recebe sua fatia do lucro, em parte, às custas do organizador. Os elementos mais comuns nesse tipo de sistema são a alimentação e os suvenires. Poderá ser mais apropriado para os organizadores vender as mercadorias por conta própria, obtendo todos os lucros possíveis através das vendas.

Suvenires e outras vendas relacionadas podem ser lucrativos para qualquer evento. Deve-se refletir cuidadosamente sobre o assunto, já que a escolha errada da logomarca, imagem ou produtos pode gerar graves perdas financeiras. Em todos os níveis, essas vendas são absolutamente vitais para a viabilidade financeira e devem ser decididas com muito cuidado. Decisões apressadas podem causar arrependimento. É necessário um pouco de coragem para arriscar o dinheiro, talvez limitado, na compra de mercadorias para revenda, mas os lucros costumam ser significativos. Essas vendas também poderão ajudar a transmitir a imagem do evento para acontecimentos atuais e futuros. Boa parte dos suvenires será apreciada. Eles trarão boas lembranças aos visitantes, estimulando o seu retorno. É um investimento válido.

A apresentação do evento

Existem dois aspectos fundamentais:

- a apresentação promocional
- a apresentação propriamente dita do evento

A apresentação promocional é aquela destinada a patrocinadores, apoiadores, espectadores, meios de comunicação e participantes. Hoje, as expectativas do público são muito altas, pois os consumidores estão acostumados à sofisticação oferecida pelos meios de comunicação de massa e pela maioria dos prestadores de serviços no campo do lazer. Todos os esforços serão importantes para garantir uma apresentação profissional e eficaz de ambos os aspectos.

O organizador de eventos deve realizar um bom trabalho na apresentação de um projeto para um possível patrocinador ou participantes em potencial. Isto pode tomar a forma de um documento elaborado, talvez com editoração eletrônica, e até uma produção cara em multimídia ou audiovisual. Para gerar interesse, qualquer apresentação deve ser precisa, minuciosa e completamente desprovida de erros. A seguir, algumas orientações:

1. Ensaie a apresentação.
2. Esteja bem preparado.
3. Verifique mais de uma vez todo o equipamento audiovisual e tenha todas as peças de reposição necessárias.
4. Garanta que a comunicação escrita seja da melhor qualidade.
5. Revise todos materiais para identificar quaisquer imprecisões.
6. Garanta que toda a informação seja completamente correta (por exemplo, sem erros de digitação).
7. Se possível, confira o local antecipadamente.
8. Reconfirme hora e local com 24 horas de antecedência.

Seja paga ou voluntária, apenas uma atitude profissional terá chance de sucesso, e assim espera o cliente. O mesmo tipo de pensamento meticuloso deve ser aplicado à apresentação do evento como um todo, do início ao fim. Este conceito deve ser aplicado a tudo, incluindo itens simples como logomarcas, propaganda, mascotes e decoração.

Outros elementos, menos evidentes, também devem refletir a qualidade geral da apresentação. Se quisermos que o empreendimento seja levado a sério pelo consumidor, esta qualidade deve ser a marca de tudo e de todos os envolvidos no trabalho. O projeto deve ser desenvolvido da forma correta, no mais alto nível, e não apenas realizado.

É importante que todos os funcionários e voluntários estejam cientes de como as coisas podem parecer aos olhos do consumidor. A apresentação verbal por parte de guias, representantes e porta-vozes irá influenciar a forma como o evento é visto, bem como a aparência física do local, as suas instalações e o seu equipamento. Mais importante será a forma como o pessoal do evento tratará os participantes, ou seja, o atendimento ao cliente. Uma forma agradável, positiva e cuidadosa em todo o tratamento será o aspecto mais importante da apresentação pública.

Resumindo, o *marketing* de eventos engloba:

- atendimento ao cliente
- vendas

- influências sobre tendências e atitudes
- criação de experiências
- pesquisa
- segmentação para áreas adequadas
- estabelecimento de alvos
- estratégia de abordagem, explicando qual nível ou grupo deverá ser visado em primeiro lugar
- *mix* de *marketing*, com todos os Ps

Cada evento deve ter seu próprio plano de *marketing*, com os seguintes itens:

- metas e objetivos do evento
- objetivos de *marketing*
- estratégia de *marketing*
- fatores ambientais e demográficos
- concorrência
- ação específica, por intermédio dos Ps do *mix* de *marketing*

Questões para auto-avaliação

1. Identifique 4 Ps na lista sugerida, aqueles que você considera os mais importantes, e explique as razões de sua escolha.

2. Avalie os 4 Ps identificados na Questão 1 em relação a um evento real. Aponte de que forma eles afetam o evento que você escolheu e como um organizador qualificado deveria compor um *mix* com esses Ps, com vistas a garantir um bom evento.

3. A escolha da mídia, as relações com essa mídia e a divulgação são muito importantes. Aplique-as a um show de música local e apresente razões para a sua escolha e para as decisões tomadas.

Capítulo 6

Avaliação de Eventos

É fundamental que cada evento, seja pequeno ou grande, tenha um processo de avaliação criterioso, que deve ser desenvolvido ao final (somativo) e durante (formativo) a sua realização. Durante o desenvolvimento do projeto, o processo costuma ser chamado de controle ou monitoramento, mas, na verdade, constitui uma avaliação permanente dos erros e acertos, sendo muito importante para garantir que o desembolso financeiro e a ação estejam bem direcionados e em dia.

As responsabilidades por esse processo de monitoramento devem ser delegadas a indivíduos ou grupos capacitados, mas consideradas como responsabilidade conjunta de todos os participantes da organização. Os mecanismos para esse controle podem ser uma auditoria financeira formal ou uma conversa informal entre colegas. Melhor ainda, um bom processo de avaliação deve utilizar realmente todos os métodos possíveis para garantir que o projeto não perca o foco.

A avaliação final também é importante e deve ser desenvolvida sempre. O grau de formalidade irá variar de acordo com a situação, indo dos simples questionários até pesquisas de mercado encomendadas a profissionais especializados; e de uma discussão entre colegas até uma longa série de sessões de instrução a todos os níveis da equipe. Embora os mecanismos possam variar, o princípio é o mesmo: a avaliação final é vital e deve ser realizada.

É importante que tenhamos alguns critérios para avaliar eventos. Os critérios objetivos estão relacionados aos resultados, e eles tendem a ser concretos e mensuráveis quantitativamente. Os critérios subjetivos dizem respeito ao projeto e tendem a ser qualitativos.

Critérios objetivos

- prazos
- especificações de desempenho
- padrões de qualidade específicos
- limites de recursos
- custos

Critérios subjetivos

- atitude de cooperação
- imagem positiva
- comprometimento da equipe
- qualidade total
- conduta ética

Objetivos SMART

Acima de tudo, um evento deve ser avaliado em relação aos objetivos SMART que lhe foram designados. Lembre-se, eles foram escolhidos para serem específicos, mensuráveis e com tempo determinado, de forma que seja possível avaliar o evento com relação a eles (caso contrário, provavelmente os objetivos estão errados ou mal formulados). Para um festival de artes local, por exemplo, os objetivos poderiam ser:

- Aumentar a visitação do público em 10% com relação ao ano passado.
- Aumentar o número de participantes em 5% e oferecer dois novos itens na programação.
- Criar um novo grupo artístico na região em um prazo de três meses após o festival.

Todos esses objetivos são mensuráveis e podem ser claramente avaliados para identificarmos seu sucesso ou fracasso. Depois disso, será possível realizar uma análise dos dados finais e do sucesso geral do evento, medido com relação a estes objetivos. A seguir, apresentamos alguns parâmetros possíveis para se obter a informação para avaliação:

- retorno financeiro
- entrevistas detalhadas
- reuniões formais
- discussões entre os integrantes da equipe
- estatísticas, por exemplo, sobre número de espectadores ou participantes
- grupos de foco de clientes
- pesquisa entre o público
- opinião de consultores externos
- pesquisa entre participantes, personalidades, etc.

A escolha do método dependerá do porte e da complexidade do evento. Lembre-se sempre de que outras instituições, como as universidades locais, podem estar dispostas a ajudar no processo, e não se esqueça das 15 características "Cs" da avaliação de eventos:

Compulsória Deve ser feita para qualquer evento, seja grande ou pequeno.

Concisa Deve ser sucinta e objetiva.

Concomitante Deve acontecer durante o evento e concluir-se depois dele.

Constante Durante o evento, e mesmo nas etapas iniciais de planejamento, reflita sobre como avaliar o sucesso. A avaliação deve acontecer o tempo todo.

Caracterizada Embora possa haver uma lista de itens a serem verificados na avaliação, cada projeto deve ter um conjunto extra de critérios para adequar-se aos seus próprios objetivos.

Consultiva O processo de avaliação envolve a busca de opiniões do maior número possível de grupos importantes, como participantes, funcionários, personalidades, patrocinadores.

Contributiva Recolha opiniões, não espere que elas sejam dadas; só porque os clientes não reclamam expressamente, não significa que estejam satisfeitos.

Circulável Circule entre as pessoas para obter opiniões; faça com que o documento de consulta circule o máximo possível para auxiliar todos os envolvidos a se qualificarem para futuras edições.

Cliente é o centro Qualquer que seja o cliente, sempre se deve buscar sua avaliação, mediante métodos como as chamadas pesquisas de saída.

Colega é a base Todos os funcionários, sejam contratados ou voluntários, devem ser envolvidos na avaliação de sua participação no evento.

Coletada Deve-se tomar cuidado para coletar apropriadamente a informação.

Catalogada Registre a informação de forma adequada e a arquive para referências futuras.

Completa Ela deve cobrir todos os aspectos do evento antes do seu início e após sua conclusão.

Comunicada Deve ser comunicada a todas as partes interessadas, explicando como a consulta se desenvolve e informando suas conclusões.

Copiada Os métodos de avaliação bem-sucedidos devem ser utilizados em projetos futuros, para que sua metodologia seja consagrada.

Questões para auto-avaliação

1. Durante os eventos, o controle e o monitoramento são de importância vital para garantir um desenvolvimento bem direcionado e bem conduzido. Como organizador de uma conferência internacional para jovens durante um fim de semana, quais os mecanismos e procedimentos que você desenvolveria para atingir esses processos?

2. Após a conferência, você tem que desenvolver uma avaliação eficaz para determinar se o evento foi bem-sucedido e se deveria repetir-se no ano seguinte. Que passos específicos você seguiria, e por quê?

Capítulo 7

Práticas de Gestão de Eventos

Este capítulo descreve alguns casos de organização de eventos, assim como dispositivos e procedimentos para a sua implementação prática. Os primeiros seis capítulos já apresentaram estruturas gerenciais, organizacionais e financeiras que devem ser consideradas. Aqui, ilustraremos a forma como o processo é desenvolvido, apresentando estudos de caso e métodos utilizados por profissionais em atividades concretas.

Os dados apresentados foram obtidos a partir de diversas fontes; muitos deles foram elaborados por mim, outros foram produzidos por pessoas que trabalham na área. Todas as autorias estão devidamente registradas, mas devo agradecer sinceramente a cada indivíduo e organização por permitir que seu trabalho seja publicado, contribuindo com outros profissionais e estudantes na busca de excelência na produção de eventos. Este capítulo visa a apresentar a boa prática bem como dados reais àqueles que trabalham com eventos, para que tais experiências possam ser adequadamente adaptadas à sua própria situação.

O *Bude Jazz Festival*

Este item analisa um evento da região oeste da Inglaterra, o principal destino da Grã-Bretanha, onde a contribuição do turismo é estimada em mais de 2,2 bilhões de libras por ano. Bude é um *resort* litorâneo na costa norte da Cornuália, muito procurado por famílias e surfistas. As empresas localizadas nessa cidade vitoriana são pequenas e familiares, como é comum no turismo local. Essa é a principal atividade econômica em Bude e o setor é, em sua maior parte, doméstico, com mais de 95% de todas as viagens para a região feitas por britânicos. Nos últimos anos, Bude tem seguido outras tendências regionais e nacionais e o número de visitantes teve uma recuperação e se estabilizou.

A cidade é a sede do Bude Jazz Festival. Os visitantes que se deslocam para o evento podem comprar ingressos que permitem acesso a espetáculos de *jazz* em vários locais da cidade, a qualquer hora, do meio-dia à meia-noite. Por um custo adicional, são oferecidos espetáculos especiais noturnos de bandas consagradas a grupos recém lançados. Durante o festival, também acontecem quatro desfiles de rua, a exemplo de Nova Orleans, e uma cerimônia religiosa.

O festival começa no feriado bancário de agosto e vai até o fim de semana seguinte. A primeira edição aconteceu em 1978, por iniciativa de uma agência dirigida por uma única pessoa, a Jazz Arts and Directions, com sede em Birmingham. A organização do festival foi compartilhada com a North Cornwall Arts, uma associação que promove e estimula as artes no norte da Cornuália. Entre os idealizadores, estão ainda a South West Arts, as autoridades locais e os fundos beneficentes.

Desde 1988, o número de sessões de *jazz*, o número de participantes do festival e o orçamento cresceram sem parar. Em 1990, houve 7.000 participantes durante os oito dias e, em 1992, um orçamento estimado de mais de 50.000 libras, proporcionando 150 espetáculos, em sua maioria de *jazz* tradicional, envolvendo 70 bandas e astros convidados, em apresentações em 25 locais de Bude e redondezas. Estima-se que mais de 80% dos participantes vêm de fora da cidade e dos arredores.

O plano de *marketing* consome pouco mais de 10% do orçamento geral e inclui um cartaz, folhetos e publicidade paga. Além disso, existe intercâmbio de publicidade com outros festivais de *jazz* que desenvolvem programação conjunta. Há um uso cada vez maior de mala direta, à medida que aumenta o número de participantes do festival, e existe também um programa de relações públicas com a imprensa e outros públicos.

O festival recebe um pequeno volume de apoio a partir de patrocínios, doações e outras participações. O maior montante foi de 750 libras, e o conselho de representantes distritais também forneceu alguma assistência financeira. A câmara da cidade ofereceu um escritório, um espaço para divulgação durante o festival, a possibilidade de utilização de suas instalações durante três noites do evento e uma pequena contribuição em dinheiro.

A West Country Tourist Board tem dado apoio financeiro a partir de seu fundo de promoções especiais, por meio da English Tourist Board, em conjunto com outros organismos regionais. O fundo é de 2.500 libras para os seis distritos da região, durante o ano todo. Mesmo assim, este ponto pode auxiliar muito no início de cerca de dez importantes eventos novos na região. O Bude Jazz Festival recebeu assistência do Special Promotions Fund, em parte porque demonstrou ser adequado ao local, mas também por haver evidências consideráveis de que os membros da West County Tourist Board, cujas empresas estão em Bude, apóiam os objetivos do festival.

O setor turístico costuma dar seu apoio. No primeiro ano, houve um grupo de hotéis simpáticos à idéia de sediar apresentações de *jazz* em suas instalações, mas havia um problema importante para os organizadores: encontrar espaços. Atualmente, três anos depois, esta tarefa é bastante fácil.

As demandas dos anfitriões potenciais dos eventos de música estão mais adequadas à oferta disponível. O organizador deve encontrar um equilíbrio entre recompensar os hotéis que foram parceiros desde o início e estimular a participação de novos estabelecimentos. Há os pontos itinerantes (hotéis, *pubs*, casas noturnas, restaurantes e estacionamentos) que pagam de 40 a 80 libras para receber uma apresentação itinerante, uma renda que contribui atualmente com cerca de 25% dos custos totais com artistas e produção. Além disso, uma gama mais ampla de estabelecimentos hoteleiros apóia o festival comprando espaço publicitário no verso da folheteria do festival. Na verdade, assim se financiam os custos deste material impresso. Existem outros exemplos de como o setor turístico se envolve de forma prática com o festival.

O principal argumento comprovado pelo Bude Jazz Festival foi o fato de que uma pessoa que dispõe de apoio pode desenvolver com sucesso um grande evento. O festival capta a atenção e as energias das pessoas para o feriado bancário de agosto, já bastante movimentado, mas, mais importante, aumenta o movimento durante a semana seguinte, que costumava ser mais vazia e, especialmente, no fim de semana posterior a ela. A época do ano deve permanecer a mesma; Bude tem seu próprio nicho no calendário do festival e, com certeza, não deveria tentar assumir e superar outro evento semelhante. Existe uma idéia na cidade para a produção de um festival de primavera, apresentando *jazz* e, talvez, ampliando para teatro e artes plásticas. Esta é uma grande idéia, e será muito interessante se acontecer, mas precisa de apoiadores.

Entre as atividades atuais bem-sucedidas, estão os Bude Jazz Breaks, fins de semana especiais organizados pela Jazz Arts and Directions. Um pequeno hotel assume os custos do evento e contrata o organizador do Bude Jazz Festival como agente para as bandas que irão se apresentar e como divulgador do evento.

Os vínculos entre turismo e cultura são reconhecidos e estão sendo formalmente elaborados em um acordo de política conjunta entre a West Country Tourist Board e a South West Arts. Uma das preocupações deste acordo é examinar formas pelas quais os eventos que incrementaram o turismo possam ser estimulados e promovidos. O Bude Jazz Festival certamente é um desses eventos, pois com certeza incrementou o turismo na cidade. A seguir, algumas lições aprendidas a partir do Bude Jazz Festival:

- O ponto forte do festival e da promoção Jazz Breaks é o fato de que ambos estão baseados na idéia de as pessoas fazerem o que sabem fazer melhor.
- O ponto forte do festival é o fato de que o organizador, os hotéis e os locais atuam em conjunto e continuam apoiando a idéia.
- O apoio por parte da North Cornwall Arts e do setor turístico foi muito mais importante do que qualquer patrocínio financeiro.
- É importante adequar o caráter da cidade ou *resort* ao entretenimento, à arte e à música.
- O ideal é estabelecer um grupo ou consórcio entre o setor turístico, as instalações e associações artísticas locais; faça a coisa certa desde o começo.

Os itens acima são uma transcrição aproximada da apresentação feita em um seminário do Arts Council, por Nigel Buckler, da West Country Tourist Board.

A *Great North Run*

Esse item analisa a maratona Great North Run, concentrando-se na edição de 1988. O evento é muito complexo para que se apresentem todos os detalhes, mas essa visão geral deve conter as informações mais importantes.

Informações básicas

Criador	Brendan Foster
Idéia do evento	Baseado na corrida Round the Bays, na Nova Zelândia
Distância	13 milhas e 192½ jardas (cerca de 21 km)
Data inicial	1981
Percurso	Linear
Largada	Parque Municipal de Newcastle (Estrada Central)
Chegada	South Shields, The Leas
Classificação	Campeonato Nacional da AAA[*] e Meia-maratona da BSAD[**]

[*]AAA = Amateur Athletic Association (Associação de Atletas Amadores)

[**]BSAD = British Sports Association for Disabled (Associação Esportiva Britânica dos Portadores de Deficiências)

Estrutura do comitê de 1988

    Nova International Ltd (Divisão de Eventos)
    Presidente
    Diretor de prova
    Diretor de largada
    Diretor de chegada
    Diretor e coordenador de trajetos

Administração e finanças

    Contabilista
    Diretora financeira
    Secretária
    Coordenador de inscrições

O coordenador de inscrições contou com a assessoria de uma equipe de dois a oito auxiliares, dependendo da demanda. A estrutura de trabalho para a organização da corrida pode ser melhor visualizada no diagrama apresentado posteriormente. Observe como o trabalho é dividido em áreas individuais abaixo de cada título, mostrando a estrutura de organização de pessoal de aspectos específicos do evento.

Serviços de informática

O Departamento de Finanças da Câmara da cidade de Newcastle é responsável pela inscrição dos participantes e pela produção dos resultados. A corrida é um evento único, no sentido de que cada participante recebe sua própria posição e hora de apresentação, possíveis graças ao uso de códigos de barra computadorizados em cada número, os quais são lidos e processados no final da corrida utilizando sistemas de gerenciamento de informações.

Equipe da corrida (não incluindo a polícia, o pessoal médico e as comunicações)

Largada	80
Pontos de fornecimento de água no percurso	168
Chegada	410
Total	658

Pontos de comunicação

Largada	3
Percurso	11
Chegada	1

Principais pontos de atendimento médico

- Largada
- Ponto das 10 milhas (16 km)
- Chegada

Crescimento do evento

Ano	Inscrições	Participante que finalizaram
1981	12.000	10.677
1982	19.000	18.284
1983	21.000	19.339
1984	25.000	24.183
1985	27.000	23.848
1986	27.000	25.023
1987	27.000	25.737
1988	27.000	25.316
1989	limite elevado a 30.000	

Informações gerais

Limite de idade	17 ou mais
Taxa de inscrição (1988)	6,25 libras para membros do clube
	6,75 libras para não-membros
Cada participante efetivo recebe	• número e código de barras
	• certificado com a posição e o tempo calculados
	• adesivo para carro
	• folheto informativo
	• camiseta
	• medalha
	• lanche antes e depois da corrida

Os lucros de todos os eventos que integram o festival vão para um fundo beneficente registrado em nome da prova, o Registered Great North Trust Fund. Cerca de 200 atletas de elite recebem cachê por sua participação.

Tempo mais rápido	60 min 46 s (Mike Musyoki, recorde mundial)
Tempo médio para homens	1h45min
Tempo médio para mulheres	2h24min

Patrocínio

A Alan Pascoe Associates (APA) é o único agente de *marketing* da British Athletics e foi indicada pela Amateur Athletic Association e pela British Amateur Athletics Board. Entre suas responsabilidades, estão a negociação da cobertura de televisão para todos os eventos atléticos dentro do país, além de buscar e negociar patrocínio. O principal patrocinador para a corrida, de 1986 a 1989, foi a Pearl Assurance PLC, que forneceu:

- apoio financeiro
- seguro de responsabilidade civil

- tenda para VIPs, suprimentos e serviços
- colocação de anúncios em 24 locais ao longo da estrada

Outros patrocinadores e apoiadores de menor porte oferecem diversos serviços e equipamentos. Sua associação com o evento é responsável por mais 41 locais de anúncios na estrada. A Tabela 7.1 apresenta informações sobre essas organizações.

Marketing e promoção

O *marketing* e a promoção da Great North Run recebem atualmente uma grande contribuição em função de seu crescimento e do surgimento de outros eventos semelhantes. O Sports Festival gera divulgação simplesmente a partir de sua reputação; é do interesse da imprensa e de outros meios de comunicação cobrir esses eventos, os quais, juntos, envolvem milhares de pessoas. Não obstante, é importante que o evento crie a imagem certa, gerando ainda mais apoio.

Tabela 7.1 Organizações envolvidas na Great North Run de 1988

Organização	Contribuição e principais responsabilidades
Presto Foods e Argyle Stores	40.000 refrigerantes
	170.000 embalagens de água para os pontos de distribuição
	Transporte de itens, como camisetas e lanches
Newcastle Chronicle and Journal Ltd	Divulgação e promoção do evento
	Impressão dos formulários de inscrição
	Circulação diária normal: entre 60.000 e 70.000 cópias
	Edição contendo o formulário de inscrição: 120.000 cópias
British Red Cross e St John Ambulance	Todo o pessoal médico e equipamento para os pontos de primeiros socorros
Royal Signals (Catterick Garrison)	Estrutura de comunicações
Fiscais de prova do AAA	Largada e coordenação da corrida
AA	Sinais para o desvio do tráfego
Conselhos Municipal	Barreiras, cones, etc.
Conselho Municipal deNewcostle	Construção das áreas de largada e chegada
Gateshead MBC	Fechamento de estradas, em conjunto com a polícia
Município de South Tyneside	Limpeza pública posterior ao evento
TBS	Fornecedores oficiais de calçados de corrida para a Great North Run
Polícia de Northumbria	Bloqueio e desbloqueio de ruas segundo o roteiro planejado cronometragem e progresso dos corredores
	Contato com os organizadores da corrida em caso de acidentes
	Ronda policial e controle dos espectadores
Rádio Metro	Estação de rádio oficial do Great North Festival of Sport
	Divulgação e promoção do evento*
	População = 1.430.000
	Audiência semanal = 687.000
	Porcentagem de alcance total de adultos = 48%
	Média de horas de audiência = 13,6
ITV Sport	Transmissão do evento pela televisão (cobertura nacional assistida por 3 milhões de espectadores)

* Dados da pesquisa RSGB.

A logomarca é o ponto a partir do qual a imagem do evento é desenvolvida. O Sports Festival foi inaugurado em 1988 e a marca especial ilustra a vibração e o otimismo que os organizadores buscam para o evento. O acontecimento depende hoje, em grande parte, de atletas de elite, pois a associação de tais nomes ao evento gera notícias e aumenta a divulgação. E, se os organizadores puderem atrair um determinado grupo de alto nível, que venha a registrar tempos recordes, isto irá atrair maior atenção ainda, e o evento garantirá patrocínio futuro e cobertura da televisão. Essa situação foi concretizada em 1986, quando Mike Musyoki quebrou o recorde mundial.

Gerenciamento do local

Existem grandes demandas com relação aos sistemas de largada e chegada durante o dia, constituindo-se em áreas fundamentais a serem tratadas.

A largada

- A construção do sistema de largada começa às 3:30 da manhã do evento e ambas as pistas da avenida são fechadas até a operação de limpeza ser concluída, próximo ao meio-dia.
- O sistema de largada, para 27.000 corredores, ocupa cerca de 800 m da estrada.
- Cada par de colunas fosforescentes indica 1.000 corredores, e é necessário colocar sinalização para direcionar os competidores aos seus respectivos locais de largada.
- Os anúncios dos patrocinadores ao longo da estrada são muito importantes.
- Além da rua, uma grande área do parque municipal é necessária para acomodar os banheiros, que ocupam uma área de 200 metros, quiosques de informação, cabine de som e espaços para as equipes de televisão.
- Vinte e sete ônibus de dois andares (marcados alfabeticamente) transportam a bagagem dos competidores para South Shields. Eles devem ficar localizados atrás da largada e sair meia hora antes do evento principal, para estar no local de chegada antes dos competidores.
- O carro-madrinha, com um grande relógio, serve de referência aos espectadores, bem como aos atletas de elite.
- Imagine 27.000 corredores cruzando a linha de largada. Isso destaca a escala do evento e a necessidade de uma grande quantidade de equipamentos e serviços (como banheiros e sistema de som).

A chegada

- A construção do sistema de chegada começa cinco dias antes do evento propriamente dito.
- É necessário um espaço enorme para acomodar todas as atividades associadas à chegada.
- Os organizadores têm plena ciência dos problemas relacionados ao engarrafamento de corredores; é necessário evitá-lo, direcionando os participantes no processo de chegada, segundo critérios como:
    1. O código de barras a partir do número
    2. A medalha
    3. A camiseta
    4. A bebida
    5. A bagagem do ônibus indicado

- Ao se planejar o sistema de chegada dessa forma, os corredores não ficam sabendo que foram desviados cerca de 600 metros da linha de chegada, evitando, assim, que os participantes convirjam para a linha e a prejudiquem.
- A linha de chegada real tem quatro pontos de cruzamento com códigos coloridos, alimentando seis afunilamentos para a coleta dos códigos de barra de monitoramento dos tempos individuais.
- O sistema de afunilamento anterior à corrida será finalizado uma vez que se conheça o volume. A construção dos sistemas de largada e chegada envolve mais de 1.700 m de barreiras para controle de multidões, 1.500 m de cercas de madeira, 5.500 metros de corda e 1.100 estacas.
- Observe o posicionamento das câmaras de televisão e as atividades de entretenimento que acontecem durante o dia. Lembre-se de considerar não apenas a alimentação para os corredores, mas também para um grande número de espectadores.
- Observe o tamanho da operação de chegada, especialmente o enorme volume de lanches necessário, assim como os pontos de coleta de camisetas adiante e a longa fila de ônibus de bagagem.
- A construção de um ponto de fornecimento de água só pode acontecer se as ruas estiverem completamente fechadas. Cada um exige algo em torno de 14 a 24 funcionários, e a distribuição é feita em cada lado da rua. Um caminhão da Presto transporta diversos materiais do evento e faz propaganda de sua marca.

Por que o evento é tão bem-sucedido?

Depois de oito anos de organização do evento, estabeleceram-se padrões e normas claros. A operação, atualmente, é bem ensaiada e compreendida por todos os envolvidos, e seu sucesso é garantido. Podemos verificar os seguintes pontos que contribuem com esse sucesso, que não se deve totalmente ao estilo de gerenciamento:

- A natureza do público *Geordie*, os habitantes da região de Newcastle upon Tyne.
- O valor percebido do evento; os competidores estão felizes com o que recebem como recompensa pela taxa de inscrição.
- A imagem positiva do evento em si; o fato de pertencer ao grupo.
- O atual crescimento da popularidade desse esporte.
- As pessoas consideram a atividade como uma maneira de manter a boa forma física; portanto, gostam de estabelecer um cronograma de treinamento e o cumprir.
- O sucesso como veículo de publicidade e promoção, aumentado pela qualidade da cobertura realizada pela BBC durante os oito anos.
- A capacidade dos organizadores de avaliar, modificar e aprimorar o evento a cada ano.
- Todo mundo se diverte!

O perfil do evento foi preparado por Nygel Gough, da Nova International Ltd, Newcastle upon Tyne, que concordou gentilmente com sua publicação.

Tall Ships Australia

O *Tall Ships 1988*, em Melbourne, foi descrito como o maior evento específico já realizado em Victoria, um sucesso estrondoso em todos aspectos. Como espetáculo, atraiu a população em vários níveis. O evento evocava o amor profundo e universal pelo mar, e trazia de volta memórias culturais um pouco esquecidas de uma época em que a Austrália dependia do oceano para tudo. Talvez ainda mais intensamente, o evento lembrava aos australianos como a responsabilidade é transmitida de uma geração para outra, alertando-os para as necessidades dos jovens.

O diretor nacional do evento Tall Ships, o contra-almirante Rothesay Swan, captou a essência:

Qual a maior aventura e o maior desafio para um jovem do que conquistar os oceanos imprevisíveis a bordo de um magnífico barco a vela? E que forma emocionante de fazer amizade entre nações e seus povos, onde, a centenas de milhas da terra firme, um objetivo comum se torna um vínculo.

Com esse espírito, centenas de voluntários e entusiastas fizeram parte da equipe no Píer Princes, no Porto de Melbourne, possibilitando que 1,5 milhão de visitantes experimentasse a magia das embarcações e a cerimônia de abertura do ano do bicentenário da Austrália, tendo à frente o primeiro-ministro.

Tall Ships: um pouco de história

O primeiro evento com esse tipo de embarcação aconteceu em 1956, foi uma corrida de Torbay, na Inglaterra, até Lisboa, em Portugal, que atraiu navegadores de cinco países e foi sendo classificado como o último grito para barcos à vela. O acontecimento mexeu com a imaginação de todos os envolvidos e acabou por se tornar o primeiro evento da nova era nessa modalidade. O Tall Ships Australia 1988 foi importante, historicamente, por ter sido o primeiro evento do tipo promovido no hemisfério sul, e exigiu que os participantes de outros países fizessem a viagem mais longa e mais perigosa dos 32 anos de existência dessas provas.

Definição de Tall Ship

Ao contrário do difundido pela mídia, nem todos os Tall Ships são embarcações gigantes com velas quadradas. O termo é utilizado para definir embarcações à vela, de casco único, com a linha d'água de no mínimo 9,14 m utilizada para treinamento e com metade da tripulação formada por marinheiros aprendizes com idades entre 16 e 25 anos. Estes aprendizes são homens e mulheres jovens, em treinamento para se tornarem futuros oficiais ou marinheiros em serviços navais ou mercantis, ou jovens que ganham experiência em navegação à vela em águas profundas como parte de sua educação ou programa de desenvolvimento pessoal.

Os Tall Ships são divididos em três classes:

> **Classe A** Barcos de velas completas
> Embarcações com todas as velas quadradas
> Embarcações de 48,8m com velas quadradas próximas à proa e a popa
> **Classe B** Barcos de 30,5 a 48,8m ou mais com velas quadradas próximas à proa e à popa
> **Classe C** Todos os barcos com velas quadradas próximas à proa e à popa, a partir de 9,14m para águas rasas

Estrutura de gerenciamento

O projeto foi concebido e coordenado nacionalmente a partir da sede da Australian Biennial Authority (ABA), em Sydney, mas a organização e a administração, em cada estado, foram assumidas por pessoal local (Figura 7.1). Este estudo de caso diz respeito a Melbourne, Victoria. Os eventos são descritos como "no cais" ou "em terra", para fins de apresentação das

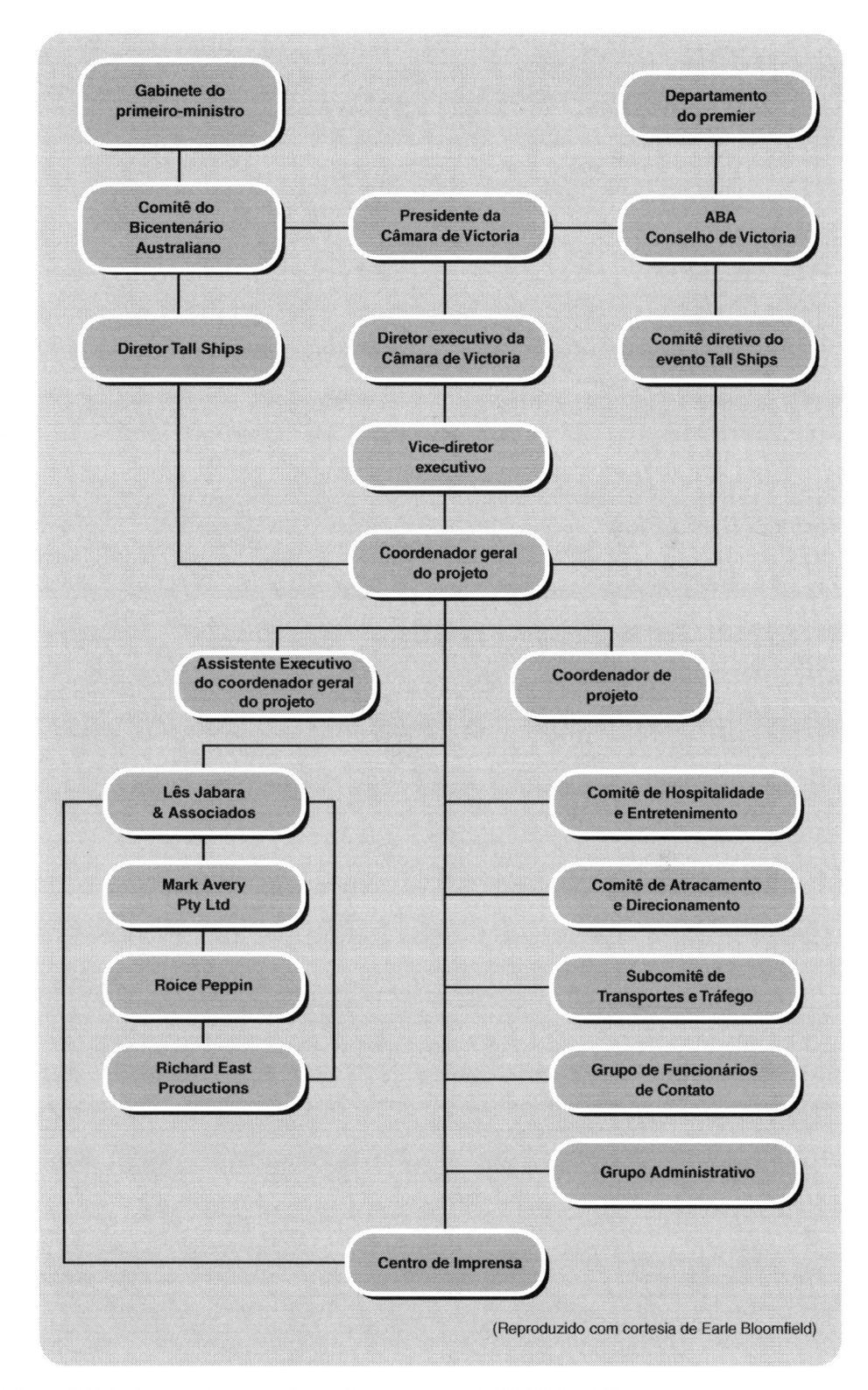

Figura 7.1 Estrutura de gerenciamento para o evento Tall Ships 1988.

operações que são específicas para orçamentos nacionais ou estaduais. Na prática, foi um evento único, com todos os serviços e atividades projetados e coordenados para atender ao mesmo público de visitantes e tripulações.

Papéis dos grupos

Comitê de administração

Este comitê cresceu até se tornar uma infra-estrutura complexa, não apenas proporcionando um conjunto amplo de serviços e instalações no píer, mas também coordenando a administração de todos serviços, instalações e escritórios. O grupo tinha as seguintes responsabilidades:

- administração
- embarcações
- tripulação
- público
- evento
- geral

Embora seja apresentado de forma pontual nestes títulos, o detalhamento dos requisitos de cada parte irá explicar a complexidade e a amplitude da organização para possibilitar a visita às embarcações.

Administração A responsabilidade era da coordenação geral do evento em Melbourne, inclusive pelo controle orçamentário e pela garantia de todas as instalações e serviços de apoio para os seguintes escritórios e unidades:

- sede da administração
- setor de contato
- departamento do diretor
- setor de turismo das tripulações
- sala VIP
- setor de transporte das tripulações
- área de instruções e reuniões
- setor de informações ao público (*trailer* da equipe de consultas públicas)
- setor de informações telefônicas
- centro médico
- grupo de segurança
- recreação e refeitório para funcionários e tripulações

Esta organização incluiu departamentos de limpeza e pintura, instalação de carpetes, telefones, mobília e equipamento de escritório, como escrivaninhas, cadeiras, armários, estantes, fotocopiadoras, fax e todo o material de escritório em geral. Outra tarefa fundamental foi a impressão e emissão de passes de segurança, bilhetes de estacionamento, passes de acesso ao píer e vales-refeição. Os papéis dos departamentos acima são resumidos da seguinte forma:

Setor de turismo das tripulações Organizava ônibus gratuitos para passeios das tripulações e cadetes na cidade; fornecia informações turísticas gerais, providenciava reservas para espetáculos teatrais, etc.; informava sobre transporte público, etc.

Sala VIP Recepção e lanches para capitães, representantes oficiais e outros VIPs.

Centro médico Serviços médicos para representantes, tripulações, cadetes e funcionários.

Setor de transporte de tripulações Translado para todas as programações oficiais, incluindo eventos esportivos; organização de táxis (e táxis aquáticos) para representantes oficiais, tripulações e funcionários.

Setor de informações ao público Informações para o público em geral; informações sobre todas as embarcações, entretenimentos e eventos da ABA.

Setor de informações telefônicas Respostas a todas as consultas telefônicas do público.

Clube Windjammer Recreação e refeições para tripulações, cadetes e funcionários.

Grupo de segurança Segurança para as áreas restritas; organização de filas e controle do fluxo de tráfego.

Os funcionários e os voluntários não recebiam vales para todas as refeições, mas cada um dos organismos acima também oferecia chá, café, refrigerantes, biscoitos e bolos. Além de providenciar o atendimento das necessidades de tripulações e funcionários, foram organizados um restaurante e diversos bares e lanchonetes para o público. As comunicações internas foram melhoradas em muito com o uso de telefones móveis.

Antes do início das operações, a prefeitura produziu uma cartilha minuciosa para funcionários e voluntários. Havia relação de serviços, normas técnicas, agenda com nomes e telefones para contatos, responsabilidades dos setores e horários de funcionamento. A cartilha foi disponibilizada para todos os funcionários que trabalhavam no projeto.

Embarcações. Além dos serviços de pilotagem, atracamento, rebocadores, etc., havia outras necessidades vitais que o grupo de administração tornou-se responsável pela coordenação:

- inspeções de alfândega e impostos
- quarentena dos dejetos dos barcos
- passadiços e defesas extras
- linhas telefônicas para os barcos
- água para os barcos
- eletricidade
- alto-falantes para anunciar os horários de abertura dos barcos
- suprimentos diários de pão e leite frescos
- descarte normal de lixo
- óleo diesel
- consertos de velas e motores
- organização das filas de visitação
- cartazes anunciando os horários de abertura dos barcos
- fornecimento de cartas e material de navegação
- fabricantes de velas e outros fornecedores

Era possível estender linhas elétricas e lâmpadas para os barcos com o objetivo de enfeitá-los à noite. Elas não eram fornecidas em Melbourne, e muitas embarcações não contavam com este serviço. A melhoria no espetáculo noturno teria compensado os custos e certamente seria possível encontrar um patrocinador.

Tripulação e cadetes. Viver a bordo de um navio por um longo período, seja como cadete ou como um marinheiro profissional, gera uma necessidade de sair e buscar estímulo externo, privacidade e ambiente caseiro, além de atendimento às necessidades mais básicas de viajantes internacionais. As seguintes instalações eram fornecidas no Píer Princes:

- chuveiros e banheiros de primeira classe
- serviço de lavanderia e lavagem a seco
- centro médico com equipe completa e visitas diárias aos enfermos
- posto de correio
- agência bancária com serviço de câmbio
- telefones públicos
- recreação com sala de estar, mesa de pingue-pongue, televisão, jogos, etc.
- restaurante e Heineken bar (Clube Windjammer)

- serviço de intérprete
- transporte público gratuito
- táxis aquáticos gratuitos
- carros e ônibus oficiais gratuitos para capitães, representantes oficiais e tripulações
- serviços de informação turística e de reservas para espetáculos teatrais
- concertos, esportes e outros tipos de entretenimento
- passeios de ônibus gratuitos, organizados pela Victour, com visitação aos pontos turísticos

O bar-restaurante funcionava das 7h30min à meia-noite. Eram oferecidos chá, café e biscoitos gratuitos, e as refeições eram subsidiadas para os cadetes com menos recursos, por meio de vales-refeição. Os funcionários eram recrutados em grupos étnicos locais, adequados aos navios visitantes.

No futuro, é recomendável que se gaste mais tempo para garantir que os cadetes recebam alimentação e transporte, bem como ingressos gratuitos para o cinema, casas noturnas, galerias de arte e museus, tarifas aéreas gratuitas ou subsidiadas no interior da Austrália, vales para restaurantes selecionados e convites ou ingressos gratuitos para eventos esportivos.

O público. Embora as tripulações se beneficiassem do relativo isolamento de suas instalações no primeiro andar, muitas vezes havia jornada dupla para atender adequadamente ao público em geral, cujo número só se poderia estimar antes do evento. As instalações e os serviços a seguir eram oferecidos ao público:

- pontos de venda de alimentos, incluindo um restaurante e uma lanchonete comuns
- bebidas, quentes e frias, incluindo quiosques para a venda de cerveja
- quiosques com suvenires, com o tema predominante relacionado às embarcações
- serviços médicos e de primeiros socorros móveis
- banheiros, incluindo os destinados a portadores de deficiências
- rampas e outras facilidades para portadores de deficiências
- telefones públicos
- serviços bancários
- posto de correio com venda de envelopes, selos, etc.
- estacionamento público
- funcionários para o controle de grupos (móveis e conectados por rádio)
- pontos de embarque e desembarque de transporte público
- sala de crianças perdidas
- sala de amamentação e de apoio para famílias com crianças pequenas (fraldário)
- quiosques de informação com distribuição de material sobre o bicentenário e as embarcações
- quadros de avisos com informações sobre os horários de visitação às embarcações, planos de atracamento e programação de eventos
- assentos públicos e áreas cobertas
- serviços de informações e consultas telefônicas, ao vivo ou gravados
- amplo programa de entretenimento para o público

O controle de multidões surgiu como a questão mais importante, exigindo uma equipe alerta, mas sensível, com bastante experiência e um plano de emergência bem elaborado. Guarda-costas em botes infláveis patrulhavam debaixo do píer, em busca de alguém azarado o suficiente para ter caído.

Poderiam ter sido fornecidas mais áreas cobertas com assentos, próximos à orla, pois estas eram ineficientes. O posto de correio era um local bastante procurado, com filas constantes, na espera por envelopes postais e compra de selos. O tráfego de pedestres fluía pelo píer na direção anti-horária prevista, saindo no portão apropriado após cerca de 1 hora e meia de caminhada tranqüila e ordeira, visitando os diversos navios.

O número oficial de espectadores durante o período foi de 1,5 milhão, constituindo-se no maior evento já promovido em Victoria.

Evento A lista a seguir era utilizada para a verificação dos itens na operação de Melbourne:

- segurança (24 horas) para navios e píeres
- limpeza diária em banheiros, escritórios, espaços para recreação, refeitório e saguões
- recolhimento de lixo
- controle de multidões
- seguros
    - responsabilidade pública
    - evento
    - assessoria de seguros marítimos (24 horas por dia)
- decoração (cartazes, faixas, *banners*)
- sinalização
- iluminação
- barricadas
- passes de segurança para veículos e pessoal
- estacionamento e passes para automóveis
- acesso de veículos
    - emergência
    - táxis
    - transporte VIP
    - ônibus para tripulações
    - carros e ônibus para portadores de deficiência
    - veículos de serviço
    - recolhimento de lixo
    - lixo dos banheiros
- polícia
- brigada de incêndio
- serviço de ambulâncias
- serviço médico e de primeiros socorros
- publicidade
- exigências da Câmara
- eletricidade
- água
- serviço de consertos de emergência

- alimentação
- banheiros
- táxis
- transporte público
- táxis e transportes aquáticos
- sistema de som

Comitê de atracamento e direcionamento

Era de responsabilidade deste comitê fazer com que a frota entrasse segura nos canais e atracasse no Píer Princes, para depois sair em uma procissão ordeira passando novamente pelo barco do governador e entrando com segurança na baía de Port Phillip. A tarefa exigia uma ampla gama de habilidades que reuniu representantes das seguintes organizações:

- Port Phillip Sea Pilots
- Company of Master Mariners
- Port of Melbourne Authority
- Union Bulkships
- Polícia de Victoria – Water Police
- Royal Australian Navy
- Williamstown Naval Dockyard
- Royal Yacht Club of Victoria
- Marine Board of Victoria
- Melbourne Tug Service

A tarefa geral foi desmembrada nas seguintes fases:

1. Elaboração de um plano-mestre de rotas e um plano de procedimentos de emergência.
2. Projeto e construção de uma marina de classe C junto ao Píer Princes, bem como alternativas de atracamento de emergência em caso de tempestades.
3. Mecanismos para atracamento, como rebocadores, barcos de apoio e pessoal em terra.
4. Planos para o desfile final de veleiros, para a saudação do governador.
5. Plano de ancoragem para as noites em Capel Sound, próximo a Rye, antes da chegada ao Píer Princes.
6. Mecanismos para garantir a segurança de todos os barcos de espectadores durante os movimentos da frota.

Como era de se esperar de um comitê tão profissional e forte, todos os movimentos de atracamento e direcionamento aconteceram sem problemas. De todas as organizações participantes, apenas a Port of Melbourne Authority cobrou pelos serviços prestados, mas a preço de custo.

Comitê de hospitalidade e entretenimento

Por intermédio de subcomitês e grupos de trabalho, este comitê tinha a responsabilidade de organizar os seguintes itens.

Recepção oficial (31 de dezembro 1987, 1800-2000). Organizado principalmente para dar as boas-vindas às tripulações dos navios, o evento teve a participação de quase 3.000 pessoas. Os convidados foram recebidos pelo premier de Victoria e saudados pelo primeiro-ministro. O local escolhido foi o Sagão da Alfândega, no terminal interno do Píer Station. Havia entretenimento com música.

Jantar dos capitães (31 de dezembro de 1987, 2000-2400) O tradicional jantar dos capitães foi projetado especialmente para se fazer o reconhecimento de todos os capitães dos navios e os apresentar à Victoria. O evento teve a participação de 450 pessoas. Os convidados eram recebidos pelo presidente do comitê diretivo dos Tall Ships, Sr. John Bertrand, e saudados pelo premier de Victoria e pelo primeiro-ministro. O capitão da embarcação espanhola, Juan Sebastian de Elcano, propôs um brinde à Austrália. Para entretenimento, havia música e dança. O evento aconteceu no saguão de embarque da TT Lines, adjacente ao local da recepção.

Passeios. Em conjunto com a agência Victour, foram oferecidos passeios de ônibus e trem para visitar alguns atrativos turísticos mais populares da cidade. Os passeios eram gratuitos e as tripulações poderiam se misturar livremente com o público pagante, que ocupava os assentos vagos. Houve grande participação e os relatos confirmaram sua popularidade. Os atrativos eram:

- Cidade mineira de Sovereign Hill, Ballarat
- Rio Goulburn, Mitchelton Winery Cruise
- Cidade histórica de Coal Creek, Korumburra
- Pingüins da Ilha Phillip
- Santuários naturais de Billa Billa e Healsville
- Trem a vapor de Puffing Billy, Dandenongs
- Passeios pelos pontos turísticos da cidade em Melbourne
- Navios naufragados, Warrnambool

Havia até sete saídas em cada um dos três dias em que os passeios foram oferecidos. Todas as refeições e os ingressos eram gratuitos, cortesia da Victour e dos gerentes dos locais.

Recepções cívicas As câmaras de Melbourne, South Melbourne, Port Melbourne e St. Kilda ofereceram recepções, coordenadas para evitar o conflito de horários.

Grupos culturais Estimulou-se a participação de vários grupos étnicos e culturais nas cerimônias de boas-vindas e de partida, assim como nas visitas e eventos.

Eventos especiais Inicialmente, o comitê também supervisionou os eventos públicos de entretenimento, cuja responsabilidade de organização era de Les Jabara & Associados.

- espetáculos de fogos de artifício na abertura
- apresentações de acrobacias aéreas e *paragliders*
- apresentações da Banda Naval Real da Austrália
- shows musicais
- saudações de boas-vindas no momento em que os navios atracavam
- cerimônias de partida e foguetes durante o dia

À medida que o evento se aproximava, grande parte do trabalho de supervisão e coordenação precisava ser centralizada no escritório do responsável pelo projeto.

Grupo dos funcionários de contato

Os contatos funcionavam como a interface vital entre a frota e as tripulações, e as instalações e o entretenimento que lhes era proporcionado. O grupo estava sob a liderança de um contato-chefe e dois substitutos. Uma vez que estivessem completamente cientes de suas tarefas, recrutavam e treinavam outros, entre cadetes navais, nos iate clubes, entre os escoteiros e na reserva da Marinha Australiana.

Produziu-se um manual abrangente para capacitar cada um desses contatos a ajudar a embarcação que estivesse sob sua responsabilidade, desde mergulhos de salvamento e asteadores de velas até compras noturnas e contratação de transporte. Para cada embarcação, foram designados um funcionário de contato e um assistente, garantindo uma comunicação adequada entre o navio e o pessoal em terra. No caso de navios estrangeiros de maior porte que estivessem representando oficialmente o governo de seus países, um oficial da Marinha Real Australiana era indicado como contato durante o período da viagem em águas pertencentes à Austrália.

Havia um grande número de contatos, e aqueles que não recebiam uma embarcação para si, responsalizavam-se por outras tarefas, auxiliando no serviço das tripulações. O escritório de contato ficava aberto durante 24 horas por dia, com pessoal da Marinha Real Australiana trabalhando durante a madrugada. O chefe e o vice-chefe dos funcionários de contato participavam da reunião matinal dos coordenadores do projeto, seguida de uma reunião com os contatos, os quais, por sua vez, deveriam estar a bordo de seus respectivos navios, às 8 horas, para informar sobre os eventos especiais do dia. Sempre que um grande número dos membros de uma tripulação fosse participar de um dos passeios, o contato ou o assistente os acompanhava como guia.

No caso de eventos promovidos diretamente por uma das embarcações, indicava-se um contato para coordenar tudo, do isolamento de segurança e transporte de VIPs à entrega de ostras frescas. O contato cumpria um papel importante na manutenção do fluxo de informações, inclusive para o departamento de mídia.

Na preparação para a chegada da frota nos canais, em 30 de dezembro, muitos funcionários haviam começado a monitorar o avanço dos barcos. Alguns haviam chegado alguns dias antes e atracaram rio acima; outros ancoraram em Queenscliff, tendo passado pelos canais na noite anterior. Os que ainda estavam no Estreito de Bass eram acompanhados por rádio VHF e SSB, e pelo Federal Sea Safety and Surveillance Center em Canberra, capital da Austrália.

O funcionário de contato dispunha de grandes painéis com todos os navios e seus dados assinalados, enquanto gráficos com posições eram alterados constantemente e as informações enviadas por telefone ou rádio para o escritório de mídia. Os navios que chegavam tarde ou partiam cedo também eram acompanhados por esse departamento. Além disso, toda a correspondência e as mensagens eram processadas ali, o que era muito importante para auxiliar na troca de tripulações de navios estrangeiros (organização de passagens aéreas, impostos, transporte para o aeroporto).

Centro de mídia

Proposto originalmente para ocupar um local no píer, o centro de mídia foi transferido para terra, para ocupar os escritórios da Victorian Rock Foundation. Estes eram quase totalmente equipados com escrivaninhas, cadeiras e máquinas de escrever, e dispunham de telex, fax e telefones. Foram instalados máquinas de escrever extras e outro fax, de grande porte. Os telefones celulares também eram muito utilizados pelos funcionários de mídia da Australian Bicentennial Authority (ABA) e alguns jornalistas. O centro também contava com refrigerantes, café e chá.

Uma sala foi equipada para funcionar como local para entrevistas de rádio, e o espaço no escritório central foi convertido para centro de imprensa e estúdio de entrevistas para televisão. O centro costumava ficar aberto das 7h às 21h e, às vezes, até as 23h. O recrutamento de funcionários exigia envolvimento nacional e local. Um assessor de imprensa da ABA e seu assistente, que viajaram de um ponto a outro com a frota, estavam sempre à disposição para assessorar o gerente de mídia da instituição no estado. Estes funcionários tinham o apoio de operadoras de telex e fax, datilógrafas e recepcionistas, coordenadas pelos representantes da Les Jabara & Associados.

Possivelmente, o fator mais importante que surgiu na manutenção do fluxo de informações foi o forte vínculo estabelecido com o Setor de Contato, que ampliou sua função para caçador de notícias, buscando histórias e informações de acordo com a solicitação e proporcionando atualizações regulares para a assessoria de imprensa.

Subcomitê de transporte e tráfego

Este subcomitê recebeu a tarefa de desenvolver um plano estratégico geral de movimentação de tráfego em conjunto com os seguintes organismos:

- Prefeitura de Port Melbourne
- Prefeitura de Melbourne
- Prefeitura de St. Kilda
- Empresas de ônibus independentes
- Polícia de Victoria

- Prefeitura de South Melbourne
- Metropolitan Transit Authority
- V/Line
- Empresas de táxi independentes
- Corpo de bombeiros, ambulância e outros serviços de emergência

O planejamento incluía diversas áreas específicas:

- Fechamento da área de operações em torno do local onde os navios estavam, no Píer Princes
- Policiamento de áreas fechadas ou restritas
- Movimento de saída e entrada do público na área do evento, de ônibus, trem, bonde, táxis e carros particulares
- Serviços especiais noturnos para a véspera de Ano-Novo
- Criação de rotas para veículos de emergência

As previsões com relação à quantidade de pessoas iam de meio milhão a três milhões, o que fez com que o subcomitê reforçasse o planejamento. O fato de as coisas terem funcionado tão bem se deve, em grande parte, ao seu trabalho abrangente e ao seu compromisso com a tarefa.

Eventos em terra: terceirização do gerenciamento de eventos

A Les Jabara & Associates foi contratada pelo comitê diretivo para organizar e gerenciar a programação geral em terra, cobrindo as seguintes áreas:

- concessões para serviços de alimentação e entretenimento
- prestação de serviços especiais
- estacionamento e controle da movimentação de veículos
- contato com a polícia e serviços de emergência
- segurança
- coordenação de serviços de entretenimento e eventos especiais
  - fogos de artifício
  - apresentação de acrobacias aéreas
  - pára-quedistas
  - campeonato de lenhadores

- Prestação de serviços de entretenimento
  - recepção oficial
  - jantar dos capitães
  - dois palcos para shows
- Instalação e administração do centro de imprensa

Especialistas renomados foram nomeados pela Jabara para cuidar de cada área especializada:

- Mark Avery Pty Ltd
  - fluxo de tráfego de veículos e pedestres
  - polícia e serviços de emergência
  - controle de segurança
  - administração das concessões
  - banheiros públicos
- Richard East Productions
  - produziu, organizou e montou o concerto da noite de Ano-Novo
  - gerenciou o palco diariamente, para as apresentações durante o evento
  - construiu o palco e as cercas
  - forneceu os assentos e a tribuna principal
  - forneceu todos os equipamentos técnicos
  - organizou o fornecimento de alimentação para artistas
- Entertainment Sound Protection
  - guardas e patrulhas de segurança
- Royce Peppin
  - seleção dos concessionários
  - negociação de preços a pagar para o conselho da ABA Victoria

A Les Jabara & Associates planejava utilizar uma grande área vazia em frente ao Píer Princes para instalar circos, festivais, concessões e pequenas apresentações artísticas, além de dois grandes prédios que receberiam exposições ambiciosas mostrando a história civil e militar da Austrália.

O terreno, um antigo armazém de petróleo, fora adquirido para a instalação de um projeto de construção de moradias. No último momento do planejamento do evento, a Environment Protection Authority interditou a área devido à contaminação do solo, deixando uma estrada e uma série de equipamentos de ferrovia – ou seja, com um espaço bem reduzido e incapaz de abrigar um milhão de pessoas, como era esperado. A Jabara adequou os planos e os gerenciou bem. Os concessionários restantes tiveram um excelente movimento.

Resumo

O evento como um todo foi bem-sucedido, se medido em número de pessoas que participaram no píer e adjacências. Contudo, apresentamos algumas sugestões para seu aprimoramento:

- Garantir melhor entretenimento não prejudica os barcos em si. É possível que o palco principal tenha dificultado o acesso além do necessário.
- Explicar de forma simples o conceito de Tall Ships, de forma que o público saiba o que esperar.
- Integrar o evento como um todo, para que não haja possibilidade de desarmonia entre os organizadores de atividades no píer e em terra.

• Manter um sistema de acesso às informações, eficiente e múltiplo, para o público.

A parte acima foi incluída com permissão de Earle Bloomfield, ex-diretor de projeto de Tall Ships e atualmente Diretor-gerente da Kidsplay Limited, em Exeter.

Leisurelend

Lançada originalmente pela Câmara Distrital de Gordon (atualmente substituída por Aberdeenshire), no norte da Escócia, a Leisurelend empresta uma série de equipamentos, juntamente com as devidas listas e instruções. O serviço funciona desde 1991 e tem agradado aos organizadores de eventos da comunidade.

Referência	Item
1	Números para competidores em corridas: 2 jogos em PVC amarelo, de 1 a 300, e alfinetes de segurança
2	Braçadeiras: 3 jogos em PVC amarelo e laranja, de 1 a 50
3	Coletes oficiais: 24, em PVC amarelo fosforescente
4	*Banners* com cordas para pendurar: 1 de largada, 1 de chegada e 1 bandeira de largada quadriculada
5	Sinalização em chapa leve: curva à direita; curva à esquerda; em frente; banheiros; somente pessoal autorizado; inscrições; "cuidado – evento esportivo em andamento"
6	Bandeiras vermelhas: 22, afixadas em cabos de 1,5 m; podem ser usadas por funcionários ou como marcadores de percurso
7	Estacas de marcação de percurso: 100, cada uma com 45 cm de comprimento, com bandeiras amarelas
8	Fita de marcação – 100 metros
9	Sistema de som portátil: rádio/microfone, dois alto-falantes (selecionados, durante a reserva para uso ao ar livre ou em interiores) • 2 megafones para uso ao ar-livre, suportes e cabos • 2 alto-falantes para uso em interiores e cabos • 1 sintonizador/transmissor • 1 amplificador • 1 microfone de lapela • 1 estojo de bolso para o microfone de lapela Fonte de energia: o sistema de som exige uma fonte de energia principal ou uma bateria de 12 V (não incluída)
10	Amplificador portátil para uso em interiores, com suporte e microfone (Laney Linebacker)
11	Megafone, à bateria, com suporte e microfone de cabo curto; acompanha baterias carregadas
12	Abrigo portátil para a equipe (2) em PVC grosso, com armação de alumínio: o abrigo com três lados e teto tem cerca de 3 m de largura, 1,5 m de profundidade e 2 m de altura; o *kit* inclui suportes de 2,5 m de comprimento; o abrigo é fixado ao chão para ga-

	rantir seu uso em caso de tempo ventoso; é ideal para competidores/funcionários que trabalham com resultados, inscrições ou apresentações; são necessários cerca de 30 minutos para a montagem
13	Quiosque de informações/resultados em PVC grosso: cerca de 1,5 m de área e 2,5 m de altura; na parte frontal da armação há um pequeno balcão de atendimento; o quiosque pode ser carregado em um carro de pequeno porte
14	Pódio para apresentação dos vencedores, com três partes intercambiáveis para primeiro, segundo e terceiro lugares
15	Cronômetros eletrônicos Seiko (2), com impressoras; entre os recursos, tempos múltiplos e capacidade de armazenar grandes quantidades de tempos
16	Cronômetros eletrônicos (2), sem impressora
17	Cavalete com papel, portátil, para informar competidores ou divulgar resultados; acompanha estojo para transporte
18	Bujão de gás de 4,5 kg e válvula reguladora, para fornecer água quente para os lanches; não é fornecido bujão extra, mas recomenda-se ter um
19	Recipiente com água fria, de 30 litros, com torneira e suporte; o recipiente armazena água para sucos
20	Mesa portátil: 85 cm × 60 cm, leve
21	Fogão de duas bocas, com forno, bujão de 4,5 kg e válvula reguladora; não é fornecido bujão extra, mas recomenda-se tê-lo
22	Palanque portátil: 16 unidades, cada uma com 1 m × 2 m, com várias regulagens de altura, de até 1 m; são fornecidas escadas de acesso e as unidades podem ser acopladas; podem ser usadas em interiores ou ao ar livre, desde que não seja sob chuva; é necessário um furgão para transporte e duas pessoas para carregar e descarregar
23	Mesas dobráveis para jogos de cartas (49), apenas para interiores
24	Quadro de avisos de mesa para informações aos competidores ou divulgação de resultados; inclui estojo e cabe em porta-malas de carro
25	Painéis para exposição de fotografias Nimlok (superfície de nylon) com pés e adaptadores, para uso em interiores; o produto é fornecido em estojo para transporte. Área útil de 50 m^2 quando se utilizam os dois lados. Os painéis medem 9 m × 9 m, podem ser transportados em carro *hatch* comum; utilizam velcro para montagem ou suportes, e não cola
26	Painéis para exposição de trabalhos de arte, de uso em interiores: seis painéis dobráveis com ambos os lados utilizáveis; desdobrados, medem aproximadamente 1,80 m × 0,90 m cada um; pernas de metal, ganchos fornecidos (cerca de 100); o transporte necessita de um carro grande ou *hatch* médio ou grande
27	Projetor de *slides* com controle remoto: dois carrosséis, capacidade para 90 *slides*
28	Câmera de vídeo: VHS, com baterias recarregáveis para 1 ou 2 horas; elementos extras devem ser reservados, como tripés, monitor colorido de 3 polegadas ou microfone telescópico
29	Televisor portátil: colorido, 14 polegadas

30	Gravador de vídeo VHS com controle remoto; fitas não incluídas
31	Púlpito portátil
32	Púlpito/amplificador acoplado, portátil, tipo MLA 200: deve-se informar a necessidade de baterias ou fonte de energia
33	Retroprojetor
34	Suporte de projetor
35	Tela para projeção de filmes ou *slides*: 2 m de altura; 1,80 m de largura, cabe em qualquer carro que acomode um objeto de 1,80 m (enrolada)

100	Pacote para esportes comunitários: utilizado no evento Rural Roadshow, de muito sucesso; pode ser tomado emprestado por grupos da comunidade; o equipamento é armazenado em estojos para facilitar o transporte
	• 6 bambolês
	• 6 cones
	• 1 *kit* para jogar hóquei amador
	• 2 conjuntos de marcadores (36 por conjunto) incluindo goleiras
	• 6 cordas de pular
	• sacos de grãos variados, para brincar
	• 3 conjuntos de uniformes em cores variadas
	• bolas diversas
	  – espuma
	  – beisebol
	  – balões
	  – tênis
	  – futebol (2)

101	Conjunto para *badminton*: 24 raquetes
102	Conjunto para críquete: 1 conjunto de equipamento de críquete para uma equipe infanto-juvenil, incluindo tacos, bolas, dois conjuntos de banquetas e estojos, além de 6 tacos e bolas para treino
103	Conjunto para hóquei: 2 conjuntos para iniciantes, com tacos, bolas, raquetes, cones de marcação, coletes e estojo grande
104	Conjunto de futebol sete: 4 goleiras leves, redes e pinos; para o transporte, são necessários veículo adequado e duas pessoas.
105	Conjunto para futebol americano: conjunto para iniciantes, incluindo duas bolas, coletes, cones e estojo
106	Conjunto para *squash*: 24 raquetes e bolas variadas; dois auxílios para treinamento
107	Conjunto para tênis: 24 raquetes e 3 conjuntos para iniciantes com tacos, bolas e estojo
108	*Short tennis*: 2 pacotes para iniciantes de 24 raquetes e bolas; uma máquina de bolas Little Prince (capacidade para 60 bolas), com bolas
109	Marcadores: 36 por conjunto

Meia-maratona de Plymouth
Cronograma principal

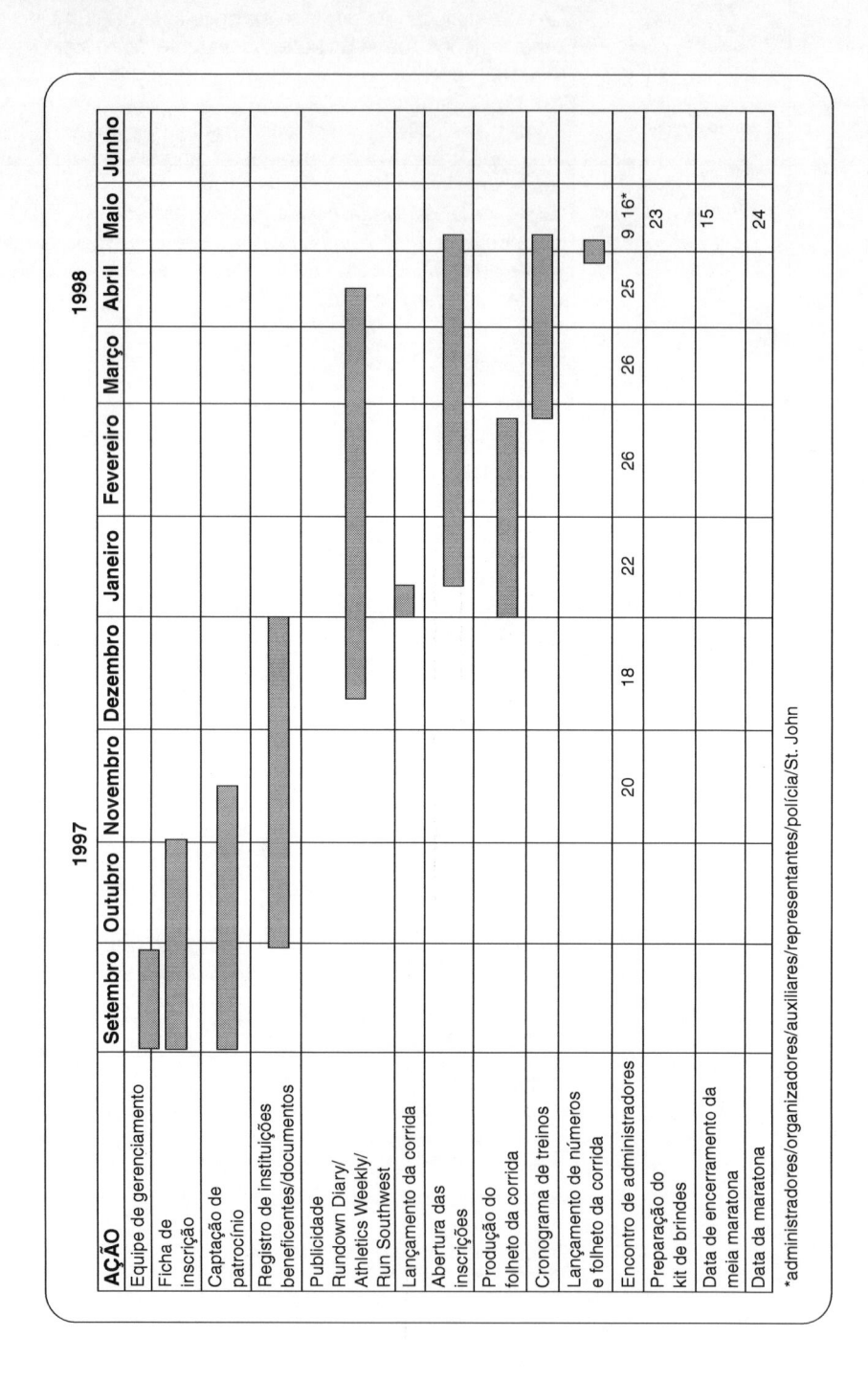

AÇÃO	1997				1998					
	Setembro	Outubro	Novembro	Dezembro	Janeiro	Fevereiro	Março	Abril	Maio	Junho
Equipe de gerenciamento	▬									
Ficha de inscrição		▬								
Captação de patrocínio			▬							
Registro de instituições beneficentes/documentos			▬▬	▬						
Publicidade Rundown Diary/ Athletics Weekly/ Run Southwest				▬	▬					
Lançamento da corrida					▬					
Abertura das inscrições					▬	▬	▬	▬		
Produção do folheto da corrida						▬	▬			
Cronograma de treinos							▬	▬		
Lançamento de números e folheto da corrida									▬	
Encontro de administradores			20	18	22	26	26	25	9 16*	
Preparação do kit de brindes									23	
Data de encerramento da meia maratona									15	
Data da maratona									24	

*administradores/organizadores/auxiliares/representantes/polícia/St. John

Cronograma de notas à imprensa

06 de janeiro de 199–	Nota à imprensa e convite aos patrocinadores
14 de janeiro de 199–	Lançamento, United States Officer Club, 1230
23 de janeiro de 199–	Divulgação do percurso
30 de janeiro de 199–	Anúncio da competição entre escolas (Fun Run)
06 de fevereiro de 199–	Formulário de inscrição na corrida
13 de fevereiro de 199–	Programa de apoio, Câmara de Vereadores de Plymouth
20 de fevereiro de 199–	Lançamento do Interservice e apresentação do PlymouthNuffled Hospital
27 de fevereiro de 199–	Cronograma de treinamentos, semanas 1 e 2
06 de março de 199–	Atualização da competição entre escolas e primeiro perfil dos participantes
13 de março de 199–	Cronograma de treinamentos, semanas 3 e 4
20 de março de 199–	Corporate Challenge
27 de março de 199–	Cronograma de treinamentos, semanas 5 e 6
03 de abril de 199–	Perfil do principal atleta de Plymouth, Bob Wise
10 de abril de 199–	Cronograma de treinamentos, semanas 7 e 8
17 de abril de 199–	
24 de abril de 199–	Cronograma de treinamentos, semanas 9 e 10
1º de maio de 199–	Atualização e formulário de inscrição
8 de maio de 199–	Cronograma de treinamentos, semanas 11 e 12
15 de maio de 199–	
22 de maio de 199–	Apresentação da prova e programa de eventos de divulgação, 2 a 4 páginas
24 de maio de 199–	Atualização da corrida
26 de maio de 199–	Relatório da corrida, divulgação
27 de maio de 199–	Resultados da corrida, 4 páginas

Equipe de projeto

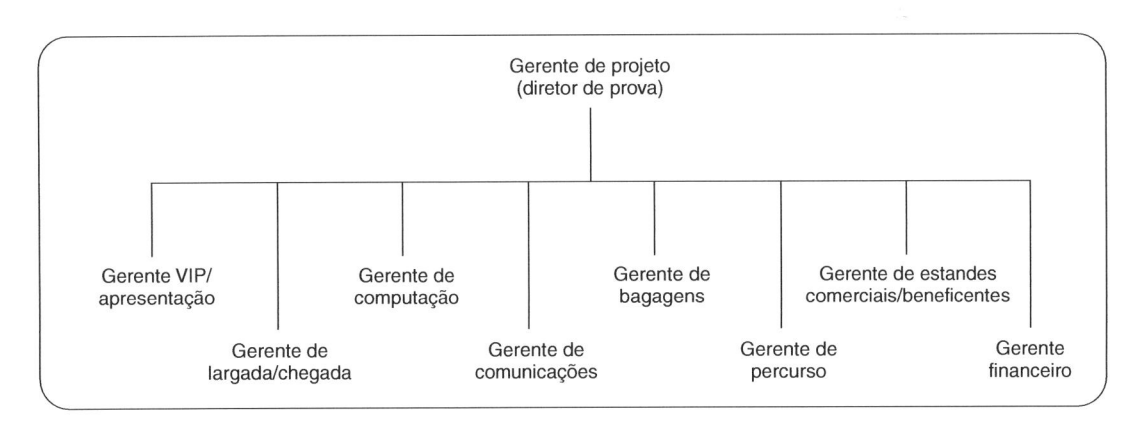

- Gerente de projeto (diretor de prova)
  - Gerente VIP/apresentação
  - Gerente de largada/chegada
  - Gerente de computação
  - Gerente de comunicações
  - Gerente de bagagens
  - Gerente de percurso
  - Gerente de estandes comerciais/beneficentes
  - Gerente financeiro

Descrições de cargos: antes e durante, mostram como o tamanho da equipe é alterado

Gerente VIP

Antes do evento   1
Durante o evento   3

- O detentor deste cargo será responsável pela entrega da premiação.

1. Convidar os VIPs adequados:
   – O prefeito para a abertura e para a recepção
   – Patrocinadores
   – Representantes dos serviços municipais de lazer
2. Garantir que os VIPS sejam acompanhados durante a programação.
3. Garantir que os VIPs sejam informados de suas tarefas antes do evento.
4. Garantir que os VIPs estejam todos no lugar certo, no momento certo.
5. Responsabilizar-se pelo leiaute dos troféus (fazer uma apresentação).
6. Responsabilizar-se pelo convite aos patrocinadores para que façam a apresentação e divulguem aos competidores e ao público quem são e como contribuíram com o evento.
7. Divulgar a programação à imprensa.
8. Distribuir tarefas aos funcionários que trabalham na apresentação.
9. Responsabilizar-se pela obtenção de autógrafos dos atletas que recebem troféus permanentes.

Gerente financeiro

Antes do evento   1
Durante o evento   2

1. Responsabilizar-se pelo recolhimento de todos os recursos financeiros, antes e durante o evento, de
   – inscrições para a corrida
   – Fun Run
   – resultados da prova
2. Garantir a elaboração de um balancete (quando for o caso).
3. Responsabilizar-se por todos os pagamentos, com a aprovação do gerente de projeto.
4. Estar no local adequado no evento, para recolher as quantias coletadas na corrida das escolas e os resultados da prova.

> **Gerente de bagagens**
> Antes do evento   1
> Durante o evento   6

- O detentor deste cargo também fará o contato com os gerentes de largada/chegada, percurso e comercial/beneficente.

1. Garantir que todos os grupos de voluntários, como fiscais de pista e auxiliares dos pontos de distribuição de água, recebam *kits* de brindes.
2. Responsabilizar-se pela coleta da bagagem dos competidores, bem como por sua segurança.
3. Garantir um sistema adequado para armazenamento e manuseio da bagagem.
4. Garantir um estoque adequado de etiquetas para bagagem.

> **Gerente de percurso**
> Antes do evento   2
> Durante o evento   6

- O detentor deste cargo também irá fazer contato com o gerente de comunicação.
- Além disso, será responsável pelo fornecimento aos pontos de distribuição de água.

1. Estabelecer contato com funcionários da SWW antes e durante o evento.
2. Estabelecer contato com os cadetes do Exército (Devon Army Cadets).
3. Responsabilizar-se pela marcação e remoção de setas de sinalização de percurso, quilometragem, alertas e pontos de distribuição de água.
4. Garantir que todos os fiscais de pista estejam em posição e completamente equipados no dia do evento.
5. Providenciar o veículo de apoio (com funcionários).
6. Responsabilizar-se pelo descarte final de garrafas, copos, etc.
7. Coletar e devolver todo o equipamento ao funcionário da DML (Devonport Management Ltd).
8. Responsabilizar-se pela coleta, instalação e devolução de cones de sinalização.
9. Garantir a distribuição de *kits* de brindes aos fiscais de pista e aos cadetes.

Estandes comerciais/beneficentes: papéis e responsabilidades

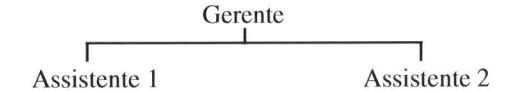

```
            Gerente
       ┌───────┴───────┐
   Assistente 1     Assistente 2
```

Gerente

O papel do gerente é descrito na próxima página.

Assistente 1

O Assistente 1 deve desenvolver as seguintes tarefas para assessorar o gerente de estandes comerciais/beneficentes:

1. Emissão de contratos e licenças aos detentores de estandes comerciais/beneficentes.
2. Ser ponto de contato caso o gerente não esteja disponível.
3. Controlar os acesso de veículos à área da Hoe Promenade, garantindo que todos os detentores de estandes e empresas contratadas tenham permissão por escrito para entrar na área.
4. Assessorar a instalação de equipamentos e tendas como parte do leiaute da Hoe, incluindo cercas portáteis nas áreas de largada/chegada.
5. Após as 9h30min da manhã, garantir que todos os veículos na área respeitem as regras para ingresso, o que deve ser feito durante todo o evento.
6. Após o início da prova, assessorar todos os gerentes do evento no cumprimento de seus deveres, conforme o necessário.
7. Após o término da prova, auxiliar na desmontagem de equipamentos, tendas e barreiras. Assessorar as tarefas de contabilidade na área.
8. Orientar os comerciantes na desmontagem e na limpeza antes de deixar as áreas.

Assistente 2

Veja itens 3 a 7, acima.

Gerente de estandes comerciais/beneficentes

Antes do evento   1

Durante o evento   5

- O detentor deste cargo também fará a ligação com os gerentes de largada/chegada e comunicação.

1. Responsabilizar-se pelo leiaute dos estandes comerciais/beneficentes e das áreas de circulação.
2. Estabelecer contato com o gerente de largada/chegada, com relação à área necessária para a prova.
3. Alocar espaço para organizações e empresas específicas.
4. Providenciar a divulgação publicitária conforme o proposto.
5. Em conjunto com o gerente de projetos, elaborar os contratos e produzir os passes para o local.
6. Garantir que as áreas sejam mantidas limpas (sem lixo, nem óleo).

Plano da prova

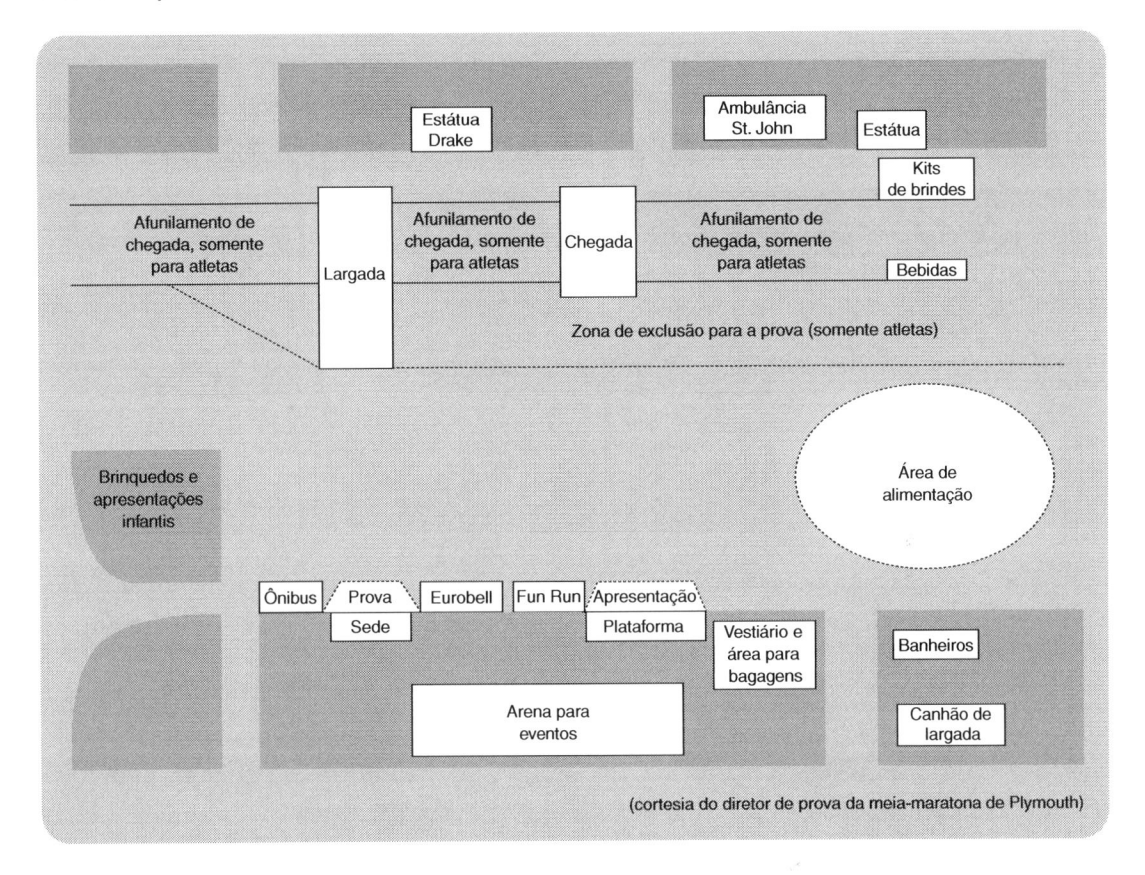

Figura 7.A

(cortesia do diretor de prova da meia-maratona de Plymouth)

7. Estabelecer contato com o gerente financeiro, para a coleta das taxas.
8. Garantir funcionários suficientes para a instalação e desmontagem do equipamento.

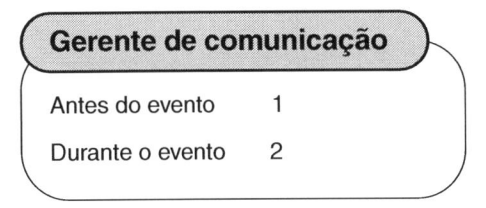

Gerente de comunicação

Antes do evento	1
Durante o evento	2

- O detentor deste cargo também estabelecerá contato com os gerentes de percurso e comércio/beneficente.
- Além disso, coordenará a solicitação de colaboradores antes do evento.

1. Garantir que o evento tenha um número adequado de colaboradores.
2. Fazer com que os colaboradores recebam instruções sobre os equipamentos necessários para a comunicação (quando for o caso) e segurança.
3. Estabelecer a comunicação com a polícia e mantê-la informada.
4. Acompanhar a empresa contratada na instalação de um sistema de som adequado.

5. Responsabilizar-se pela instalação e pela operação da rede de rádio e estúdio.
6. Garantir o pessoal para o estúdio de rádio durante o evento.
7. Responsabilizar-se pela narração da prova, certificando-se de promover os patrocinadores e VIPs.
8. Garantir que o público e os competidores estejam cientes dos horários dos eventos.

Gerente de computação

Antes do evento	2
Durante o evento	4

- O detentor deste cargo também estabelecerá contato com os gerentes de largada/chegada e VIPs.

1. Responsável por instalar um banco de dados com as inscrições da prova.
2. Providenciar os resultados da prova.
3. Providenciar acesso a uma área de resultados adequada, em conjunto com o gerente de projeto.
4. Fazer o contato com o gerente de largada/chegada, para a geração dos resultados da prova.
5. Proporcionar treinamento adequado, em conjunto com o gerente de largada/chegada.
6. Fornecer *hardware* e *software* adequados.
7. Estabelecer a comunicação com a imprensa para o fornecimento de dados, antes e depois da prova.

Gerente de largada/chegada

Antes do evento	3
Durante o evento	12

- O detentor deste cargo irá estabelecer contato com os gerentes VIP e de computação.

1. Responsável pela definição de áreas de largada e chegada, canteiros e afunilamentos, em conjunto com o gerente de estandes comerciais/beneficentes.
2. Garantir que o evento tenha um número suficiente de coordenadores, ou seja, juízes e controladores de tempo, e garantir o cumprimento das regras oficiais.
3. Encaminhar os resultados da prova à área devida.
4. Organizar a equipe do serviço de resultados.
5. Estabelecer contato com o responsável pela largada, com a Royal Artillery e com os competidores para a largada de cada evento.
6. Garantir que as regras da prova sejam cumpridas.
   – cores das equipes

Organograma

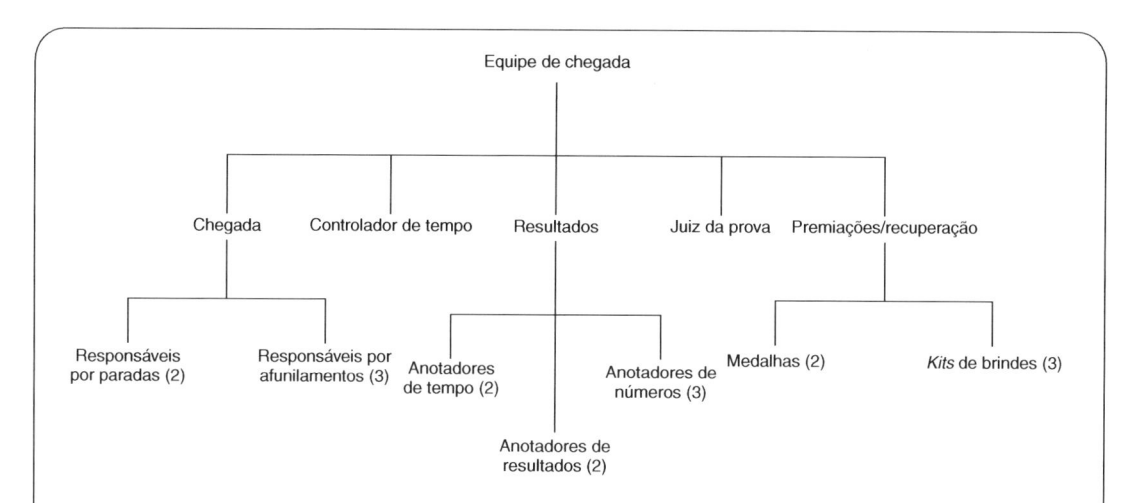

```
                            Equipe de chegada
                                   │
    ┌──────────┬──────────────┬────┴─────┬──────────────┬─────────────────────┐
  Chegada  Controlador   Resultados   Juiz da      Premiações/recuperação
            de tempo                   prova
    │                         │                    │
┌───┴────┐                ┌───┴────┐          ┌────┴────┐
Responsáveis  Responsáveis  Anotadores  Anotadores de   Medalhas (2)   Kits de brindes (3)
por paradas (2) por         de tempo (2)  números (3)
              afunilamentos (3)
                              │
                         Anotadores de
                         resultados (2)
```

Responsável por paradas Impede qualquer corredor sem número oficial de cruzar a linha de chegada.

Responsáveis por afunilamentos Guia os corredores aos afunilamentos de chegada, garantindo que permaneçam na ordem correta e se mantenham em movimento.

Anotador de tempo Anota os tempos anunciados pelo controlador de tempo no momento em que os corredores cruzam a linha de chegada; passa as fichas preenchidas ao anotador de resultados.

Anotador de resultados Coleta as fichas preenchidas pelo anotador de tempo e vai ao

Anotador de números Quando sua ficha estiver completada; leva ambas as fichas ao gerente de resultados no Grand Hotel.

Medalhas Garante que todos os corredores que terminarem a prova recebam uma medalha. Necessárias à Fun Run e à meia-maratona.

***Kits* de brindes** Garante que todos os que finalizarem, e apenas estes, recebam uma sacola de brindes. Necessárias à Fun Run e à meia-maratona.

Este esquema foi reproduzido por cortesia de Nigel Rowe, DML Sports and Social Club.

- reprodução dos números
- inscrições extra-oficiais

7. Responsabilizar-se pelo fornecimento dos resultados da prova, em conjunto com os gerentes de computação e VIP.
8. Responsabilizar-se pela alocação de *kits* de brindes no evento.

Lista geral de itens

1. Esta lista foi montada com base em experiência e pesquisa, mas nenhuma listagem será definitiva.
2. Deve-se elaborar uma lista para cada evento; a lista geral deve ser adaptada às singularidades das circunstâncias.

- acesso de veículos
- acesso para cadeiras de rodas
- achados e perdidos
- acústica
- adesivos
- administração
- alimentação
- aluguéis
- anúncios
- aparelhos de fax/acesso à internet
- apoiadores de prestígio
- apoio político
- apresentações
- apresentações infantis
- área para aquecimento de atletas
- áreas de descarte de lixo
- áreas de recepção
- áreas para fumantes
- armazenagem
- arranjos florais para decoração
- arte-final
- aspectos legais
- assentos
- atendentes
- atendimento aos clientes
- atividades secundárias
- autoridades locais
- avaliação (pós-evento)
- banheiros
- *banners*
- bares
- barreiras
- berçário
- caixas eletrônicos
- cancelamentos
- capacidade de resposta
- cercas
- cerimoniais
- chapelaria
- clientela
- comentaristas
- comerciantes e expositores
- comitês
- comunicações
- concessões
- conexões por satélite
- consertos
- consumo de álcool
- contato interno na equipe
- contingências climáticas
- contratações
- contratos
- controle de tráfego
- convites
- crachás
- creche
- credenciamento
- crianças perdidas
- cronograma
- cuidado de animais
- datas
- decoração
- diplomacia
- direitos autorais
- disposição de resíduos
- documentação
- documentos de indenização
- elevadores
- entrada de carga
- entretenimento
- entrevista coletiva
- entrevistas
- equipamento de proteção
- equipamento técnico
- equipamentos
- equipe
- escala de horários
- escritórios
- estacionamento
- estimativas de receita e despesa
- estrutura organizacional
- estrutura para recepção
- estrutura para treinamento
- exposições
- expositores
- filmes
- finanças
- flutuação de caixa (troco miúdo)
- fluxo de caixa e troco
- formulários de inscrição

- fornecimento de energia
- fotocópias
- fotografia
- funcionários de contato
- horários de desmonte
- hospedagem
- hóspedes
- hospitalidade
- hotéis
- identificação
- iluminação
- imagem
- impressão
- informações
- ingressos
- ingressos de cortesia
- inscrições
- instalações no local
- instalações para os espectadores
- instalações para portadores de necessidades especiais
- instalações para tradutores
- instalações para visitantes
- instalações secundárias
- intérpretes
- lançamento para a imprensa
- lanches
- leis sobre abertura do comércio aos domingos
- levantamento de fundos
- licenças (para venda de álcool, entretenimento público, etc)
- limpeza
- lista de itens a verificar
- locais de evento
- local para cartazes
- logomarca
- lojas
- manual do evento
- manutenção
- mapas
- material de escritório
- material para fiscais
- medalhas
- menus
- mesas e cadeiras
- mestre de cerimônias
- mídia
- monitoramento
- música
- necessidades técnicas
- normas referentes à alimentação
- número de participantes
- objetivos
- oficiais
- oficinas
- organização de franquias
- organização de inscrições
- organização de partidas
- pagamentos
- palcos
- passeio turístico
- passes
- patentes
- patrocínio
- *performance*
- permissões
- pesquisa
- pesquisa de mercado
- pessoal
- placares
- planejamento
- planejamento de reuniões
- plano crítico
- planos de contingência
- plantas dos andares
- policiamento
- pontos de informação
- porteiros
- premiações
- primeiros-socorros
- procedimento de emergência
- procedimentos orçamentários
- programa impresso
- programação do dia
- propaganda
- proteção
- protocolo
- providências pós-evento
- publicidade

- público-alvo
- quadro de avisos
- quiosques
- rádio
- rádio bidirecional
- recebimento de encomendas
- recepções cívicas e governamentais
- reclamações
- recursos audiovisuais
- relações públicas
- relatório de gastos
- reservas
- sala de imprensa
- salas para emergências
- salva-vidas
- saúde e segurança
- segurança
- segurança contra incêndios
- seguros
- serviço de crédito
- serviços bancários
- serviços de apoio
- serviços de câmbio de moeda
- serviços de eletricidade
- serviços de emergência
- serviços de secretariado
- serviços em geral (encanador, etc.)
- serviços médicos
- serviços para deficientes auditivos
- serviços religiosos
- serviços turísticos
- sessões fotográficas
- sinalização
- sistema de recibos
- sistema de som
- solicitação de fundos
- solicitação de voluntários
- solicitação dos palestrantes
- subsistência
- suvenires
- técnicos
- telecomunicações
- telefones
- temperatura
- tempo de instalação
- tempos de acesso
- teste de *dopping*
- transportes
- treinamento
- troféus
- TV
- uniformes
- vendas
- verificação de estoques
- vestiários
- viagens (agentes)
- VIPs

Seria fácil apenas completar o livro com um parágrafo sobre cada um desses itens. Entretanto, além de não ser muito interessante, esta não seria a abordagem mais correta, pois é impossível dar conta de tudo para cada evento no campo do lazer e turismo.

É melhor que cada organizador de eventos elabore sobre cada ponto por conta própria, para que o resultado seja adequado ao evento específico. Há uma forma muito simples de fazer isto. Produza uma especificação detalhada para cada item da lista, respondendo às questões vitais:

- É relevante para o nosso evento?
- É desejável ou essencial?
- Quanto custará?
- Podemos pagar?
- Pode ser feito?
- Como?
- Quando?
- Por quem?
- Onde?
- De onde?
- Para onde?
- Em que momento?
- Para quem?
- Quem paga?
- Pode ser obtido sem custos?

Lista de itens relacionados a esportes, artes e finanças

Os itens da lista principal devem ser desmembrados em listas menores para verificar as necessidades de local, cronograma do evento, financiamento, etc. Apresentaremos, a seguir, exemplos de uma lista financeira, de um evento de artes e de um evento esportivo. Compilando estas listas e alocando tarefas a grupos ou indivíduos (por intermédio de documentos detalhados de descrição de cargos e funções) é possível chegar a procedimentos precisos e eficientes. Além disso, serão necessários apenas um cronograma e um sistema de monitoramento.

Lista de itens financeiros

Receita

- apoiadores
- comerciantes
- contribuições
- doações
- exposições
- franquia e endossos
- ingressos
- inscrições
- juros bancários
- levantamento de fundos
- outros pagamentos
- patrocínio
- propaganda
- receita de transmissão na TV
- receitas gerais
- sorteios
- suvenires
- vendas de fotografias/vídeos
- vendas de programas
- vendas do bar
- vendas do serviço de alimentação

Despesa

Custos de

- alimentação
- aluguel de espaços
- *banners* e faixas
- calefação/ar-condicionado
- cobranças bancárias
- consertos e manutenção
- contador/honorários profissionais
- contratação da equipe
- contribuição para entidades beneficentes
- decorações e flores
- despesas gerais
- despesas postais
- direitos autorais
- fundo para pequenos pagamentos
- honorários de consultorias
- honorários de gerência
- honorários médicos
- iluminação
- impressos (cartazes, ingressos, programas)
- lançamento e festa à imprensa
- limpeza
- material de escritório
- premiações (gravação)
- propaganda
- restauração
- seguros
- sistema de som
- taxas legais
- tecnologia da informação
- telefone
- transporte de VIPs
- treinamento da equipe

Doações a

- ajudantes (por exemplo, na venda de programas)
- entidades beneficentes associadas

Cachê para

- apoio de secretaria
- conjuntos musicais
- corais
- diretor artístico e produtor
- mestre de cerimônias e comentaristas
- solistas
- tradutores*

Aluguel de

- andaimes
- assentos
- banheiros portáteis
- cobertura ou tenda
- equipamento de gravação, amplificador
- extintores de incêndio
- figurinos
- local
- placares
- rádio
- uniformes

Lista de itens para um evento artístico

Instalações

- área de recreação
- área para ensaios
- área para reciclagem
- áreas de recepção
- áreas para aquecimento e ensaios
- áreas para exposições
- áreas sociais, bar e alimentação
- armazenagem
- camarins
- chapelaria
- cozinhas, preparação de comida
- creche e atendimento a crianças
- escritórios
- estacionamento
- hospedagem
- lavatórios
- locais para cartazes
- sala de achados e perdidos
- sala de imprensa
- sala para representantes oficiais
- salas de primeiros socorros e atendimento médico
- salas de segurança
- salas de TV
- vestiários

Equipamento

- aquecimento e refrigeração
- assentos
- bandeiras
- cenários
- cercas e barreiras
- comunicações (por exemplo, rádios)
- cortinados
- decorações
- equipamento de projeção
- equipamentos de proteção

---

*N. de R. T. O tradutor pode ser funcionário contratado ou autônomo, recebendo, respectivamente, salário ou cachê.

- estandes para espectadores
- flores
- geradores
- iluminação, TV e emergência
- mesas e cadeiras
- mostruários
- palco
- placares
- sinalização (por exemplo, não fumar, número dos assentos)
- sistema de som
- telas
- tendas
- uniformes para funcionários

Pessoal: em tempo integral, meia-jornada, ocasionais, voluntários

- alimentação
- atendentes
- caixas
- chapelaria
- comerciantes e expositores
- eletricistas
- equipe médica e de saúde
- funcionários do bar
- garçons
- guardas, seguranças
- limpeza
- patrulhas
- pessoal treinado de prontidão
- porteiros
- recepcionistas
- representantes oficiais
- responsáveis pelos geradores de emergência
- salva-vidas
- secretárias
- técnicos de som e luz
- telefonistas

Apresentação e mídia

- anunciantes
- apresentação
- cerimônias
- comentaristas
- comunicação com o público
- direitos de música e apresentações, sindicatos
- entretenimento
- entrevistas
- filmes
- fotografia, sessões de fotografias, direitos autorais
- imprensa
- intérpretes
- *marketing* e relações públicas
- *merchandising*
- patrocínio e contribuições
- prêmios e medalhas
- propaganda
- protocolo
- prova de figurinos
- publicidade
- suvenires
- tema, logomarca e imagem
- TV e rádio
- VIPs

Administração, documentação e finanças

- apelos públicos, levantamento de fundos, contribuições
- assessoria jurídica
- chegadas e partidas
- contratos
- convites
- direitos autorais
- distribuição dos convidados
- estabelecimento de preços
- estrutura da organização
- estrutura jurídica
- fluxo de caixa, segurança e troco
- franquias
- identificações e passes
- impressão
- ingressos cortesia
- licenças (renovações, entretenimento)
- manual do evento
- material de escritório
- orçamento
- programas
- seguros para acidentes e cancelamentos
- vendas
- verificação de estoque

Serviços de apoio

- achados e perdidos
- agência de viagens
- atletas amadores
- bar e alimentação (público, artistas e hóspedes)
- chapelaria
- estacionamento
- exposições
- hotéis
- informações
- lojas
- manutenção
- médico
- polícia
- procedimentos de emergência
- rouparia
- secretaria
- segurança
- serviço de translado
- serviços de saúde (incluindo ambulância)
- telefone, telex e fax, Internet
- transportes

Esta lista foi preparada por Holohan Architects, Dublin.

Lista para eventos esportivos

SCOTTISH AMATEUR GYMNASTICS ASSOCIATION
O asterisco significa "elimine onde for o caso"

Nome da competição: _____ Data: _____
Lista de itens da competição

1 Nome/título da competição _____
2 Data(s) da competição 1º. dia _____ 2º. dia _____
3 Nome e endereço do local _____
 _____
4 Nome do gerente/diretor _____ Telefone _____
5 Horários de reserva   1º. dia das: _____ às: _____
          2º.* dia das: _____ às: _____
6 Horários de aquecimento   1º. dia das: _____ às: _____
          2º.* dia das: _____ às: _____
7 O horário da competição   1º. dia das: _____ às: _____
          2º.* dia das: _____ às: _____
8 Assentos para espectadores para _____
9 Ingresso   1º. dia adultos: _____ crianças: _____
         2º.* dia adultos: _____ crianças: _____
10 Nome dos patrocinadores (se houver)
11 A competição será   SETS* 1º. Dia   e   VOLS 2º. dia
12 Organizador:
  Nome: _____
  Endereço: _____
  Telefone: _____
  Formulário preenchido por _____ Data _____

Hospedagem
13 É necessária   sim/não*
14 Em caso de resposta afirmativa no item 13, a hospedagem será proporcionada (local):
_____
_____
_____

Telefone: _____
15 Número de representantes oficiais:
   (A) Juízes: _____ (B) Organizadores: _____
   (C) VIPs, representantes da SAGA: _____ (D) Outros: _____
   (equipamentos, atendentes, etc.)
16 De   (A) a partir de* _____ até _____
    (B) a partir de* _____ até _____
    (C) a partir de* _____ até _____
    (D) a partir de* _____ até _____

17 Refeições serão fornecidas na hospedagem   sim/não*

	NÚMERO APROXIMADO						
Data							
Café da manhã							
Almoço							
Lanche da tarde							
Jantar							

Juízes*
Representantes oficiais*
VIPs*
Outros*

18 Refeições serão fornecidas no local do evento   sim/não*

	NÚMERO APROXIMADO						
Data							
Café da manhã							
Almoço							
Lanche da tarde							
Jantar							

Juízes*
Representantes oficiais*
VIPs*
Outros*

Recepção
19 No local do evento sim/não*   Horário de início _____ Número _____
20 No local da acomodação*
                        sim/não*   Horário de início _____ Número _____
21 Em outro local   sim/não*   Horário de início _____ Número _____

Equipamento

	Nos	SAGA	Local	Org	Outros
22 Barras paralelas					
23 Argolas					
24 Barra fixa					
25 Solo 12m × 12m					
26 Cavalo com alça					
27 Cavalo (110, 120 + 135cm) + correntes p/ fixar					
28 Pista para o salto (25m) + trampolim					
29 Trampolim Reuther					
30 Barras assimétricas					
31 Jogo de barras reserva					
32 Trave: sênior 120cm e júnior 110cm					
33 Colchões (suficiente para todos os aparelhos de até 12 cm)					
34 Cal					
35 Suportes para cal					
36 Barreira					
37 Esmeril e lixa					
38 Fitas métricas (30m)					
39 13 tomadas					
40 Extensões					
41 Cronômetros					
42 Formulário para juízes					
43 Formulário para juízes da FIG (International Gymnastics Federation)					
44 Folhas de resultados					
45 Números dos competidores					
46 Tabelas dos anotadores de resultados					

47 Tabelas de juízes					
48 Placares visuais					
49 Sistema de alto-falantes					
50 Microfone (informar se é portátil ou não)					
51 Alto-falantes					
52 Gravador de áudio					
53 Fitas-cassete					
54 Música de acompanhamento					
55 Música para os exercícios obrigatórios					
56 Hino nacional em fita cassete					
57 Bandeiras e mastros					
58 Número das varas (de 1 a *N*, sendo *N* a grande)					
59 Assentos para os competidores					
60 Assentos para a imprensa					
61 Assentos para os anotadores de resultados					
62 Assentos para os corredores					
63 Assentos para os locutores					
64 Assentos para os juízes					
65 Assentos VIP					
66 Máquina de escrever ou impressora de computador					
67 Máquina para reprodução ou fotocópia					
68 Material de escritório					

Pessoal

	Nos	SAGA	Local	Org	Outros
69 Número de juízes neutros					
70 Número de juízes britânicos					
71 STC (Society for Technical Communication)					
72 Corredores					
73 Anotadores de resultados					
74 Controladores de tempo					
75 Locutor					
76 Controlador					
77 Atendentes Competição					
Assentos					
Portas					
VIP					
Ingressos					
Estacionamento					
Equipamentos					
78 Competidores e participantes					
79 Treinadores					
80 Digitadores					
81 Pessoal de cópias					
82 Operadores de placar					
83 Operador de música					
84 Vendedores de programas					

Apresentações

	Nos	SAGA	Local	Org	Outros
85 Para VIPs (locais)					
86 Para o local e a cidade					
87 Para as equipes (visitantes, equipes da casa)					
88 Para os treinadores (visitantes)					
89 Para o juiz principal					
90 Para os chefes de delegação (visitantes)					
91 Flores (se houver)					
92 (A)					
93 (B)					
94 (C)					
95 Troféus					
96 Medalhas					

Apresentadores para

97_____ como indicado acima

Sr./Sra./Srta.   e Sr./Sra./Srta.

Apresentações de flores (se houver)

	Nos	SAGA	Local	Org	Outros
98					
99					
100					

Imprensa, divulgação, rádio, TV

	Nos	SAGA	Local	Org	Outros
101 Serviço de reservas antecipadas de					
102 Rádio e TV locais					
103 Rádio e TV nacionais					
104 Cartazes					
105 Propaganda em jornal Local					
Nacional					
106 Propaganda com a autoridade local					
107 Nota à imprensa					

Médico

	Nos	SAGA	Local	Org	Outros
108 Médico (SAGA/local)					
109 Fisioterapeuta					
110 Instalações					

Estacionamento (e passes, se necessário)

	Nos	SAGA	Local	Org	Outros
111 Espectadores					
112 VIPs e representantes da SAGA					
113 Fornecedores de equipamentos					
114 Outros					

Demandas de impressão e emissão de ingressos e vales

		Nos	SAGA	Local	Org	Outros
115 Vales-refeição para	café					
	almoço					
	chá					
	jantar					
116 Recepção Convite para	local					
	hospedagem					
	outros					
117 Ingressos	1º. Dia	2º. Dia				
Competidores						
Juízes						
Representantes						
Espectadores						
Total						
118 Ingressos de cortesia						
VIPs	1º. Dia	2º. Dia				
Competidores						
Juízes						
Representantes						
Outros						
Total						

119 Programas
   Número necessário _____ Custo dos programas _____
   Solicitados por _____

Informações para

	A, B, C ou D**	SAGA	Local	Org	Outros
120 Escolha das equipes					
121 informações sobre o lançamento da competição					
122 Informações da competição					
123 Resultados					
124 Para a imprensa					
125					
126					

** A = equipes e representantes oficiais, B = treinadores dos clubes, C = clubes, D = regiões

Demanda extra e outros

	Nos	Saga	local	Org	Outros
127 Convites especiais para					
128 Alimentos extras (além das refeições)					
129 Seguros					
130					

Lista de itens da *Fun Run* (corrida entre escolas)

Pessoal

- administração
- apoio (político, etc.)
- aprovações
- assessoria jurídica
- atendentes
- atendentes aos VIPs
- avaliação pós-evento
- clube atlético
- contato com a autoridade local
- contato com a mídia
- coordenador de saúde
- corredores
- cronometristas
- diretor de prova
- encarregado da largada
- estrutura de organização
- fotógrafo
- gerente de percurso
- lançamento na imprensa
- licenças
- locutor
- manobristas
- mídia
- motoristas
- permissões
- planos de contingência
- polícia
- responsável pela publicidade
- serviços de apoio
- serviços pós-evento
- suvenires
- tabela de horários
- técnicos
- VIPs
- voluntários

Finanças

- contas
- contingências
- contribuições
- controlador
- estandes comerciais
- estimativas
- patrocínio
- pequenas despesas
- sistemas
- solicitações
- vendas

Saúde e segurança

- ambulâncias
- atendentes
- certificados de segurança
- cobertura médica
- controle de tráfego
- legislação de saúde e segurança
- prevenção de incêndio
- primeiros socorros
- procedimentos de emergência
- serviços de emergência
- sistema de rádio

Instalações

- acessos
- achados e perdidos
- alimentação
- áreas de largada/chegada
- assento para os espectadores
- atividades secundárias
- avisos
- banheiros

- creche
- descarte de lixo
- entretenimento
- estacionamento
- exposições
- fornecimento de energia elétrica
- hospitalidade
- instalações para a imprensa
- mesa de credenciamento
- sistema de som
- telefone
- tendas
- transportes
- vestiários
- vestuário para os corredores

Percurso

- acessos para portadores de necessidades especiais
- atendentes
- *banners*
- brindes aos participantes
- cercas e barreiras
- coletes dos atendentes
- comunicações por rádio
- cones e fitas
- equipamento
- espectadores
- largada/chegada
- manutenção
- mapas
- marcadores de distância
- organização
- passes de acesso ao percurso
- policiamento
- poste de sinalização
- propaganda
- recibos
- relógios
- rota
- segurança do dinheiro
- serviços bancários
- sinalização no trajeto
- sistema de recibos
- superfície para corrida

Administração

- cartazes
- cronograma do evento
- documentação de planejamento
- listas de itens
- logomarca
- material de escritório
- procedimentos de inscrição
- publicidade
- reuniões de planejamento

Após ter identificado as necessidades específicas de sua corrida, você terá que

- analisar custos
- construir o plano
- especificar o cronograma
- identificar o pessoal necessário
- implementar o plano

A próxima etapa é adequar este conjunto de necessidades a um cronograma de ação.

Escolha de salas para reuniões e tarefas

Salas de acesso restrito destinadas para

- áreas de exposições
- cerimônia de abertura/encerramento
- escritório
- espaço para teste de equipamentos (*data show*, *slides*, etc)
- inscrições
- outros
- refeitório
- reuniões gerais, emergências, sessões especiais
- sala dos comitês
- sala VIP

Salas de reuniões extras são mantidas como reserva para possíveis necessidades de expansão (anote-as no espaço abaixo)

Pessoal encarregado do local

- coordenador de eventos ou organizador do local (horas)
- equipe de limpeza
- recepcionistas
- responsável pelo painel de controle
- secretárias
- seguranças
- vendedores

Estude os aspectos físicos

- acessibilidade à alimentação
- acessibilidade aos banheiros
- acessibilidade aos expositores
- acesso de veículos, se necessário
- acessos para pessoas com necessidades especiais
- atendimento aos palestrantes
- conforto dos participantes
- disponibilidade de equipamentos de audiovisuais
- fluxo de tráfego
- proximidade de telefones públicos, caixas eletrônicos, máquinas de vendas, etc.
- ruído externo

Concentre-se nas condições das salas

- acesso, fluxo de tráfego
- acústica (por exemplo, paredes móveis ou ruído de trânsito)
- iluminação
- isolamento acústico entre as salas
- mobília (por exemplo, forrar mesas de salas de aula)
- obstruções (ambientes com paredes móveis, dutos de ventilação, colunas)
- ventilação

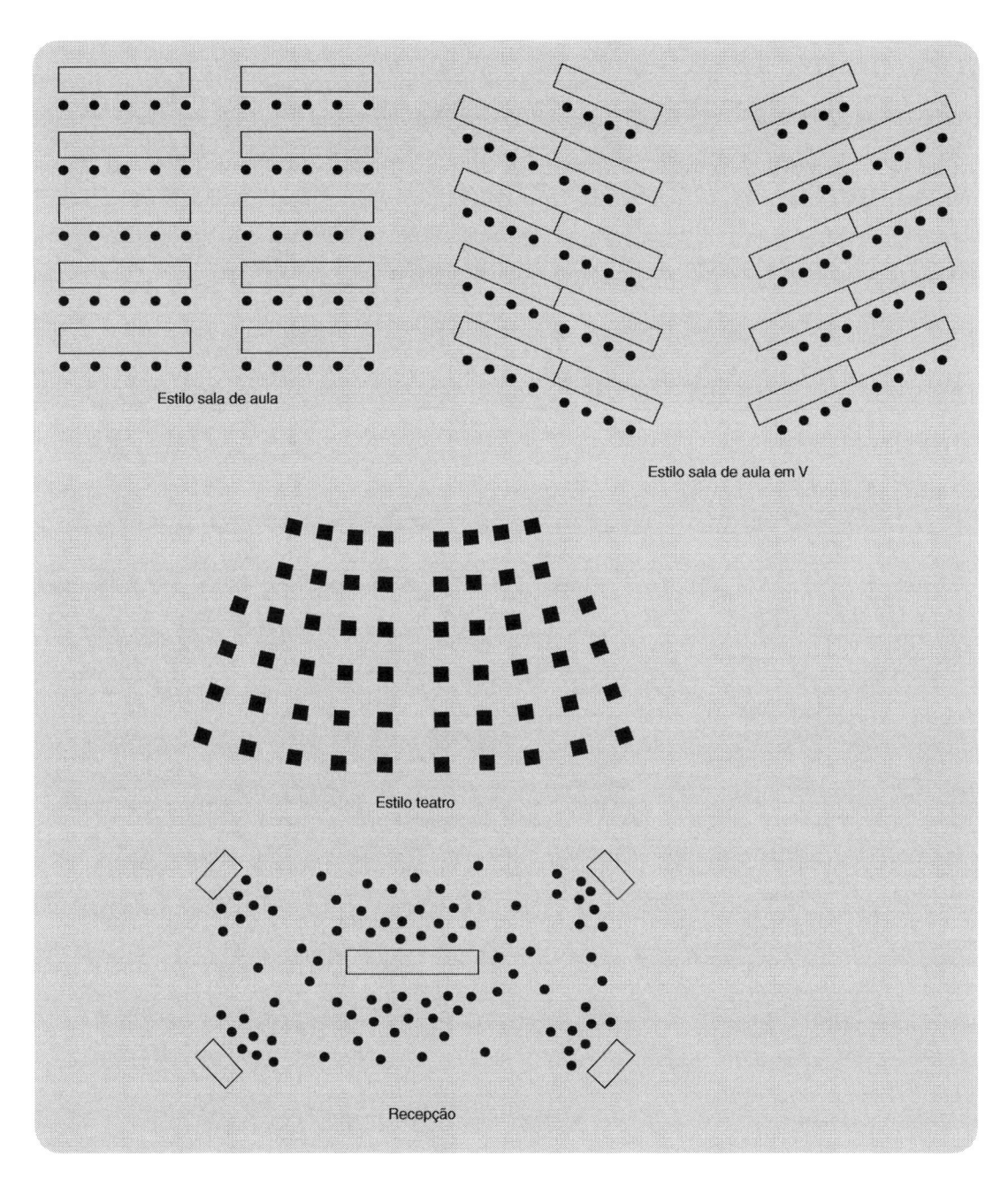

Figura 7.2 Organização de salas de reuniões.

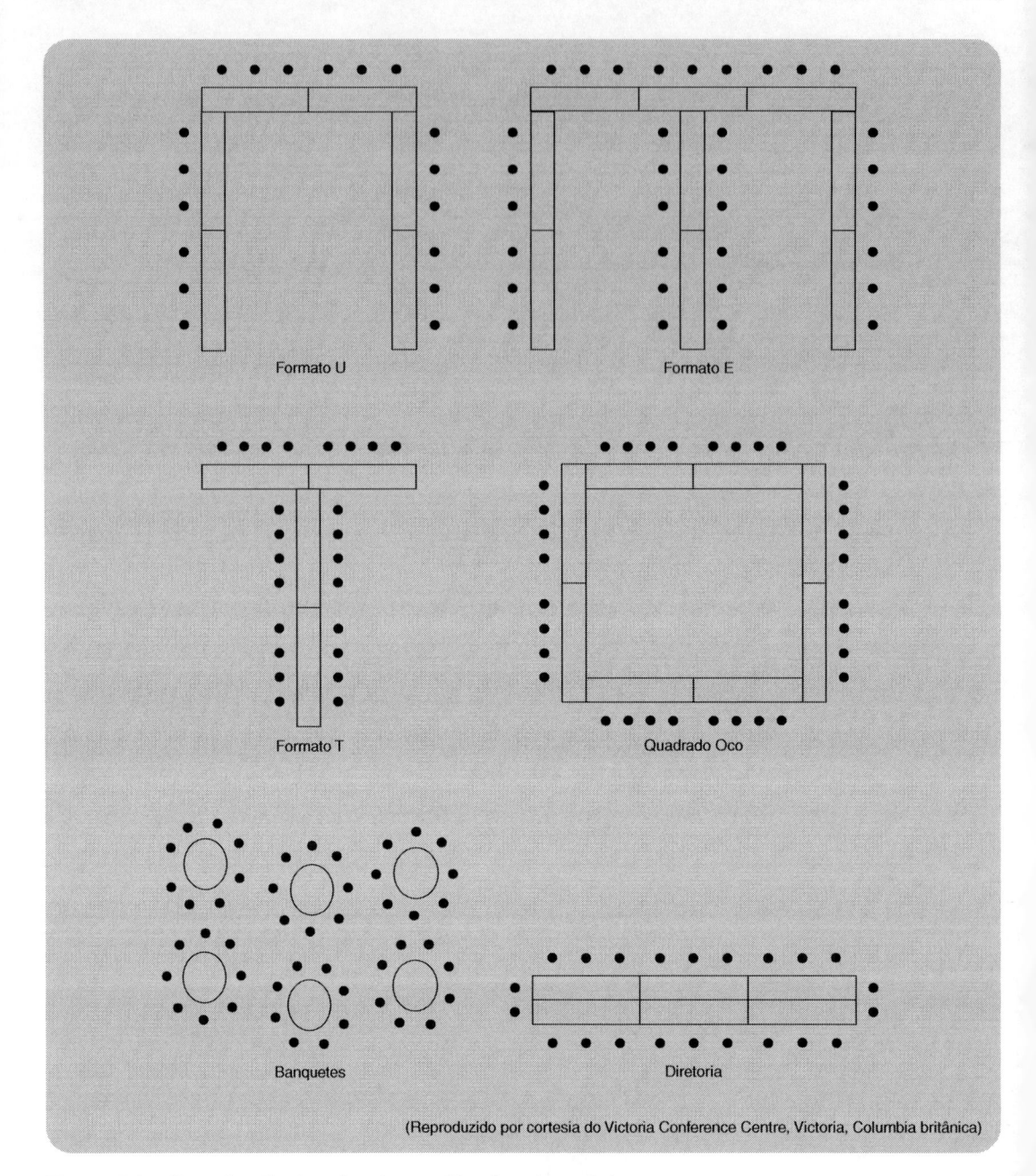

Figura 7.2 Organização de salas de reuniões (continuação).

Plano de contingência para:

- alteração no tamanho do grupo
- disponibilidade de salas maiores ou menores, condições, preços
- outros grupos com reserva no centro ao mesmo tempo (conflito de agendas)

Análise das necessidades de espaço, antes e depois da convenção

- espaço para armazenagem de equipamento
- reuniões extras
- espaço de escritório

Instalação

- escolha as configurações para cada função (Figura 7.2)
- solicite modelos das configurações das salas para o coordenador do evento que estiver utilizando as salas escolhidas sempre que for necessário para propósitos de escolha
- garanta espaço adequado para todos os elementos na sala (palco, audiovisual, pista de dança, etc.)
- utilize projeção em perspectiva

Liste as necessidades de equipamentos

- cadeiras: dobráveis e para a diretoria
- mesas: retangulares de 1 m, 1,5 m e 2 m; redondas de 46 cm
- tamanho do palco
- cortinados
- púlpito
- entradas para telefones e microcomputadores
- corredor para o teatro
- iluminação: *spots*, etc.
- controle das luzes do local
- pódio, plataforma, elevações
- microfones
- sistema de comunicação com o público: mixagem, operação
- eletricidade: corrente alternada/contínua, carga, localização das tomadas
- extensões
- quadros e mensagens
  - quadros brancos
  - quadro de avisos
  - *flip chart*
  - papel para *flip chart*
  - centro de avisos
- equipamento audiovisual: se o fornecido pelo centro não for suficiente
- suprimentos
  - blocos de notas
  - lápis, canetas

- água e copos
- bandeiras
- sinalização
- *banners*
- piano
- latas de lixo
- toalhas de mesa

Elabore um inventário de suprimentos com controle de corrente variável. Caso seja necessário, faça complementação com fornecedores externos. Defina todos os preços.

Serviços e políticas

- conexões telefônicas
- sinalização
- fumante, não-fumante
- gerenciamento dos horários de trabalho dos funcionários
- bipes, *walkie-talkies*, telefones internos
- disponibilidade de serviços temporários de secretariado
- disponibilidade de aluguel de equipamento de escritório, computadores, máquina de escrever, *data show*, sistema de som, etc.
- informe-se sobre todas as regulamentações de sindicatos e do próprio centro (por exemplo, instalações elétricas).

Cobranças e reservas

Determine se os preços das salas de reuniões incluem os seguintes itens para o seu evento, especificamente:

- assentos
- instalações especiais, instalações sobressalentes (em caso de erros)
- mesas
- mesas principais
- plataformas/palcos

Defina as bases para a reserva

- 24 horas
- turnos
- jornada completa

Elabore estimativas sobre tempo para montagem e desmontagem, bem como para trazer e levar o material. Estabeleça e cumpra as datas de liberação definidas no contrato.

Elabore rascunhos e versões finais dos programas

- lista de salas para cada função, com horários e datas
- instalação para cada função
- salas a serem reorganizadas

Assine um contrato e inclua quaisquer mudanças em relação ao espaço reservado.

As listas para reuniões e funções são baseadas em um documento fornecido pelo Victoria Conference Centre, Victoria, Colúmbia britânica.

Lista de itens para conferências

O sucesso na promoção de conferências e funções pode ser prejudicado pela falta de previsão das necessidades dos clientes, ou pela negligência no fornecimento dos serviços que foram solicitados.
Estas listas podem ajudar a refrescar sua memória.

Lista para reservas

1. Número de participantes.
2. Informações sobre as salas solicitadas: quantidade e tipo.
3. Padrão de chegadas e partidas.
4. Hospedagem solicitada: número de apartamentos e diárias.
5. Hospedagem de cortesia: número de apartamentos, tipo e uso.
6. Suítes para uso oficial da organização promotora: quantidade, tipo e preço.
7. Procedimento para reservas: reservado pela organização ou pelo participante; pagamento feito pela organização, pelo participante ou por cortesia.
8. Hospedagem não designada para .... liberada por .... data: ....
9. Procedimento para que os representantes da conferência e de hotéis sejam mantidos informados sobre o número de reservas, cancelamentos, etc.

Lista para a reserva de salas de reuniões

1. Salas reservadas quando o evento é marcado: quantidade, tipos e preços.
2. Distribuição de salas específicas para cada atividade.
3. Políticas para utilização de salas de reuniões durante o evento ou a atividade e também fora dos horários de reunião, conferência ou função.
4. Vistoria das salas de reunião: limpeza, mobília, ventilação, iluminação e acústica.
5. Verificação das escalas: horários das reuniões, localização, avisos e outras sinalizações sobre as atividades.
6. Instalações, equipamentos e serviços: verifique fontes internas e externas. Verifique os pedidos e entregas.
7. Instruções detalhadas para as salas de reuniões devem ser fornecidas e verificadas.
8. Verificação final de toda a organização das salas.

Lista de itens para as salas de reuniões

1. Disponibilidade de espaço: mapa do andar, área de acesso, obstruções, capacidade do andar, aparência geral, ventilação, iluminação, entradas e saídas, acesso a serviços elétricos e outros; limitações desses serviços.
2. Acesso aos espaços para exibições: rua, corredores, entradas, elevadores e suas limitações.
3. Preço do aluguel do espaço: tarifa. Cobertura: área, instalações e equipamento.
4. Mapa do andar.

5. Estandes para exposições: localização, leiaute, limites de altura e capacidade de carga do piso.
6. Instalações, equipamentos e serviços: verifique fontes, disponibilidade e preços.
7. Utilidades e limitação: verifique iluminação, tomadas, etc.
8. Decoração dos estandes: sinalização, horários de entregas e mão-de-obra.
9. Horários das exposições: espaço disponível. Instalação, exposição e retirada.
10. Política para acesso.
11. Organização de segurança, seguros, medidas em caso de incêndio e licenças.
12. Fornecimento de informações detalhadas para os expositores.
13. Horário de abastecimento dos estandes (caso necessário).

Lista detalhada de itens de instalações, equipamentos e serviços necessários

1. Sala: leiaute, adequação e capacidade de pessoas sentadas.
2. Leiaute: tipo de função, capacidade da sala, organização dos assentos, mesas, cadeiras, espaçamento e leiaute geral; acessibilidade a mesas e cadeiras.
3. Condições da sala: limpeza, mobília, ventilação, iluminação, toalhas de mesa, blocos de anotações, lápis, espaço para fumantes (cinzeiros, fósforos), copos e água para os palestrantes.
4. Mesa do palestrante: localização, altura, número de assentos, toalha, cartões com os nomes, martelo e material de referência.
5. Púlpito.
6. Sistemas de sinalização.
7. Sistema de som: microfones e controle de volume.
8. Luzes: regular, *spot*, adequação de controles.
9. Quadros negros, painéis, estande de exposição, apagadores e localização da mesa com suprimentos.
10. Equipamento de projeção: retroprojetor, tela, operador, localização do equipamento e da tela, filmes e *slides*. Adequação da máquina para o tamanho e pontos de eletricidade da sala. Mesa, estande, extensão elétrica e controle de luzes do local.
11. Operador de projeção, horários para recebimento e devolução dos materiais. Fonte de materiais e equipamentos.
12. VERIFIQUE OS ITENS ACIMA ANTES DA CONFERÊNCIA.
13. Materiais de referência também para o público.
14. Itens gerais: localização de telefones, chapelaria e estacionamento. Verifique se estão claramente sinalizados.
15. Fotógrafo: instruções a serem dadas quando necessário, momento da tomada de fotografias, como se fará a venda das fotos e a instalação prévia do equipamento.
16. Relatórios: palestras a serem relatadas. Envio de nota à imprensa. Instruções a serem dadas sobre o tipo de relatório, o número de cópias e quando estarão disponíveis.
17. Serviço de café durante o período da manhã, almoço, lanche da tarde e jantar.
18. Sinalização da conferência e outros, além de sua localização.
19. Decoração: flores, plantas, bandeiras e *banners*.
20. Entretenimento: as necessidades são conhecidas? Serão necessários camarins e outras instalações?
21. Publicidade: entrevista coletiva, palestrantes, notas à imprensa e organização da cobertura.
22. Verificação final do programa. Obtenha a concordância de todos os organizadores.

Lista de itens para a alimentação

1. Tipo de atividade: negócios, social, baile, conferência, jantar dançante, casamento, funeral ou outros.
2. Salas necessárias: tipo e tamanho, mapa do andar, capacidade para pessoas sentadas, decoração, iluminação, acústica, ventilação, manutenção e cobranças por serviços de limpeza.
3. Custos: sala, comida, bebida, serviços, brindes, entretenimento e decorações.
4. Regras da casa, licenças e outros controles.
5. Cronograma: preparação das salas, abertura de portas, convidados principais, reunião e entrada, coquetéis, aperitivos, serviço de alimentação, limpeza de mesas, música, palestra e dança.
6. Preparação da sala: número de pessoas esperado, mapa em escala, tipo de atividade, mobília necessária, palco ou plataformas, corredores de acesso, iluminação necessária, decorações, som, acústica, ventilação, outras instalações e equipamentos.
7. Organização do serviço de mesa ou bufê: número de participantes, tamanho das mesas, formato, capacidade para pessoas sentadas, cadeiras e corredores.
8. Reunião dos convidados principais. Sala para a reunião, serviço de bar, horário para a reunião, anfitrião, organização da entrada e de assentos, e condução até o local.
9. Mesa principal: localização, assentos, cadeiras, número, cartões com identificação, decoração, bebidas especiais, cigarros e charutos, anotações dos pedidos e serviços especiais.
10. Púlpito: verifique se é necessário.
11. Cardápios: cobranças por cada prato. Cobranças de *couvert*.
12. Tipo de serviços requisitados.
13. Melhor estimativa, garantia da quantidade e prazo de validade dos *couverts* necessários: data-limite.
14. Serviço de quarto para bebidas: tipo, horário de pedidos, preços, copos, devolução de bebidas não-utilizadas, garrafas não-abertas e abertas.
15. Materiais para distribuição: cartões para identificação à mesa, avisos na mesa, cartões com os lugares, cardápios, programações e agenda.
16. Crachás de identificação e métodos de ingresso.
17. Instruções para problemas especiais no ingresso.
18. Instalações, equipamentos e serviços: disponibilidade e fontes.
19. Iluminação, sistema de comunicação com o público e decoração: verificar se estão em ordem.
20. Serviços especiais: chapelaria, transportes, estacionamento e telefones.
21. Recebimento de convites: porteiros.
22. Repórteres, equipe de televisão, fotógrafos e equipamento de projeção.
23. Demandas de entretenimento.
24. Sinalização e publicidade.

Esta seção é cortesia de David Leslei, Glasgow Caledonian University.

Exemplos de descrição de cargos

DIRETORIA (COMITÊ EXECUTIVO)

Descrição geral

A diretoria é legal e moralmente responsável pela direção geral do evento.

Atividades e tarefas

- Elaborar um plano estratégico com visão, metas e resultados.
- Estabelecer parâmetros e regras derivados da missão do evento.
- Definir políticas e diretrizes para descrever como a diretoria irá coordenar e organizar seu trabalho; por exemplo, organograma, políticas de contratação, estilo de liderança e imagem.
- Contratar e recrutar o gerente do evento.
- Definir os papéis e responsabilidades de um gerente de evento, em todos os níveis.
- Aprovar planos, estratégias e orçamentos gerais.
- Supervisionar o recrutamento, seleção e treinamento dos gerentes de divisões.
- Monitorar os recursos financeiros e humanos, como orçamento, receitas e despesas, funcionários e voluntários.

Âmbito da autoridade

A diretoria assume a autoridade e a responsabilidade maior por todos aspectos do evento.

GERENTE EXECUTIVO DO EVENTO

Descrição geral

O gerente executivo é responsável pelo gerenciamento e administração gerais.

Atividades e tarefas

- Elaborar um plano operacional partindo do plano estratégico preparado pela diretoria.
- Preparar demonstrativos financeiros e orçamento para serem aprovados.
- Preparar o manual do evento, com princípios orientadores, políticas e procedimentos, papéis, responsabilidades, etc.
- Prever problemas e soluções.
- Contratar e recrutar gerentes de divisão e definir seus papéis, responsabilidades e autoridades.
- Facilitar a comunicação entre as divisões.
- Apresentar avaliações permanentes para os gerentes de divisão.

- Prestar o apoio necessário para que os gerentes de divisão possam atuar de forma efetiva.
- Preparar a documentação e os relatórios para as reuniões e para a aprovação da diretoria.

Âmbito da autoridade

O gerente executivo é diretamente subordinado à diretoria. O comitê executivo da diretoria presta aconselhamento e apóia o gerente em operações cotidianas do evento.

GERENTE ADMINISTRATIVO

Descrição geral

O gerente administrativo é responsável por todos os procedimentos de pessoal e atividades contidos na divisão de administração. Entre elas, estão:

- concorrências
- pessoal
- finanças
- aspecto legal
- seguros
- estrutura organizacional
- avaliação e relatório

Atividades e tarefas

- Recrutar pessoal para coordenar cada área administrativa.
- Definir claramente os papéis, as responsabilidades e a autoridade de cada coordenador e comitê.
- Assessorar coordenadores no planejamento geral de cada área.
- Coordenar pessoal, políticas e procedimentos, além de atividades no âmbito da divisão de administração.
- Proporcionar o apoio necessário para que coordenadores e comitês completem as tarefas e responsabilidades que lhes forem atribuídas.
- Facilitar a comunicação entre todos os coordenadores administrativos e entre o pessoal de outras divisões.
- Comunicar-se com outros gerentes de divisão.
- Supervisionar o pessoal e aprovar as políticas.
- Avaliar a divisão de administração e fazer recomendações para o gerente executivo.

Âmbito da autoridade

O gerente administrativo é diretamente subordinado ao gerente executivo.

COORDENADOR DE VOLUNTÁRIOS

Geral

O coordenador é responsável pela articulação de todos os voluntários necessários para o evento.

Responsabilidades

- Identificar o pessoal e as habilidades necessárias.
- Elaborar e implementar um plano para o recrutamento de voluntários.
- Formular descrições de cargos para cada função.
- Alocar pessoal para os trabalhos adequados, tendo definido as tarefas e o âmbito de autoridade.
- Planejar e desenvolver procedimentos para a organização e ação dos voluntários, como em casos de doença, concessão de refeições ou horas extras.
- Manter atualizada a informação sobre os recursos humanos necessários.
- Dispor de um pequeno grupo reserva de voluntários para eventualidades.
- Elaborar um programa detalhado para todos os voluntários.
- Organizar o treinamento extra necessário para que os voluntários desempenhem suas funções específicas.
- Desenvolver um sistema de confiança.
- Avaliar as operações e proporcionar recomendações para o gerente geral do evento.

Subordinado ao

Diretor de pessoal

Trabalha com

Comitê de voluntários, incluindo áreas especializadas necessárias.

COORDENADOR DE PATROCÍNIOS

Geral

O coordenador de patrocínios é responsável pela obtenção de patrocínios relevantes para o evento e pelo desenvolvimento de bons relacionamentos com o(s) patrocinador(es).

Responsabilidades

- Definir e descrever os detalhes da organização e dos eventos.
- Estabelecer contato com os outros coordenadores e diretores para determinar possíveis oportunidades de patrocínio.
- Determinar exatamente o que pode ser oferecido como retorno de patrocínio.

- Desenvolver planos e apresentações para ilustrar as vantagens para o patrocinador.
- Negociar o patrocínio e o relacionamento com o patrocinador.
- Estabelecer contato com o protocolo e com os coordenadores de hospitalidade, para garantir que o patrocinador seja bem tratado.
- Estabelecer contato com coordenadores de relações públicas para garantir que todos os patrocinadores recebam a maior visibilidade possível.
- Avaliar os patrocínios e preparar recomendações para o gerente geral do evento.

Subordinado ao

Diretor de *marketing*

Trabalha com

Um pequeno grupo de especialistas e dá apoio ao coordenador de patrocínio. Mantém contato com o comitê de relações públicas.

As descrições dos cargos de diretoria, gerente geral e gerente de administração foram reproduzidas com a cortesia de David Wilkinson, Wilkinson GP.

Algumas estruturas organizacionais

Apresentação teatral local

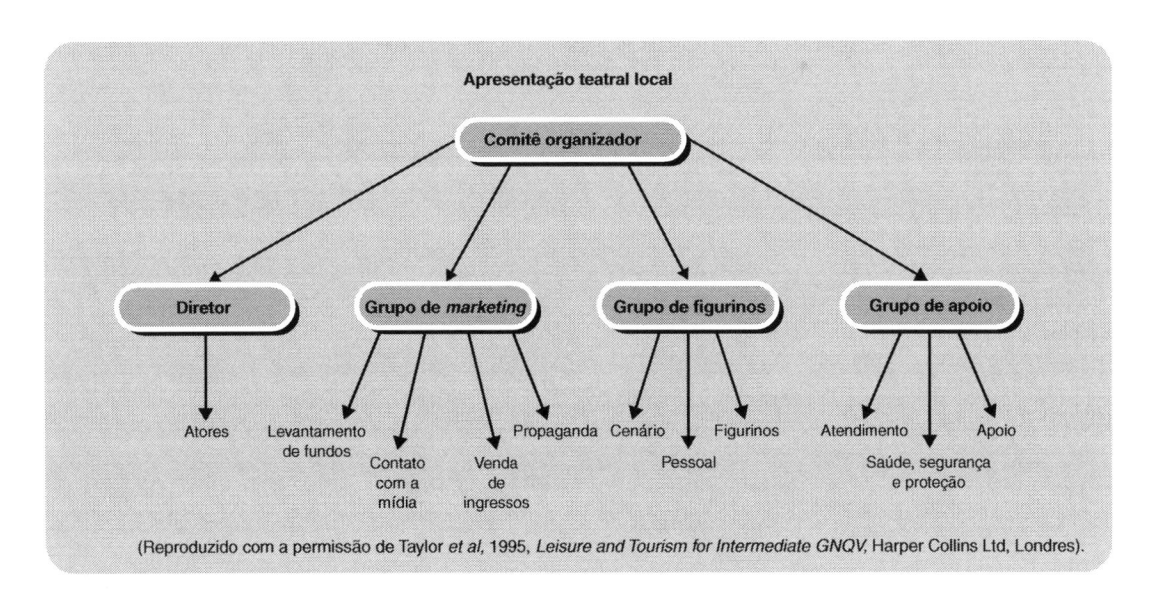

Comitê organizador
- Diretor
  - Atores
- Grupo de *marketing*
  - Levantamento de fundos
  - Contato com a mídia
  - Venda de ingressos
  - Propaganda
- Grupo de figurinos
  - Cenário
  - Pessoal
  - Figurinos
- Grupo de apoio
  - Atendimento
  - Saúde, segurança e proteção
  - Apoio

(Reproduzido com a permissão de Taylor *et al*, 1995, *Leisure and Tourism for Intermediate GNQV*, Harper Collins Ltd, Londres).

Figura 7.B

154 Gestão de Eventos em Lazer e Turismo

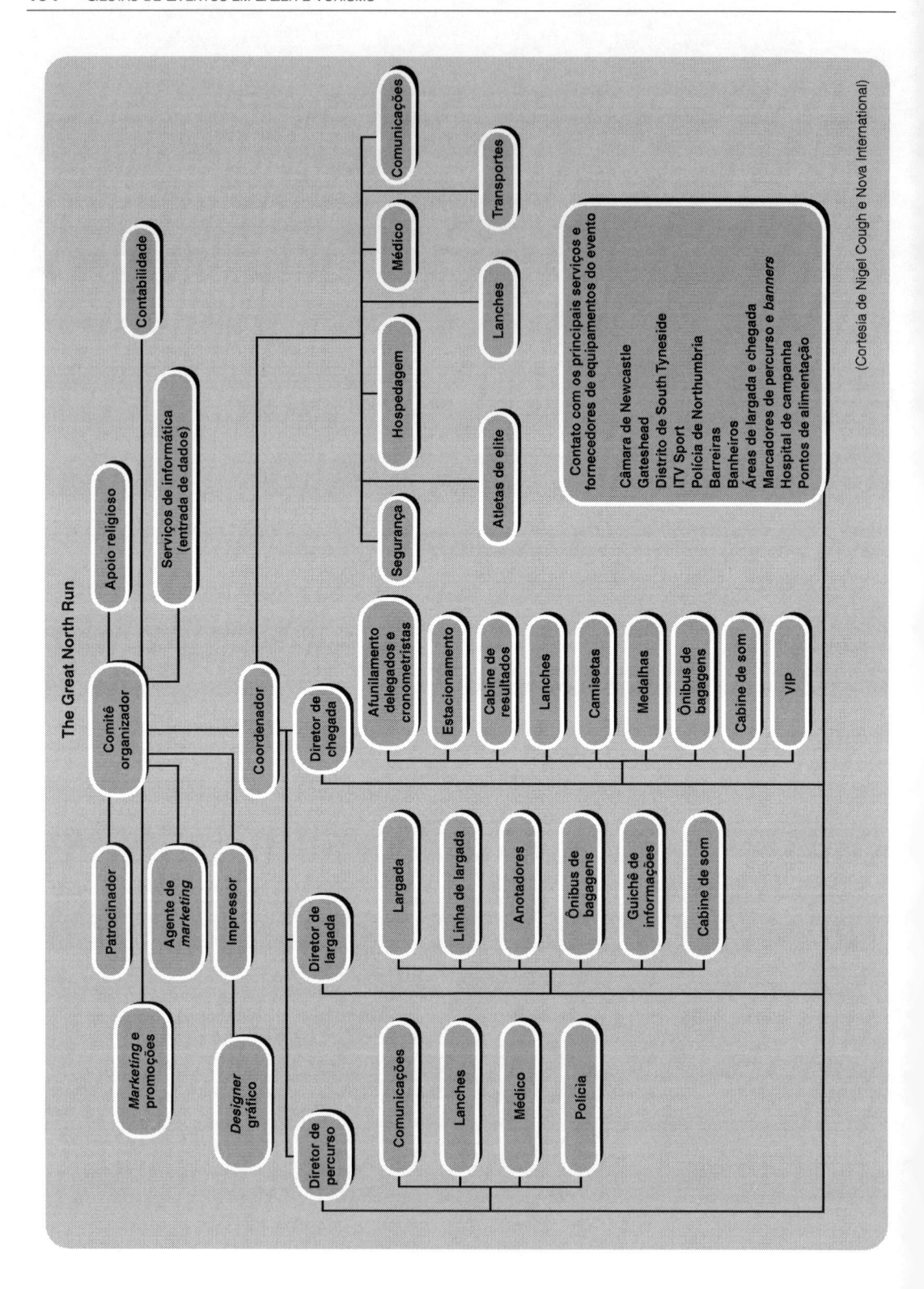

The Great North Run

- Comitê organizador
  - Patrocinador
    - Marketing e promoções
  - Agente de marketing
    - *Designer gráfico*
  - Impressor
  - Apoio religioso
  - Contabilidade
  - Serviços de informática (entrada de dados)
  - Coordenador
    - Diretor de chegada
      - Afunilamento delegados e cronometristas
      - Estacionamento
      - Cabine de resultados
      - Lanches
      - Camisetas
      - Medalhas
      - Ônibus de bagagens
      - Cabine de som
      - VIP
      - Segurança
      - Atletas de elite
      - Hospedagem
      - Lanches
      - Médico
      - Comunicações
      - Transportes
    - Diretor de largada
      - Largada
      - Linha de largada
      - Anotadores
      - Ônibus de bagagens
      - Guichê de informações
      - Cabine de som
    - Diretor de percurso
      - Comunicações
      - Lanches
      - Médico
      - Polícia

Contato com os principais serviços e fornecedores de equipamentos do evento

- Câmara de Newcastle
- Gateshead
- Distrito de South Tyneside
- ITV Sport
- Polícia de Northumbria
- Barreiras
- Banheiros
- Áreas de largada e chegada
- Marcadores de percurso e *banners*
- Hospital de campanha
- Pontos de alimentação

(Cortesia de Nigel Cough e Nova International)

Figura 7.C

PRÁTICAS DE GESTÃO DE EVENTOS   155

Uma empresa de gerenciamento e *marketing* de eventos

```
                    Diretoria ou organização-matriz
                                │
                         Comitê executivo
                                │
                         Gerente executivo
                                │
                         Gerentes de divisões
  ┌──────────┬──────────┬──────────┬──────────┬──────────────┬──────────────┐
Administração Operações  Serviços   Hospitalidade Relações-públicas Serviços
                         especiais                e marketing       técnicos
```

Administração
Pessoal e voluntários
Relatórios e avaliação
Finanças
Questões legais
Estrutura organizacional
Seguros
Propostas e inscrições para concorrência

Operações
Serviços médicos
Comunicações
Venda de ingressos e bilheteria
Instalações e equipamento
Segurança e procedimentos de emergência
Concessões
Estacionamento

Serviços especiais
Serviços de alimentação
Lixo e saneamento
Transportes
Formulários de credenciamento e inscrições
Programas
Acomodações
Telões
Sinalização
Estoques

Hospitalidade
Protocolo e cerimonial
Serviços aos espectadores e competidores
Hospitalidade e entretenimento
Premiações e brindes
Programação paralela

Relações-públicas e marketing
Eventos relacionados
Promoções
Relações públicas e com a mídia
Patrocínio
Estandes e exposições comerciais
Marcas, grafismos e *designs*

(Cortesia de David Wilkinson, Wilkinson Group, Ontário.)

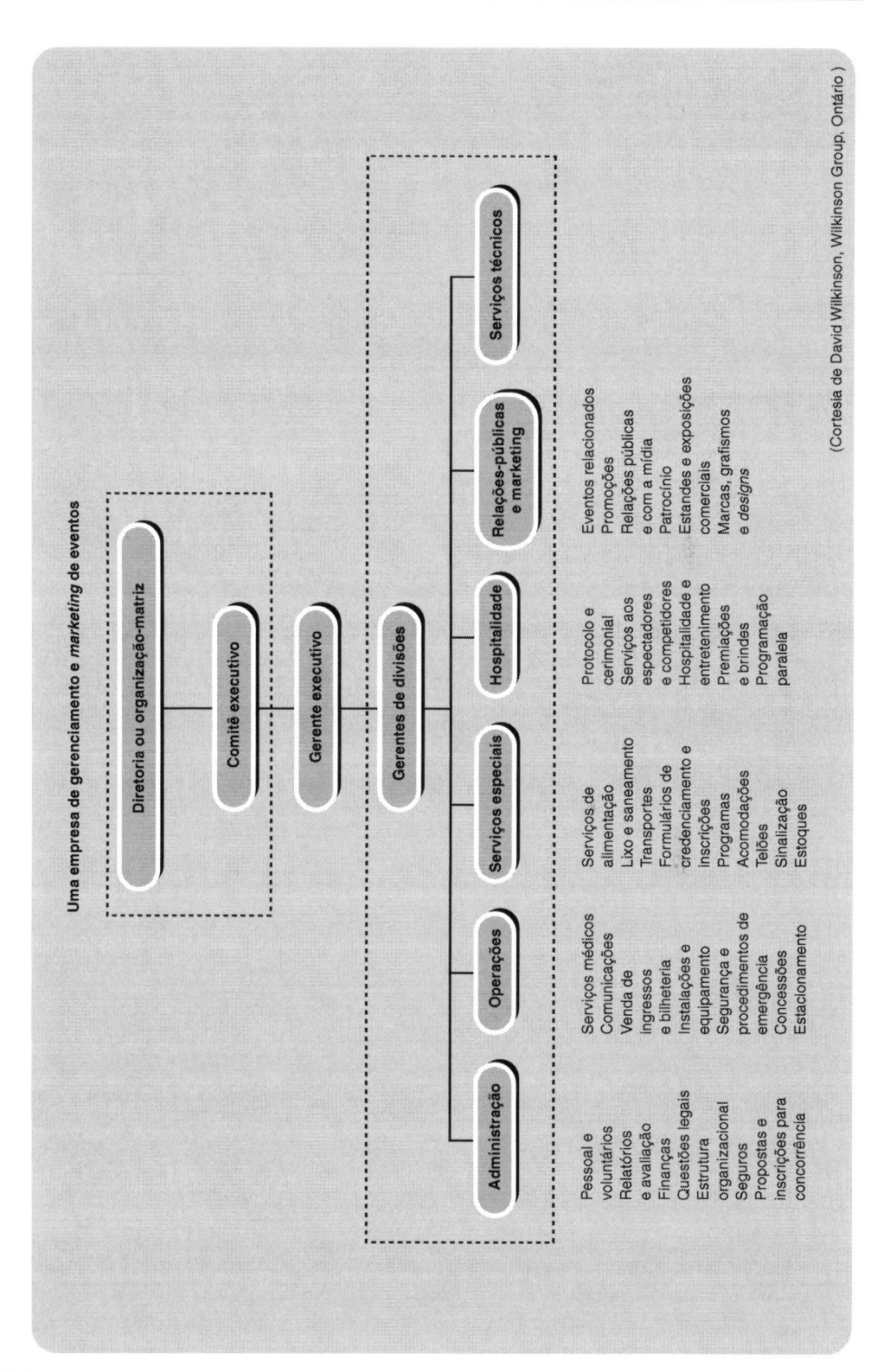

Figura 7.D

Campeonato Mundial de Ginástica, 1991

- **Jack Swarbrick** — Diretor-presidente
- **Mike Jacki** — Presidente
- **Joe Claypool** — Diretor executivo
  - **Jim Morris** — Tesoureiro
- **Dale Brown** — Vice presidente de operações
- **Sandy Knapp** — Vice presidente
- **Tim Heath** — *Marketing* e vendas

Subordinados a operações:

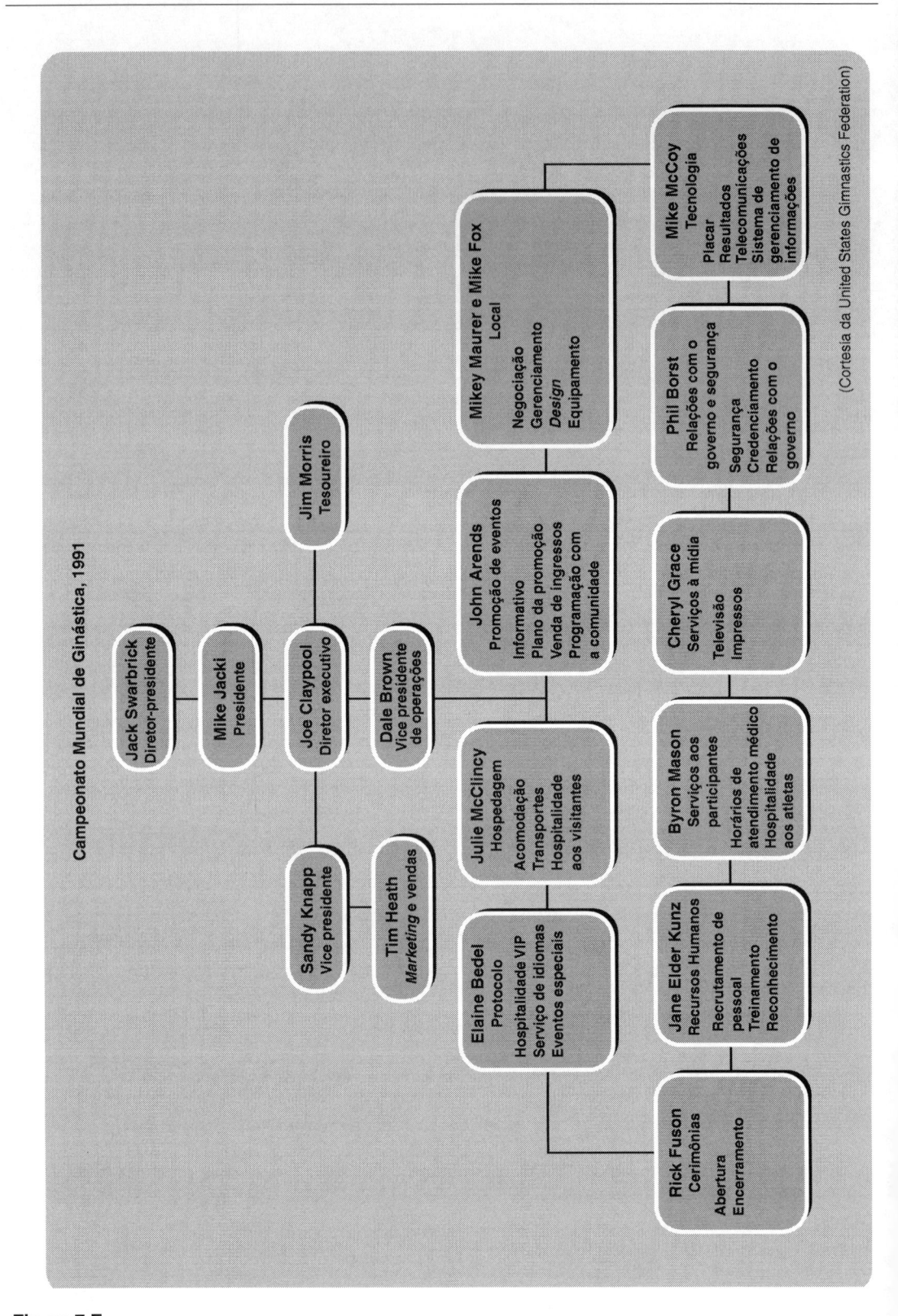

- **Elaine Bedel** — Protocolo
  - Hospitalidade VIP
  - Serviço de idiomas
  - Eventos especiais
- **Julie McClincy** — Hospedagem
  - Acomodação
  - Transportes
  - Hospitalidade aos visitantes
- **John Arends** — Promoção de eventos
  - Informativo
  - Plano da promoção
  - Venda de ingressos
  - Programação com a comunidade
- **Mikey Maurer e Mike Fox** — Local
  - Negociação
  - Gerenciamento
  - *Design*
  - Equipamento
- **Rick Fuson** — Cerimônias
  - Abertura
  - Encerramento
- **Jane Elder Kunz** — Recursos Humanos
  - Recrutamento de pessoal
  - Treinamento
  - Reconhecimento
- **Byron Mason** — Serviços aos participantes
  - Horários de atendimento médico
  - Hospitalidade aos atletas
- **Cheryl Grace** — Serviços à mídia
  - Televisão
  - Impressos
- **Phil Borst** — Relações com o governo e segurança
  - Segurança
  - Credenciamento
  - Relações com o governo
- **Mike McCoy** — Tecnologia
  - Placar
  - Resultados
  - Telecomunicações
  - Sistema de gerenciamento de informações

(Cortesia da United States Gimnastics Federation)

Figura 7.E

Cronograma de planejamento

NORTH WEST WATER (NWW)
CICLISMO NO DOMINGO, 11 DE MAIO DE 1997

Áreas de responsabilidade

Projeto de ciclismo para a região noroeste (PC)
- orçamento
- percurso
- administração de inscrições
- correspondência com participantes
- encomenda do equipamento para o evento
- organização de reuniões importantes
- organização de atividades no parque Heaton
- distribuição de cartazes:
  - clubes de ciclismo
  - lojas de ciclismo
  - empresas locais
  - locais ao longo do percurso

Healthstart Limited (HS)
- todo o *design* e toda a impressão (todas as provas para PC e NWW)
- promoção e relações-públicas
- seguro de responsabilidade pública
- distribuição de cartazes
  - North West Water
  - autoridades locais (e centros esportivos)
  - pontos de distribuição nos centros das cidades Manchester, Bury e Bolton (pela empresa Arts About Manchester)
  - lista de endereços dos 1.300 inscritos no passeio ciclístico HealthStart Liverpool-Chester, de 1996
  - organizações do Sistema Nacional de Saúde no noroeste (e todos os hospitais)

North West Water
- patrocínio
- distribuição de cartazes, locais e pessoal
- cartão de competidor a ser elaborado e impresso
- apoio no dia
  - centro móvel para visitantes, no parque Heaton
  - água ao final

Programação

Janeiro

Patrocínio acertado com a North West Water
HS   Nota à imprensa, emitida para setores relacionados ao ciclismo e revistas especializadas

Fevereiro

HS	7 de fevereiro: arte final aprovada para formulários e cartazes
HS	7 a 14 de fevereiro: formulários de inscrição e cartazes entregues para Healthstart e Projeto de Ciclismo
PC/HS	17 a 21 de fevereiro: distribuição de cartazes (ver responsabilidades) North West Water Autoridades locais (e centros esportivos) Pontos de distribuição nos centros das cidades de Manchester, Bury e Bolton (através da Arts About Manchester) Lista de endereços dos 1.300 inscritos no passeio ciclístico HealthStart Liverpool-Chester, de 1996. Organizações de Sistema Nacional de Saúde no noroeste (e todos os hospitais) Clubes de ciclismo Lojas de ciclismo Empresas locais Locais ao longo do percurso
HS	17 a 21 de fevereiro: notas à imprensa na Grande Manchester e East Lancashire
NWW	28 de fevereiro: primeiro pagamento do patrocínio ao projeto de ciclismo por parte da North West Water
PC	TBA: encontro no parque Heaton
PC	TBA: encontro em ponto intermediário (centro de Informações de Clough Head)
PC	TBA: aprovação do percurso a ser finalizado e locais para atendentes e sinalização da AA
HS	Programa de treinamento a ser redigido e impresso
HS	"Cartão de boas vindas" a ser redigido e impresso
NWW	Cartão de competidor a ser aprovado e impresso (pela North West Water)
HS	Formulário para contribuição beneficente a ser aprovado e impresso
HS	*Design* da camiseta a ser aprovado
PC	Números dos participantes a ser encomendados
PC	Sistema de computadores instalado para processar inscrições
HS	Confirmar o fotógrafo para o evento

Fevereiro/Março

PC	Equipamento para os serviços do evento e outros fornecedores (área dos corredores, *banners*, sistema de som, tenda com cadeiras e mesas, banheiros químicos, alfinete de segurança, jaquetas e coletes fosforescentes dos atendentes, sinalização do percurso, rádios direcionais, telefones móveis, microônibus, barreiras e fitas) a serem encomendados.
PC/HS	Pessoal fundamental a ser contratado e confirmado para o evento (atendentes de percurso, atendentes de estacionamento, comunicações Raynet, primeiros socorros, locutor, motoristas, mecânicos de bicicleta)
TODOS	Serviços de apoio durante o percurso a serem aprovados

Março

HS	3 a 17 de março: impressão de camisetas; carta sobre "o que acontece no dia" a ser aprovada e impressa
PC	24 a 27 de março: primeira correspondência para os inscritos (são necessários envelopes grandes); incluirá a carta explicando o que acontece no dia. Cartão de boas-vindas Programa de treinamento Formulário de contribuição beneficente Número do evento Camiseta Qualquer outra informação necessária, por exemplo, sobre entidades beneficentes Alfinete de segurança
PC	26 de março: reunião completa com os principais participantes (14:00, Projeto de Ciclismo)
PC	Preparação para atividades no parque Heaton
HS	Aprovar *design* dos certificados para os finalistas
HS	Notas à imprensa à medida que as inscrições começarem a chegar
HS/NWW	TBA: figura importante da North West Water para sessão de fotos
NWW	30 de março: segundo e último pagamento do patrocínio para o projeto de ciclismo por parte da North West Water

Abril

PC	Segunda e terceira correspondências para os inscritos, na medida da necessidade
HS	Impressão dos certificados dos finalistas
PC/NWW	Encomendar lanches para a chegada: no mínimo, água
HS	Notas à imprensa

Maio

TODOS	Informação para todo o pessoal principal
PC/HS	6 a 9 de maio: produzir informações finais necessárias no dia; cópias impressas no computador (alfabéticas e numéricas) e notas à imprensa e críticos; garantir que todo o equipamento esteja disponível; canetas e alfinetes de segurança, números, camisetas, formulários de inscrição, cartões de boas-vindas (para os inscritos), certificados e água engarrafada (para os finalistas)
PC	10 de maio: entrega do equipamento no parque Heaton, caso seja necessário
TODOS	Dia do evento
HS	Notas à imprensa
PC/HS	Cartas de agradecimento

Junho

TODOS	Encontros de avaliação e instruções
PC	Preparação de etiquetas para correspondência em 1998

Esta seção foi reproduzida com a cortesia de Robin Ireland, Healthstart Limited.

Agenda de ação

1 Minutas da última reunião
2 Questões que surgiram
3 Recapitular atividades dos dias anteriores
   (a) Problemas encontrados
   (b) Realizações
   (c) Ações corretivas a serem desenvolvidas
4 Metas para o próximo período
   (a) Ainda são viáveis?
   (b) Problemas visualizados nessa etapa
5 Priorização de atividades
   (a) O que é estritamente necessário para atingir as metas?
   (b) O que não é mais adequado?
6 Alocação de tarefas
7 Elaboração de horários de trabalho

Esta é uma agenda básica para a ação; ela poderá ajudar a tomar medidas para realizar um propósito. Pode valer a pena definir ainda:

- um limite de tempo para cada item
- os responsáveis

A reunião deve produzir uma minuta com a lista de itens a serem verificados, informando o que foi aprovado, o que deve ser feito, por quem e quando.

Lista para a organização de eventos em Sheffield
(com permissão de Martin Molton, Câmara de Sheffield)

Lista para a organização de eventos em Sheffield

Evento	
Data(s)	
Local	
Promotor	
Contatos para o evento	
Venda de ingressos	

Preços de ingressos	
Número de espectadores	
Número de competidores oficiais	
Programação de jogos	
Abertura de portas ao público	
Áreas utilizadas	
Instalação	
Desmontagem	
Informações para o credenciamento	
Estacionamento	
Equipamento	
Televisão	
Mídia	
Necessidades de iluminação	

Alimentação
    público
 	
    convidados
 	
    representantes oficiais
 	
    voluntários	

Hospitalidade	
Merchandising	

Suporte técnico
    organização local
 	
    segurança
 	
    suporte elétrico/mecânico
 	
    calefação/ventilação/refrigeração
 	
    outros	

Serviços de emergência
    primeiros socorros
 	
    SYMAPS (empresa de sinalização)
 	
    licenciamento	

Polícia	
Bombeiros	
Necessidades de hospedagem	
Necessidades de transporte	
Comunicações	
Atendentes	
Relatório final	

CIRCULAÇÃO

Redação de notas à imprensa

Uma nota à imprensa deve dizer o principal ponto do assunto, da forma mais sucinta possível. Um recurso mnemônico útil é a sigla QUAL, pois dá uma seqüência para uma típica nota à imprensa:

Que aconteceu	A introdução deve contar a história de forma concisa
Como aconteceU	A explicação deve vir logo após
Amplificar	Expor ponto por vez
VincuLar	Vinculam-se todos os tópicos dispersos

Leiaute

- Abra um parágrafo a cada sentença, facilitando para o editor.
- Utilize espaços duplos e margens amplas.
- Escreva apenas em um lado da folha.
- Não deixe de colocar a data.
- Não continue frase de uma página na próxima.
- Inclua nomes de contato, endereços, números de fax e telefones importantes ao final.
- Entregue-as à imprensa com razoável antecedência.

Pontos importantes

- Atinja-os com um bom título.
- Seja claro, conciso e factual, nunca fale de forma dispersiva.
- Mantenha as frases curtas.
- Pode ser interessante incluir notas ao editor (informações gerais para ajudar a ampliar os itens no artigo).
- Quaisquer fotografias que acompanhem as notas devem ser claramente legendadas no verso. Se possível, forneça fotos em preto-e-branco e coloridas. Encomende cópias extras para o caso de novas solicitações.
- Não utilize frases feitas ou vocabulário muito específico.
- Confirme todos os fatos constantes no texto.
- Mantenha o texto em no máximo duas páginas.
- Preveja quaisquer perguntas que possam surgir a partir da nota, de forma que as respostas possam ser dadas imediatamente. Certifique-se de que os funcionários importantes conheçam o assunto.
- Se houver restrições, certifique-se de que elas estejam claramente demonstradas acima e abaixo de cada página.
- Lembre-se: quando há publicidade a ser veiculada sobre o evento, as publicações tendem a demonstrar maior boa vontade com a inserção de notas não-pagas.
- Tenha a certeza de ter respondido às seguintes questões com seu texto:
    - Quem?
    - O quê?
    - Onde?
    - Quando?
    - Por quê?
    - Como?
    - É interessante?

Modelo de nota à imprensa

Rua Melville, 8b, Falkirk, FK1 1HZ   Telefone: 01234 612308

NOTA À IMPRENSA
OS MELHORES NA ESCÓCIA

Pela primeira vez, uma equipe soviética de ginástica em turnê irá se apresentar na Escócia.

Um excelente grupo de ginastas internacionais estará presente; entre eles, campeões soviéticos, mundiais e olímpicos, apresentando ginásticas olímpica, rítmica e esportiva, masculinas e femininas.

Entre os que irão se apresentar, destaca-se a legendária Natália Yurchenco, que revolucionou o salto feminino com sua abordagem *back flip* no cavalo. Também estarão presentes alguns dos novos ginastas soviéticos, incluindo Denis Fiodorov (campeão soviético em 1991, vencedor da Copa da França e de vários campeonatos mundiais).

O apoio do Conselho de Promoção de Esportes de Glasgow e do Conselho Distrital de Aberdeen foi fundamental para a apresentação desses ginastas nas duas cidades.

Esta será uma oportunidade especial para milhares de ginastas escoceses, bem como outros adultos e crianças interessados em testemunhar as habilidades desafiadoras e impressionantes que serão demonstradas.

Espera-se uma apresentação da mais alta qualidade:

Segunda-feira, 24 de fevereiro:	Kelvin Hall, Glasgow,	das 19 às 21h.
Terça-feira, 25 de fevereiro:	Beach Leisure Centre, Aberdeen	das 19 às 21h.

Os ingressos para os dois espetáculos estão disponíveis no local e mais informações podem ser obtidas no Scottish Gymnastics Offcie:

SAGA
Rua Melville, 8b
Falkirk
FK1 1HZ

Telefone: 01234 612308
Fax: 01234 612309

Preparação do local

O grande crescimento no balé e na ópera durante a década de 1980 trouxe consigo um fenômeno novo para os espetáculos de grande público. Houve, por exemplo, a construção de um auditório de 3.000 a 5.000 lugares em um período de 3 a 7 dias, um palco com mecanismos de suspensão e acomodações e camarins ou escritórios para até 400 pessoas. O alto custo das turnês das grandes produções internacionais faz com que se tenha que acomodar um público maior que a capacidade das salas de teatro tradicionais, a fim de gerar a bilheteria necessária para viabilizar o projeto. É preciso espaços grandes para dar conta do tamanho do público e da escala do cenário de companhias como o Bolshoi ou o Kirov. Os únicos espaços desse tipo com localização conveniente em grandes cidades são as salas de múltiplo uso ou os estádios de esportes.

Embora alguns dos locais modernos para espetáculos tenham sido projetados com vistas à apresentação de concertos *pop*, a idéia de receberem obras ou balés de grande escala nunca fora abandonada. Os grandes auditórios com espaços abertos em teatros tradicionais exigem a adaptação de padrões de segurança, tanto por parte dos projetistas quanto dos operadores, mas sua construção e sua operação *temporária* aumentam os riscos potenciais.

Isolamento de incêndio

Um espaço temporário de grande escala geralmente exige a construção de três áreas principais: uma área com filas de assentos, um palco com mecanismo de suspensão e camarins. Em função do ruído, os camarins costumam ficar localizados em uma parte auxiliar, proporcionando, assim, um isolamento acústico do auditório. Contudo, não é possível providenciar isolamento temporário contra incêndios entre o palco e o auditório. Quando as produções são de origem britânica (por exemplo, Carmen no Earls Court) pode-se ter certeza de que o cenário irá corresponder às necessidades dos "palcos abertos". Entretanto, algumas produções de outros países, especialmente da Europa Oriental, têm cenários velhos e não resistentes ao fogo.

Controle de fumaça

Ao determinarmos a adequação relativa dos locais, é essencial que façamos um estudo sobre o sistema exaustor de fumaça e os reservatórios de fumaça antes de elaborar os planos do leiaute. Sem esse estudo, as filas de cadeiras podem ser facilmente construídas dentro da camada potencial de fumaça. Filtros podem ser necessários para aumentar a capacidade dos reservatórios ou canalizar a fumaça em determinadas direções, dependendo do leiaute. Como a maioria dessas promoções ocorre durante o verão, para chamar a atenção dos turistas, as luzes do teatro e a ventilação costumam estar fechadas. É necessário muita cautela para que não haja interferência no desempenho do sistema exaustor de fumaça.

Acesso

Para reduzir os problemas que podem surgir quando 5.000 pessoas chegam a um local em um intervalo de uma hora, precisando de acesso fácil aos pontos de alimentação e banheiros durante os intervalos, e a uma saída segura no caso de emergência, devem-se oferecer várias rotas de acesso separadas. A quantidade irá depender do tamanho do público. As pessoas com ingressos devem ser encaminhadas para estacionamentos localizados próximos a cada entrada, de forma que tenham acesso por portas próximas aos seus assentos. Cada rota de acesso deve ter instalações de alimentação e banheiros suficientes para dar conta do número de pessoas que irão utilizar aquela entrada. Um bar central não é aconselhável em grandes locais temporários. Felizmente, o desejo de maximizar as vendas de lanches faz com que freqüentemente se ofereça um espaço adequado com ofertas diversificadas. Entretanto, muitas vezes, este espaço é subestimado, e é comum a concentração de instalações em uma só área, criando sérios problemas de congestionamento e contrafluxo nas rotas de circulação. Em áreas nas quais locais temporários para alimentação são instalados, é necessário evitar a presença de gás engarrafado ou qualquer forma de inflamável. A armazenagem e a remoção regular de resíduos também devem ser cuidadosamente monitoradas para evitar o acúmulo de sacos de lixo nos acessos de saída.

Localização das saídas

Por razões acústicas e estéticas, a área das cadeiras costuma ser cercada com cortinas grossas para dar uma sensação de isolamento. Este fator pode acabar bloqueando a visão direta do público para todas os acessos de saídas, causando desconforto nos clientes. É aconselhável que todos os corredores, rotas de saída e portas tenham funcionários próximos, que possam direcionar o público e abrir as portas em caso de emergência. Um anúncio em áudio, cuidadosamente formulado, destacando a localização das saídas, reforçado por lanterninhas mostrando as rotas importantes (como acontece nas companhias aéreas) pode ajudar na velocidade e mesmo na distribuição da saída do público.

Sinalização

Em locais temporários a sinalização clara, concisa e bem iluminada é essencial. Se as pessoas tiverem que parar para compreender um aviso antes de decidir para onde vão, haverá atrasos e congestionamento. O projetista deve preparar um roteiro completo de sinalização, junto com o gerente de atendimento e o gerente de circulação, e suas posições devem ser cuidadosamente consideradas e aprovadas com bastante antecedência, para permitir alterações no local.

Certificados

É importante garantir que cada empresa prestadora de serviços ou fornecedor contratado apresente os certificados fornecidos por um organismo credenciado, com relação às várias instalações e equipamentos, reduzindo, assim, a probabilidade de surgimento de problemas. Em termos de construção, isso significa que qualquer proposta deve ser credenciada por um engenheiro estrutural, garantindo que as cadeiras, o palco, etc., tenham sido projetados para atender aos diversos padrões e legislações.

Tenha muito cuidado quando um prestador de serviços disser que possui um certificado para trabalhar com prevenção de incêndios. O documento poderá simplesmente confirmar que o produto é totalmente inadequado para o uso ali proposto. O fornecedor, todavia, estará totalmente confiante na adequação do produto que dispõe de um "certificado", o qual ele simplesmente não compreende. Os fornecedores de carpetes para o setor de exposições costumam estar nessa categoria. Devem-se investigar promessas feitas pelo diretor técnico de uma companhia em turnê com relação aos certificados do cenário, muito antes de qualquer decisão. Traduzindo, você poderá vir a descobrir que o certificado vem da oficina do próprio teatro e é assinado pelo carpinteiro-chefe!

Alguns esforços para tratar do cenário já no local resultaram em acusações de vandalismo com relação a obras de arte pertencentes ao estado. As consequências da discrepância entre o cenário e os padrões aprovados devem ser claramente explicadas desde o início às companhias visitantes. Um escândalo 24 horas antes da abertura da turnê não é do interesse de ninguém.

Equipe de funcionários

Muito já se supôs que empregar o gerente de atendimento de um teatro local e sua equipe previne quaisquer problemas que possam ocorrer na estréia. Nada pode estar mais longe da verdade. A maioria desses gerentes tem mais chances de ter colapsos nervosos durante as 48 horas anteriores à noite de estréia em um teatro temporário do que em toda sua vida.

As transformações feitas na organização das cadeiras, devido a exigências de última hora em termos de sistemas de controle de iluminação ou som, ou dificuldades imprevistas da construção na estrutura dos assentos, podem fazer com que até 300 pessoas precisem ser relocadas na noite de estréia. Não importa a clareza com a qual o mapa de cadeiras tenha sido feito, a equipe estará desorientada em um local novo.

É fundamental que cada membro da equipe de atendimento circule pelo auditório todo diversas vezes e passe por cada corredor ou escada. Deve-se tomar um cuidado especial com a tradicional matinê de sábado, com até 5.000 crianças superexcitadas. É aconselhável que cada líder de grupo ou professor receba instruções sobre o que fazer em caso de emergência.

Construção

O padrão de construção e acabamento varia muito nos espaços temporários, assim como acontece com a competência das empreiteiras contratadas. Empreiteiras especializadas oferecem cadeira, palco e cabos. Mas, ocasionalmente, por razões financeiras ou políticas, contrata-se um fornecedor local de andaimes, com conseqüências potenciais desastrosas. Os padrões de plataformas ou escadas instaladas em um canteiro de obras ou evento esportivo são inaceitáveis em um espetáculo de dança, música ou peças teatrais. Os riscos podem ser altos, a menos que se verifique detidamente os tipos de fixações e os detalhes da construção com cada empreiteira.

Programação

Em grandes projetos de construção, desenvolve-se a análise do caminho crítico. Em circunstâncias normais, a programação é dividida em unidades semanais, mas na construção de espaços temporários, esta divisão é feita em horas. É fundamental que *todas* as empresas contratadas estejam presentes nas reuniões de planejamento para discutir a cooperação com a equipe de produção do evento. Cada empresa deve explicar claramente onde irá trabalhar, quando, com qual equipamento, quais caminhões chegarão e quando precisarão de acesso ao local para fazer entregas. A equipe de produção precisa explicar o cronograma de ensaios ou de passagem de luz e som, e que tipo de trabalho pode continuar durante esses horários. Um corte de luz não previsto pode pegar de surpresa um montador que esteja subindo nas vigas de um telhado para instalar cortinas!

Cadeiras

Ao elaborar planos detalhados sobre a platéia, é importante compreender as limitações dos diversos sistemas de montagem. Alguns promotores confiam em planos elaborados pelos fornecedores, cujo objetivo é encaixar o maior número de assentos possível. A experiência mostra que estes esquemas não são preparados especialmente para cada corredor, e é comum que vários deles acabem tendo a mesma largura.

Os corredores de saída costumam ser construídos com a mesma largura de um assento (ou seja, 700-760 mm) com um patamar. Corrimãos e escadas estarão inseridos na modulação da grelha de assentos e costumam ser reduzidos à largura total de 1.200 mm, embora os desenhos indiquem 1.400 mm (dois módulos). A eliminação dos corredores e o posicionamento de letreiros de saída iluminados devem ser considerados atentamente.

Palco e sistema de cabos

Até pouco tempo atrás, os espaços temporários dependiam de sistemas de grades (estruturas com espaços) suspensos do teto da sala, para sustentar a iluminação e vários trilhos de cortinas. Durante as trocas de cenário, costumava-se utilizar cortinas que desciam até o chão. Mas, a produção da ópera Bolshoi no Scottish Exhibition & Conference Centre, em 1990, definiu novos parâmetros. Foi instalado um sistema de suspensão completo, incorporando 42 linhas de contrapeso específicas para os sete espetáculos. Em função do enorme peso das roupas e do cenário sendo suspenso, o sistema como um todo teve que ser apoiado no piso, através de escoras motorizadas.

Onde não houver a necessidade deste tipo de suporte, a localização dos pontos de apoio para a grade deverá ser estudada com cuidado. As salas de exibição antigas, com armações de ferro batido, apresentam dificuldades específicas para a determinação de cargas seguras de trabalho.

Os suportes de iluminação também são suspensos da estrutura do teto, ocasionalmente. Uma decisão de última hora por parte do projetista de iluminação da ópera Bolshoi em Glasgow, no ano passado, dois dias antes da noite de estréia, fez com que cinco toneladas extras de equipamento precisassem ser sustentadas no suporte de iluminação temporária.

Iluminação e efeitos especiais

A carga elétrica total de produções de grande escala costuma estar entre 500 e 600 ampères por fase, embora a carga viva raramente passe dos 500A. Em função da natureza temporária da instalação, quilômetros de cabos poderão ser instalados. A menos que se produzam desenhos detalhados da distribuição dos cabos já no início, eles acabarão passando por corredores e rotas de circulação. Para aumentar o problema, estes cabos costumam ser cobertos com carpete, o que só faz esconder o risco.

Uma verificação minuciosa da iluminação e dos efeitos especiais deve ser feita quando o equipamento for entregue no local. Se uma turnê vem de um país da Europa Oriental, a probabilidade é de que o material seja velho, não aterrado e provavelmente funcionando em 120 volts (sem transformadores). Uma máquina de gelo seco produzida por uma dessas companhias até recentemente consistia de uma "unidade de autoclave" (sem válvulas de segurança), gerando vapor de alta pressão, o qual, por sua vez, era jogado em uma cesta de amônia. Os dois operadores loiros eram facilmente reconhecíveis entre o resto da companhia!

Gerenciamento de projeto

O diretor de projeto encarregado das compras para o espaço temporário precisa dispor de uma ampla gama de qualificações e experiência em projeto para o *design* do teatro, orçamento, programação de contratações, demandas de produção, gerenciamento do teatro, controles financeiros e segurança. Esta combinação de habilidades operacionais e financeiras é essencial quando se gastam 1,7 milhões de libras em sete espetáculos, durante uma visita do Bolshoi a Glasgow; ou 1 milhão de libras em uma única noite, no festival Eurovision de 1988.

A pressão para que as instalações temporárias sejam construídas em pouco tempo só aumentará os riscos de segurança que normalmente são associados com teatros. É necessária extrema diligência durante todo o planejamento e construção, para garantir que essas enormes e espetaculares produções sejam lembradas pelas razões certas.

Esta seção foi preparada por Gar Holoban, arquiteto e consultor do ramo de lazer.

Exemplo de cronograma para eventos locais

Com, no mínimo, seis meses de antecedência

1. Escolha o local e as instalações necessárias.
2. Confirme a reserva (por escrito).
3. Prepare um esboço do evento.
4. Contrate o pessoal necessário.
5. Envie informações sobre o evento para todos os envolvidos:
   – detalhes das inscrições
   – preparações para os participantes
   – transporte e hospedagem
6. Garanta as permissões e/ou licenças necessárias.
7. Providencie todo o equipamento especial necessário.
8. Planeje a obtenção de todos os materiais necessários para as apresentações, como certificados e medalhas.

Com, no mínimo, um mês de antecedência

1. Notifique os meios de comunicação importantes sobre a organização do evento.
2. Providencie a segurança e os mecanismos necessários de controle de multidões.
3. Organize todos os documentos necessários para a administração no dia do evento.
4. Confirme se o pessoal compreende claramente aquilo que deve fazer no dia do evento.
5. Tome todas as providências finais.

Duas semanas antes do evento

1. Certifique-se que todas as providências finais tenham sido tomadas.
1. Organize a disponibilidade de placas para direcionar os participantes às devidas áreas.

No dia do evento

1. Faça uma verificação final para garantir que tudo esteja em ordem e pronto para funcionar.
2. Faça uma reunião breve com todo o pessoal envolvido no evento, para confirmar os procedimentos e fazer alterações de última hora, respondendo a quaisquer perguntas importantes.
3. Durante o evento, mantenha-se em contato com todos os funcionários e lhes dê apoio no desempenho de seus papéis.
4. Administre quaisquer crises que possam surgir.

Imediatamente após o evento

1. Prepare e envie à imprensa uma nota apropriada sobre o evento.
2. Escreva cartas de agradecimento.
3. Pague as últimas dívidas e feche a contabilidade.

Entre uma semana e um mês após o evento

1. Envie o relatório para os participantes.
2. Envie o relatório para os organizadores.
3. Envie o relatório para as autoridades.
4. Envie o relatório para organismos nacionais importantes.
5. Elabore um relatório financeiro final.
6. Formule recomendações para os futuros eventos.

Exemplo de lista de ações

Tarefa	Quem	Com quem	Quando	Equipamento	Outros comentários
Agendar o local	Diretor do local	Gerente executivo do evento	1 ano de antecedência		Definir custos
Compra de mesas e cadeiras	Diretor de equipamento		9 meses de antecedência	1.000 cadeiras 500 mesas	
Encontrar pessoal voluntário necessário	Diretor de pessoal	Diretores de equipamentos, de atendentes e de estacionamento	3 a 6 meses de antecedência		Sem necessidade de pessoal técnico

Documento de implementação

Após identificar as necessidades e elaborar um cronograma, estaremos prontos para formular um plano de implementação detalhado para fazer com que tudo comece a funcionar. Ele poderá ser simples e, talvez, não mais do que uma única folha com instruções para funcionários e voluntários; ou poderá ser complexo, como uma coleção de manuais para convidados VIP, equipe de alimentação, etc, em um evento internacional. Mas a maioria dos eventos tem um plano de implementação bastante rotineiro, como uma simples lista de itens a serem verificados que apresente quem faz o quê, e em que prazo.

A seguir, apresentaremos dois exemplos detalhados de documento de implementação de evento. Sua abordagem está baseada em um sistema utilizado pelas forças armadas do Reino Unido para situações militares importantes, como desfiles ou cerimônias do estado. O documento foi adaptado para a utilização em uma grande estrutura de lazer, com o objetivo de man-

Necessidade do evento	Detalhe	Cronograma	Responsabilidade de
Reservar local	Confirmar adequação Definir data	18 meses de antecedência	Gerente do local
Providenciar principal palestrante	Suporte profissional suficiente Anotar alternativas	12 meses de antecedência	Coordenador de programação
Organizar o leiaute do local	Espaço para grupos de trabalho, bem como para ouvintes	3 meses de antecedência	Gerente do local
Confirmar sistema de alimentação	Confirmação final após a definição do número de delegados	1 mês de antecedência	Gerente de alimentação

Cronograma	2 anos	18 meses	1 ano	6 meses	3 meses	1 mês	Evento	1 mês depois	3 meses depois
Necessidades do evento									
Pesquisa de mercado									
Garantir financiamento									
Reserva do local									
Organizar alimentação									
Primeiros socorros									
Verificação de segurança									
Custos detalhados									

ter os funcionários informados sobre o que deve ser feito, o porquê e quando, para que um evento seja realizado. Cada documento deve ser considerado como uma confirmação por escrito de procedimentos já realizados, colocando-os em ordem e informando a equipe sobre a organização do evento como um todo.

Vários centros de eventos funcionam bem com uma lista muito mais básica de coisas a fazer. Depende do gerente executivo do evento decidir sobre o que é mais adequado em uma determinada situação, mas qualquer documento deve fazer duas coisas:

- Indicar quem é o responsável por qual ação.
- Estabelecer um cronograma para as ações necessárias.

Instruções administrativas

INSTRUÇÃO ADMINISTRATIVA Nº 80/9
FÓRUM DE ESPORTES, PROGRAMAÇÃO DE SEMINÁRIOS E EXPOSIÇÕES
10 E 11 DE OUTUBRO DE 199_

Informações

1 Data e hora

Quinta-feira, 10 de outubro, das 19 às 21 horas, aproximadamente.
Fórum de esportes, no Salão de Dança.
Sexta-feira, 11 de outubro, das 9:15 às 17 horas.
Seminário no Salão de Dança.

2 Locais

2.1 Área de exposições no terraço do Salão de Jogos (Anexo A).
2.2 A área de alimentação estará localizada na área central no terraço do Salão de Jogos (Anexo A).
2.3 Sala de leitura – Sala de reunião dos palestrantes, com área para discussão.
2.4 GP1 – Área de discussão para a oficina do seminário.

3 Geral

Cerca de 100 delegados irão participar da programação do seminário na sexta-feira, representando secretarias de Educação e Recreação de todas as regiões da Escócia. Para mais detalhes sobre a programação do seminário e das exposições, veja os anexos.

4 Recepção

4.1 Recepção aos palestrantes:
Quinta-feira   Sr. Watt
Sexta-feira   Sr. Jack
Na chegada, o Presidente da mesa e os palestrantes serão recebidos na entrada e encaminhados à sala de leitura para credenciamento e detalhes finais da programação. Nesta área, será servido café.
4.2 Recepção dos delegados:
Quinta-feira   Sr. Stevenson, Sr. Watt
Sexta-feira   Sr. Watt, Sr. Henderson
Os convidados para o fórum de quinta-feira devem se encaminhar ao Salão de Jogos, para uma recepção de boas-vindas.
Na sexta-feira (chegada), os delegados devem ser encaminhados ao Salão de Jogos, onde será feito o credenciamento.
4.3 Recepção de expositores na quinta-feira, durante o dia:
Sr. Stevenson, Sr. Oliva, Sr. Gibson

5 Anexos

Anexo A	Leiaute do Salão de Dança
Anexo B	Programação do Seminário
Anexo C	Detalhes da Recepção
Anexo D	Detalhes da Alimentação
Anexo E	Necessidades de Audiovisual
Anexo F	Leiaute da Sala de Leitura e GP1
Anexo G	Exposições comerciais

Preparação e execução   **Responsabilidade de**

6 *Preparação com antecedência*

6.1 Preparação e trabalho no terraço e no Salão   Sr. Donnelly
de Jogos antes das 13 horas, na sexta-feira.   Sr. Oliva
– Marcar área dos estandes de exposição com fita.   Auxiliares
– Instalar fornecimento de energia elétrica para facilitar   Sr. Donnelly
o posicionamento de soquetes e fontes
temporárias de energia.
– Instalar um *banner* da Câmara na grade do terraço.   Auxiliares
– Verificar todas as cortinas do Salão de Dança e   Sr. Oliva
garantir um <u>ambiente totalmente escuro</u>.   Sr. Gibson

6.2 Geral
– Limpar impecavelmente todos os vidros dos   Atendentes
corredores, da entrada principal, da entrada do Salão de   de serviços
Jogos e das escadas laterais.   gerais
– Retirar todos os avisos indevidos e substituí-los   Sr. Donnelly
por novos (quadros de avisos, corredores,
portas de entrada, etc).
– Recolocar cortinas e persianas no Salão de Dança,   Auxiliares
sala de leitura e GP1.   Sr. Gibson
                                                                       Sr. Oliva
– Retirar e guardar todos os equipamentos   Auxiliares
desnecessários dos corredores, Salão de Dança,   Sr. Gibson
sala de leitura e GP1.   Sr. Oliva
– Preparar quadros de avisos, como explicado no Anexo G.   Sr. Donnelly
– Obter um pequeno palco, carpete e púlpito do   Sr. Oliva
GTC (Glenrothes Technical College).   Sr. Gibson
– Obter 100 cadeiras confortáveis para delegados do Hotel. Sr. Montague
– Limpar especialmente o dossel da porta principal   Sr. Oliva
e remover todo o lixo em áreas ao redor do Instituto.   Sr. Gibson
                                                                       Auxiliares

Todos os banheiros devem ser especialmente limpos   Sr. Oliva
antes das 19h de quarta-feira, e abastecidos de   Sr. Gibson
sabonete e toalhas de papel.   Auxiliares

7 *Terraço do Salão de Jogos*

7.1 O chão deve ser limpo entre 10h e 13h e as   Atendentes de
marcações de fita no chão devem ser finalizadas.   serviços gerais
7.2 Fios elétricos e soquetes devem ser posicionados   Auxiliares
na área de exposições. Todos os fios devem   Sr. Oliva
ser colados ao chão com fita.   Sr. Gibson
7.3 Os suprimentos terão que vir do Salão de Jogos   Auxiliares
(depósito de utensílios) e área social.   Sr. Donnelly

7.4	Auxiliar os expositores a movimentar o equipamento para a área de exposições e na montagem dos *displays*, quando solicitado.	Auxiliares
7.5	Posicionar mesas e cadeiras para os estandes, áreas de café e almoço, como mostrado no Anexo A.	Auxiliares
7.6	Verificar o sistema de som e se certificar de que este esteja operando no período programado, nas noites de quinta-feira e sexta-feira.	Sr. Donnelly Sr. Oliva Sr. Gibson
7.7	Disponibilizar o sistema de som para anúncios durante a preparação e programação de exposições.	
7.8	Auxiliar na movimentação e posicionamento de todas as plantas como sugerido; veja Anexo A.	Auxiliares
7.9	Os estandes preparados pela Câmara devem estar em posição às 15 horas no terraço do Salão de Jogos	Auxiliares
7.10	Instalar área de credenciamento de delegados no Salão de Jogos, utilizando duas mesas (Anexo A).	

8 Salão de Dança

8.1	A área deve estar totalmente limpa na quinta-feira, 10 de outubro, até as 17h.	Sr. Oliva Sr. Gibson Assitentes
8.2	Palco instalado adequadamente, com carpete e degraus, como demonstrado no Anexo A.	Sr. Oliva Sr. Gibson Auxiliares
8.3	Todos os assentos posicionados como no Anexo A – 10 cadeiras em três blocos, com corredores de passagem.	Auxiliares
8.4	Todo o equipamento desnecessário deve ser guardado e a área deixada livre de equipamentos extras.	Auxiliares
8.5	Todo o equipamento de audiovisual solicitado, mais tela.	Sr. Donelly
8.6	Providenciar mesa e cadeiras no palco, como indicado no Anexo A.	Sr. Donelly Auxiliares Sr. Oliva Sr. Gibson
8.7	Providenciar jarra e copos para os palestrantes.	Equipe de Alimentação
8.8	Providenciar e posicionar púlpito.	Sr. Donelly
8.9	Posicionar palco, cobertura do palco e degraus, como indicado no Anexo A.	Sr. Donelly
8.10	Posicionar floreira em frente ao palco (Anexo A).	Equipe da Câmara Distrital

9 Sala de Leitura

9.1	Todas as estantes de livros e revistas devem estar em ordem.	Sr. Donelly
9.2	Quatro mesas grandes devem ser levadas ao Salão de Jogos para os serviços de bufê e café.	Auxiliares
9.3	Quatro mesas de centro, cada uma cercada por cinco cadeiras dobráveis, e três mesas grandes permanecem para o credenciamento dos palestrantes.	Auxiliares
9.4	Na quinta-feira, metade da sala deve ser preparada com um bufê para sete pessoas, às 17h30.	Auxiliares Sra. Hamilton
9.5	Na quinta-feira, em torno das 21h, palestrantes e convidados poderão retornar a esta sala para lanches e café.	Auxiliares Sra. Hamilton

9.6	Na sexta feira, após as 10h, a sala deve ser preparada com uma mesa e 30 cadeiras, para as oficinas (*workshops*).	Auxiliares Sr. Oliva Sr. Gibson

10 GP1

10.1	Na quinta-feira, às 17h, o GP1 deve ser preparado com duas mesas e 50 cadeiras em fila, para as oficinas de sexta-feira.	Auxiliares Sr. Oliva Sr. Gibson
10.2	Um equipamento de vídeo deve ser instalado nesta sala, na sexta-feira, às 10h.	Sr. Donelly

11 Decorações florais

11.1	Dois arranjos para mesa devem ser providenciados e dispostos na área de refeições.	Depto. Parques
11.2	Dois arranjos de flores devem ser providenciados para a frente do palco no Salão de Dança.	Depto. Parques

12 Banheiros

12.1	Os banheiros devem ser limpos e abastecidos várias vezes durante a quinta-feira e a sexta-feira. É necessário providenciar suprimentos de sabonete e toalhas de papel.	Auxiliares
12.2	As cestas para papel nos banheiros e em todo o prédio devem ser esvaziadas várias vezes durante o dia.	Auxiliares
12.3	Deve-se utilizar com freqüência um *spray* desodorizador de ambientes.	Auxiliares
12.4	Nos banheiros, todas as louças, lavabos, etc., devem ser limpos com cuidado especial.	Auxiliares

13 Instalações

13.1	Deve-se prestar atenção especial para garantir que não haja lixo nas instalações do centro e nas vias de circulação em torno do prédio.	Auxiliares Limpeza
13.2.	As bandeiras de St. Andrew, do Reino Unido, da Câmara e do Ano do Esporte devem ser hasteadas nas noites de quinta-feira e sexta-feira, durante a programação do fórum e do seminário.	*Pool Super.*

14 Controle de corredores

14.1	Os auxiliares devem supervisionar o corredor do lado de fora do Salão de Dança e manter o ruído de circulação no mínimo na quinta-feira à noite e na sexta-feira, durante a sessão do seminário.	Auxiliares

Distribuição
Sr. J. S. Oliva
Sr. R. Gibson
Auxiliares (3)
Supervisor
Equipe de alimentação
Assistente
Equipe de recepção (2)

Sr. S. Donelly
Sr. J. Henderson
Sr. F. Smith
Equipe Superior
Depto. Parques
Arquivos

DCW/MS
Outubro de 199_

ANEXO A

Leiaute do Salão de Dança

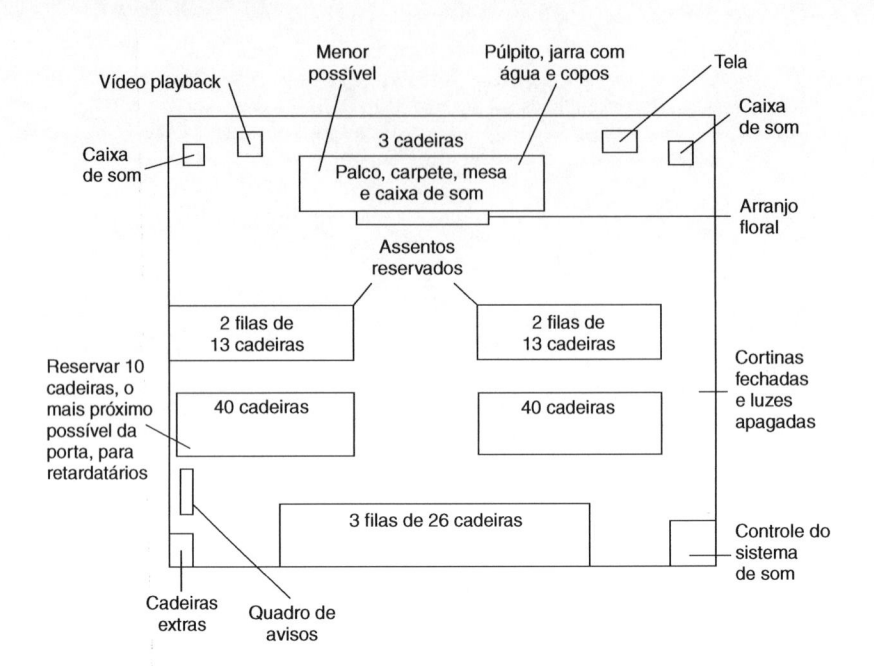

Elementos do leiaute:
- Vídeo playback
- Menor possível
- Púlpito, jarra com água e copos
- Tela
- Caixa de som (esquerda e direita)
- 3 cadeiras
- Palco, carpete, mesa e caixa de som
- Arranjo floral
- Assentos reservados
- 2 filas de 13 cadeiras (esquerda)
- 2 filas de 13 cadeiras (direita)
- Reservar 10 cadeiras, o mais próximo possível da porta, para retardatários
- 40 cadeiras (esquerda)
- 40 cadeiras (direita)
- Cortinas fechadas e luzes apagadas
- 3 filas de 26 cadeiras
- Controle do sistema de som
- Cadeiras extras
- Quadro de avisos

ANEXO B

Programação do seminário

Horário	Atividade	Responsável
9:30	Café e exposição	
10:00	Boas-vindas e abertura	Presidente, ILAM da Escócia
10:10	TENDÊNCIAS FUTURAS DO SETOR DE LAZER	Kit Campbell (Kit Cambell Associates)
10:45	Debates	
11:00	OFICINAS	
	Estimulando a participação	Maureen Campbell (Scottish Sports Council)
	Mulheres nos esportes	Leonore Nicol (Câmara Distrital de Kirkcaldy) Maureen Clowe
	Liderança de qualidade	(Scottish Keep Fit Association)
12:00	Almoço e exposição	Subalterno direto do Presidente
13:30	Abertura, por David Arnott	(ILAM da Escócia)
13:40	TEAM SPORT SCOTLAND INITIATIVE	Diretor da Team Sport Scotland
14:30	OFICINAS Club Junior Development Iniciativas	Gerry Ralph (Kelburne Hockey Club) Douglas Arneill

15:30	O papel do organismo nacional O que acontece nas escolas ILAM Roadshow Oficinas: oportunidades esportivas para idosos	(Scottish Rugby Union) Charles Raeburn (FOSSSA) Diretor de Educação e Treinamento (ILAM) Dorothy Dobson (Dundee University)
16:30	Encerramento	

ANEXO C

Encarregados da recepção

1 *Recepção de convidados e palestrantes*

Quinta-feira	Sr. Watt
Sexta-feira	Sr. Jack

1.1 Na chegada, os palestrantes devem ser encaminhados à Sala de Leitura, onde haverá café na sexta-feira pela manhã. Uma refeição especial será preparada para os palestrantes às 17:30, quinta-feira.

1.2 Cada palestrante deve receber uma pasta com informações e crachá (que deve ser mostrado para ingressar nas áreas da conferência, almoço e café).

1.3 Um membro da equipe deve estar disponível para acompanhar qualquer convidado ou palestrante até a Sala de Leitura.

1.4 Todos os convidados devem ser avisados de que
- será solicitado que permaneçam na área reservada em frente ao salão até que sejam chamados ao palco.
- todos os palestrantes e os membros da mesa devem dirigir-se ao Salão de Dança no máximo às 18:55 de quinta-feira, e às 9:55 de sexta-feira.

1.5 Os retardatários devem dirigir-se à recepção, de onde serão encaminhados até a Sala de Leitura para receber os documentos antes de ir para o Salão de Dança.

2 *Recepção de delegados*

Quinta-feira	Sr. Watt, Sr. Stevenson
Sexta-feira	Sr. Watt, Sr. Henderson

Área de credenciamento no terraço do Salão de Jogos

2.1 Todos os fiscais devem se credenciar na chegada.

2.2 Os delegados devem receber uma pasta com informações e crachá. Observação: deve-se avisar a cada delegado que tenha consigo e apresente o crachá, já que este é o passe para as áreas de café, almoço e seminário. O crachá emitido na quinta-feira deve ser guardado para uso na sexta-feira.

2.3 No formulário de credenciamento, deve-se registrar as presenças e indicar com as letras CP a necessidade de certificado de participação. Indique os dias, ou seja, quinta-feira e/ou sexta-feira.
Quando for necessário, os delegados devem ser avisados de que podem receber o certificado na recepção, no saguão de entrada, às 13:30.

2.4 Na sexta-feira, pergunte aos delegados de qual oficina desejam participar.

2.5 Avise os delegados que o café será servido gratuitamente na área do Salão de Jogos (é necessário apresentar o crachá).

2.6 Informe aos delegados sobre a localização da chapelaria, para que seus casacos possam ser recolhidos. Os banheiros estão localizados no primeiro andar, na área social ou ao lado da sacada, na área da piscina.

3 Recepção aos expositores

Sr. Stevenson

3.1 Na chegada, os expositores devem receber pastas com informações e crachá.

3.2 Deve-se avisar a eles que a pasta contém um vale refeição de cortesia. Se forem necessários vales extras de almoço, estes podem ser comprados por 2,50 libras na cantina (todo o dinheiro recebido deve ser repassado ao Sr. Stevenson para ser lançado no código de receita de alimentação).

3.3 O café estará disponível gratuitamente para todos os expositores na área do terraço do Salão de Jogos.

3.4 Vinho e taças serão liberados pelo Sr. Stevenson.

3.5 Os estandes não devem estar abertos à visitação durante as sessões do seminário, apenas durante os períodos de café e almoço, como previsto na programação.

ANEXO D

Alimentação

Responsabilidade de

1 Quinta-feira à noite

1.1 Será servido um bufê na Sala de Leitura, para 8 pessoas, às 17:30.	Sr. Stevenson Sra. Hamilton
1.2 A refeição será acompanhada de vinho.	Sr. Stevenson Sra. Hamilton
1.3 Vinho e café, além de um bufê de salgadinhos, estarão disponíveis para os convidados no terraço do Salão de Jogos, às 18h.	Sr. Stevenson Sra. Hamilton

2 Almoço

2.1 O bufê deverá ser preparado e instalado para o almoço sexta-feira, às 12h.	Sra. Hamilton
2.2 Os expositores (cerca de 10 almoços) devem ser servidos mais cedo (cerca de 11h) a cada dia.	Sra. Hamilton
2.3 O almoço só será fornecido com o recebimento dos vales-refeição. Um membro da equipe deve coletar todos os vales (incluindo os de expositores, delegados, funcionários e convidados). Todos os vales devem ser retidos e repassados ao Sr. Stevenson, depois de contados, para a elaboração da contabilidade.	Sra. Smith Sra. Hamilton

3 Café

3.1 Serão necessários café e biscoitos durante o credenciamento e a recepção, das 9:30 às 10:15 de cada dia (disponíveis em um ponto central da exposição).	Sra. Hamilton

3.2 O café deve estar disponível em um ponto central durante o dia.   Sra. Hamilton

3.3 Haverá uma grande demanda de café após o almoço, todos os dias. Deve estar disponível em um ponto central.   Sra. Hamilton

3.4 Serão necessários chá e café, em número limitado (cerca de 40), no momento do encerramento, às 16:15 de sexta-feira, e servidos em carrinho, na Sala de Leitura.

4 *Sala de Leitura*

Estará disponível a partir das 16h, para ser especialmente arrumada, com colocação de cortinas, etc, e organizada da forma abaixo, para um bufê para 8 pessoas, às 18h.   Sr. Gibson
Sr. Oliva
Auxiliares

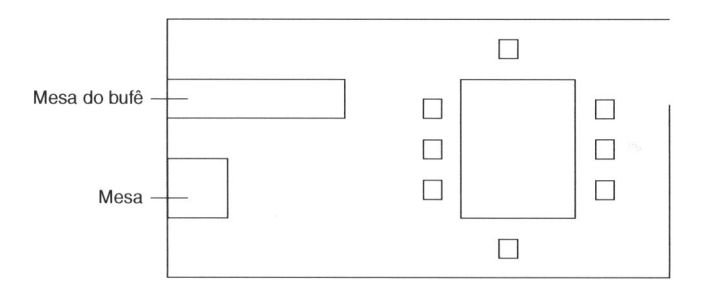

[Diagrama: Mesa do bufê / Mesa / mesa com 8 lugares]

4.1 O bufê incluirá três pratos (com vinho) e café. É necessária a assistência de garçonetes.   Sra. Hamilton

4.2 Deve estar preparado e pronto para ser servido às 17:30.   Sra. Hamilton

5 *Salão de Jogos*

Deve ser organizado para a recepção dos convidados às 17:45. Devem ser servidos vinho, refrigerantes e bufê de salgadinhos.   Sra. Hamilton

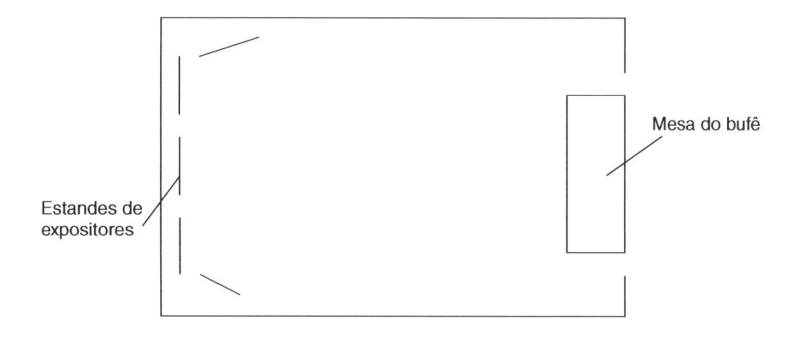

[Diagrama: Estandes de expositores / Mesa do bufê]

5.1 O terraço deve ser liberado de todo o equipamento desnecessário, limpo e organizado com cuidado.   Sr. Gibson
Sr. Oliva
Auxiliares

6 Lanche da noite

A Sala de Leitura deve ser liberada e o café e o lanche devem estar disponíveis a partir da 20:15.   Sra. Hamilton

ANEXO E

Requisitos de audiovisual

                                                                                        Responsabilidade de

1 *Promoção*

1.1 Três quadros de avisos com material de informação devem ser preparados.   Sr. Donnelly / Equipe sênior
O folheto informativo de apoio deve estar disponível em pequenas mesas colocadas no terraço do Salão de Jogos, como indicado no leiaute, e no Salão de Dança.

1.2 (a) Devem-se escolher *slides* apresentando atividades no Centro para exibição no terraço do Salão de Jogos.   Sr. Donnelly

(b) Um vídeo apresentando as atividades do Centro deve ser preparado e apresentado no terraço do Salão de Jogos.   Sr. Donnelly

1.3 Todos os avisos, quadros brancos e informações ao público em geral devem ser verificados, organizados e atualizados na medida da necessidade até quarta-feira, 9 de outubro.

2 *Apoio ao seminário*

2.1 O sistema de som deve ser instalado e verificado.   Sr. Donnelly

2.2 Todas as sessões devem ser gravadas em fita de áudio.   Sr. Donnelly

2.3 O retroprojetor, a tela, o videocassete, o cavalete com rolo de papel, as canetas e o projetor de *slides* devem estar disponíveis de acordo com solicitação dos palestrantes no Salão de Dança, Sala de Leitura e GP1.   Sr. Donnelly

2.4 Devem-se fazer registros em vídeo e fotografia.   Sr. Donnelly

2.5 Dois retroprojetores extras, além de lâmpadas e canetas, são necessários para a oficina de sexta-feira na Sala de Leitura e no GP2.   Sr. Donnelly

3 *Avisos*

3.1 Os avisos dirigidos (com logocomarcas) devem ser colocados no salão frontal e na entrada dos fundos.   Sr. Donnelly

3.2 Todos os banheiros devem estar claramente identificados.   Sr. Donnelly

3.3 Deve haver uma placa indicando a mesa de credenciamento.   Sr. Donnelly

3.4 Deve haver um aviso no quadro frontal, às 9:00 de quarta-feira, 9 de outubro, dizendo:

SCOTTISH SPORTS FORUM
SALÃO DE DANÇA
QUARTA-FEIRA, 10 DE OUTUBRO, 19 HORAS
e quinta-feira, 10 de outubro, após as 21h
SEMINÁRIO ILAM SCOTLAND
SEXTA-FEIRA, 11 DE OUTUBRO, 10h

3.5 Colocar aviso dizendo "silêncio, por favor, seminário em andamento" em ambas as extremidades do corredor do andar de baixo, na quinta-feira, à noite e na sexta-feira, durante o dia todo.   Sr. Donnelly

ANEXO F
LEIAUTES DA SALA DE LEITURA E GP1

Sala de Leitura

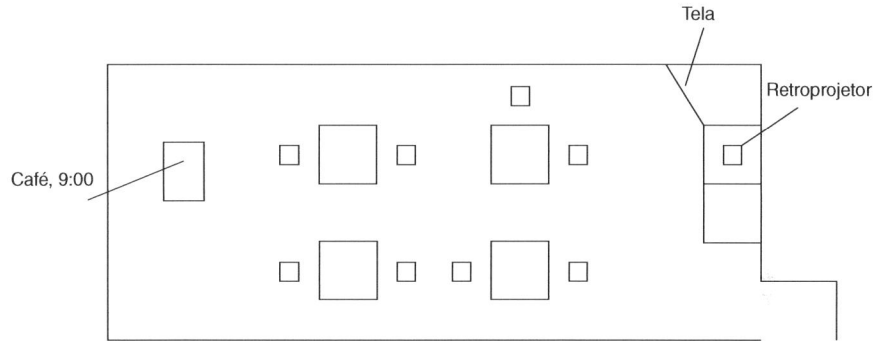

Tela
Retroprojetor
Café, 9:00

30 cadeiras e mesas

GP1

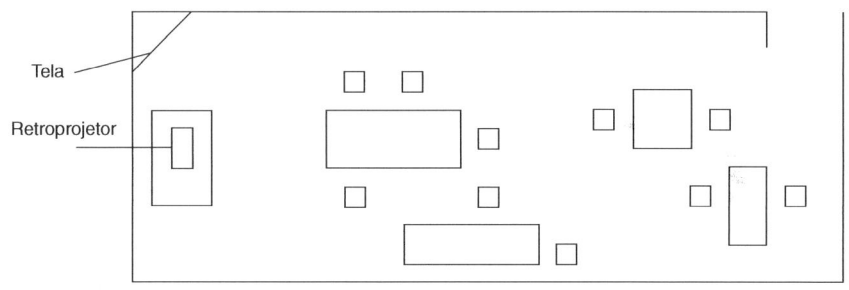

Tela
Retroprojetor

6 mesas dobráveis e 30 cadeiras

ANEXO G

Expositores comerciais

Responsabilidade de

1 Terraço do Salão de Jogos, disponível para expositores comerciais, que deve estar preparado a partir das 12:00 de quinta-feira, 10 de outubro.

2 As empresas a seguir provavelmente participarão: Sr. Gibson
   (a) McNab Sports   Auxiliares
   (a) Em-tout-cas   Sra. Hamilton
   (c) Cardinal Sports
   (d) Forth Cash Registers
   (e) Gerland
   (f) Davies

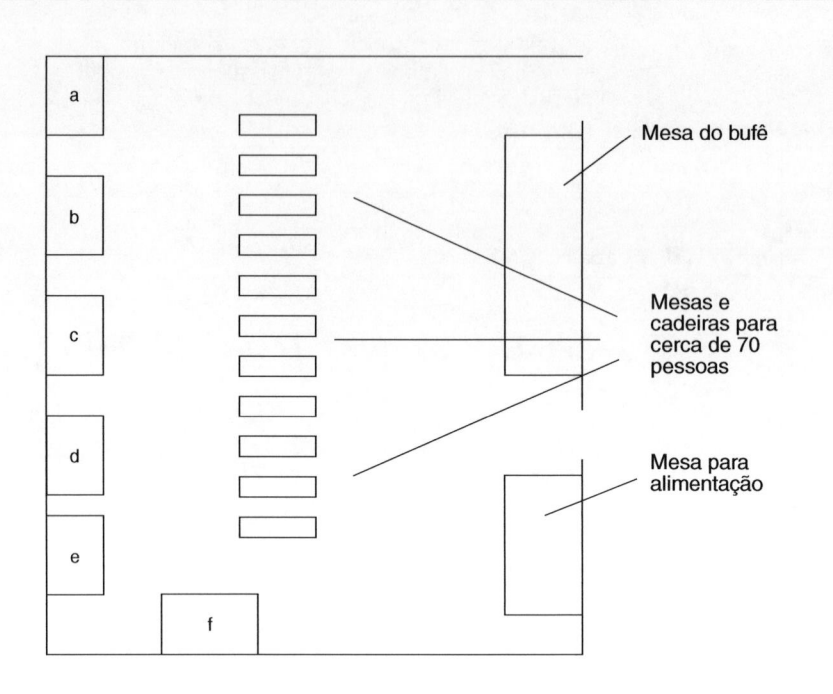

Algumas mesas centrais para alimentação devem ser instaladas a partir das 10h de sexta-feira, 11 de outubro.

1. Esta área deve ser utilizada para a recepção e o café, a partir das 9h de sexta-feira, 11 de outubro.
2. A área deve ser preparada para o almoço a partir das 10h; o almoço será servido às 12h. O café estará disponível na Sala de Leitura a partir das 16h.

INSTRUÇÃO ADMINISTRATIVA NÚMERO: 09/93
O FUTURO DAS MULHERES

Informações

1 *Data e hora*

Preparação

Segunda-feira, 13 de novembro	20:00 às 23:00:	Quadras 1-6
	21:00 às 23:00:	Salão Completo, Salão de Dança, GP1 e GP2
Terça-feira, 14 de novembro	9:00 às 12:00:	Todas as instalações

Exposição

Terça-feira, 14 de novembro	13:30 às 16:00 e 18:00 às 20:30
Quarta-feira, 15 de novembro	9:30 às 12:00, 13:30 às 16:00 e 18:00 às 20:30
Quinta-feira, 16 de novembro	9:30 às 12:00 e 13:30 às 16:00

Restauração do Salão de Jogos

Quinta-feira, 16 de novembro	16:00 às 18:00

2 *Local*

Salão de Jogos e Terraço, GP1 e GP2, Salão de Dança, Quadras de *Squash* (apenas na quarta-feira), Academia de Ginástica (apenas na quarta-feira, à noite), Área Social, Sala de Leitura (apenas na quarta-feira, à tarde e noite) e Área ao ar livre.

3 Em geral

É uma convenção profissional e exposição voltadas exclusivamente às mulheres. O evento visa especificamente a estimular as mulheres a assumir carreiras incomuns e inovadoras.

4 *Anexos*

Anexo	A	Leiaute do Salão de Jogos
Anexo	B	Leiaute do Terraço e Área Social
Anexo	C	Necessidades de equipamento
Anexo	D	Necessidades de alimentação
Anexo	E	Avisos
Anexo	F	Tabela de horários para transportes
Anexo	G	Localização das atividades
Anexo	H	Cronograma
Anexo	I	Expositores

Preparação e execução

5 *Preparação prévia*   **Responsabilidade de**

(a) Fontes de energia devidamente identificadas.   Sr. Watt
                                                                Sr. Don
                                                                Sr. Oliva

(b) Todos os equipamentos indicados no Anexo A
    devem ser organizados e transportados para o Instituto.   Sr. Don
                                                                Sr. Oliva
                                                                Sr. Donnelly

(c) Todos os avisos indicados no Anexo B Sr. Donnelly
devem ser preparados.
(d) Preparar os quadros e os panfletos divulgando Sra. Coull
o trabalho do Centro. Sr. Donnelly
  Sr. Stevenson
(e) Todos os quadros de aviso e vitrines devem ser Sr. Stevenson
liberados e limpos quando necessário para que, a
seguir, sejam organizados com publicidade ampla
sobre o trabalho do Centro.
(f) Devem ser comprados e codificados cabos elétricos Sr. Donnelly
e soquetes extras para o evento.
(g) Todo o equipamento elétrico ou outro, Todos os funcionários
pertencente à Câmara, deve ser cuidadosa
e claramente identificado.
(h) Um eletricista regional deve instalar o circuito Sr. Oliva
elétrico no Salão de Jogos. Sr. Don
(i) Pelo menos metade da cobertura do piso do Centro Sr. Donnelly
deve ser levada para o depósito de utensílios do
Salão de Jogos.

6 *Salão de jogos, terraço e área social*

6.1 Preparação na segunda-feira, 3 de novembro,
das 20:00 às 23:00
   (a) Chapas de 5m devem ser instaladas ao lado Auxiliares
   da loja de CDs.
   (b) Duas arquibancadas pequenas devem ser Auxiliares
   colocadas uma de costas para a outra, com as
   grandes na posição atual.
   (c) Uma arquibancada pequena deve ser aberta, Auxiliares
   limpa e colocada em cada lado da entrada do
   Salão de Jogos.
   (d) Cobertura do piso formando corredores, como Auxiliares
   demonstrado no Anexo A.
   (e) Os estandes de exposição devem ser alocados Srta. Holland
   e marcados.
   (f) Deve-se instalar a rede e trazer a conexão Sr. Oliva
   elétrica do terraço e do teto. Sr. Don
   (g) É fundamental que todos os principais cabos Todos os
   elétricos sejam colados com fita ao chão ou funcionários
   a uma corda no teto, e que estejam
   permanentemente seguros.
   (h) Todas as mesas e cadeiras para os expositores devem
   ser situadas em um ponto central no saguão, para
   posterior retirada.

6.2 Preparação na terça-feira, 14 novembro, das 9 às 12h
   (a) Os expositores chegarão e instalarão seus mostruá- Srta. Holland
   rios na área designada e marcada para cada um deles.
   (b) Todos os outros preparativos finais devem estar Todos os
   prontos para a abertura oficial, às 13:15. funcionários
   (c) Deve-se tomar cuidado para que a entrada da porta Auxiliares
   de incêndio para a área ao ar livre seja mantida
   o mais limpa possível, a fim de evitar a entrada
   de poeira no saguão.

(d) Durante períodos de fechamento da exposição, devem ser supervisionadas cuidadosamente todas as áreas: — Todos os funcionários

    Almoço: 12:00 às 13:30
    Horário de chá: 16:00 às 18:00
    Durante a noite: 20:30 às 9:30

    Especialmente durante a noite, todas as portas devem ser trancadas, e os objetos de valor devem ser guardados em uma área segura.

(e) As portas corta-fogo devem ser abertas durante o dia, mas trancadas com segurança durante a noite. — Sr. Don / Sr. Oliva / Auxiliares

7 *Área ao ar livre*

(a) Leiaute

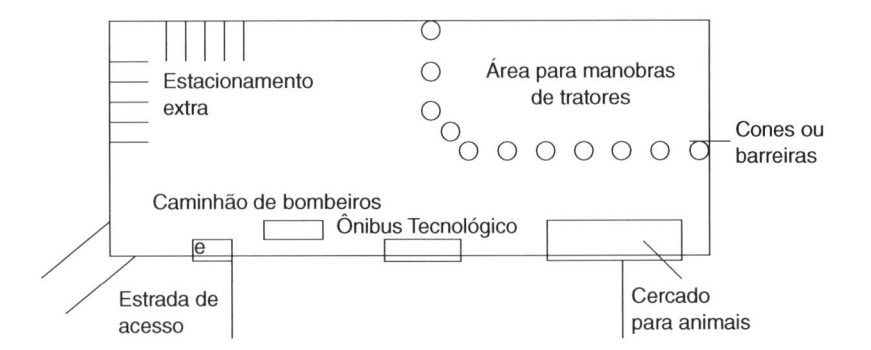

[Diagrama do leiaute: Estacionamento extra, Área para manobras de tratores, Cones ou barreiras, Caminhão de bombeiros, Ônibus Tecnológico, Estrada de acesso, Cercado para animais]

(b) Esta área será utilizada como ampliação da área de exposições, para objetos que não podem entrar no saguão e como estacionamento extra. — Todos os funcionários

(c) Na segunda-feira, 13 de novembro, a área deve ser aplanada, varrida e organizada. — Limpeza

(d) Na sexta-feira, 17 de novembro, deverá ser varrida e organizada mais uma vez, para reparar qualquer pequeno problema. — Limpeza

8 *Garagem*

(a) Durante os três dias, na terça-feira e na quarta-feira à noite, a garagem será requisitada para armazenamento dos cercados de animais e do trator. — Sr. Oliva / Sr. Don / Auxiliares

(b) Neste momento, o microônibus do Centro deve estar estacionado de frente para os fundos da piscina. — Sr. Montague

9 *Creche – GP2*
   - (a) Durante a exposição, a creche funcionará no GP2. — Todos os funcionários
   - (b) O funcionamento será o seguinte:
     Terça-feira, 9:00 às 12:00; 13:30 às 16:00 e 18:00 às 20:30
     Quarta-feira, 9:00 às 12:00; 13:30 às 16:00 e 18:00 às 20:30
     Quinta-feira, 9:00 às 12:00; 13:30 às 16:00
   - (c) Não haverá cobrança pelo serviço. — Todos os funcionários
   - (d) Todo o equipamento deve ser retirado do GP1 e instalado no GP2. — Equipe da creche / Auxiliares
   - (e) O equipamento deve permanecer nesta área até às 16:00 de quinta-feira, quando será recolocado no GP1. — Equipe da creche / Auxiliares

10 *GP1*
   - (a) Essa sala será utilizada para as oficinas.
   - (b) A organização será da seguinte forma:

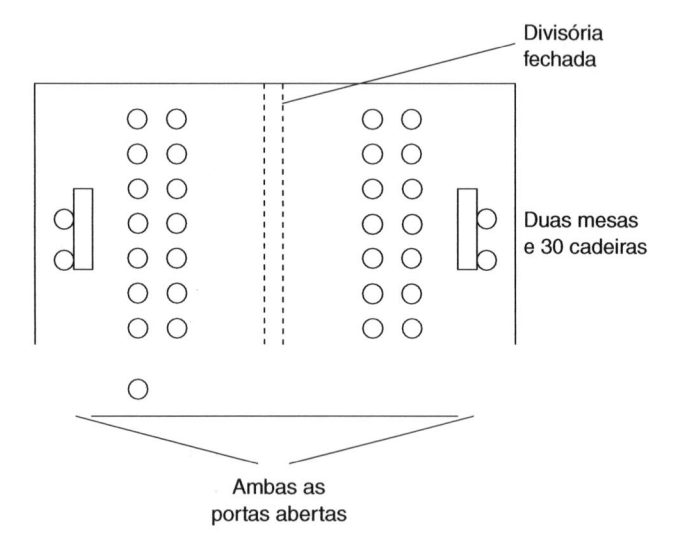

   Divisória fechada
   Duas mesas e 30 cadeiras
   Ambas as portas abertas

11 *Andar de cima*
   - (a) Os vídeos serão apresentados nessa área. — Srta. Holand
   - (b) Onde não houver funcionários durante a noite, o equipamento será colocado na Área de Reservas Antecipadas e operado da janela. — Sr. Donnelly

12 *Quadras de* squash
   - (a) Uma quadra será utilizada para uma oficina de técnica teatral durante toda a quarta-feira. A outra, para uma sessão de auto-defesa, na quarta-feira à noite.
   - (b) Uma quadra deve ter uma mesa e 15 cadeiras (com os pés forrados). — Auxiliares
   - (c) Deve-se tomar muito cuidado com os calçados utilizados nestas quadras, especialmente sapatos de salto alto. — Todos os funcionários

13 *Sala de testes físicos (antiga)*

(a) Esta sala deve ser utilizada na quarta-feira, durante o dia e à noite, para oficinas.
(b) São necessárias 1 mesa e 15 cadeiras.

14 *Sala de Leitura*

(a) Esta sala será utilizada na quarta-feira, durante todo o dia, para as oficinas.
(b) As mesas grandes (com exceção de uma) podem ser retiradas do Salão de Dança, na terça-feira.   Auxiliares
(c) Para as oficinas, são necessárias 1 mesa grande e 15 cadeiras.   Todos os funcionários

15 *Salão de Dança*

Esta sala exige diversas mudanças rápidas durante a exposição e deve ser mantida permanentemente organizada e livre de itens desnecessários.   Todos os funcionários

(a) Almoço de lançamento   Auxiliares
Bufê para cerca de 25 pessoas   Equipe de alimentação
das 12 às 13:15.

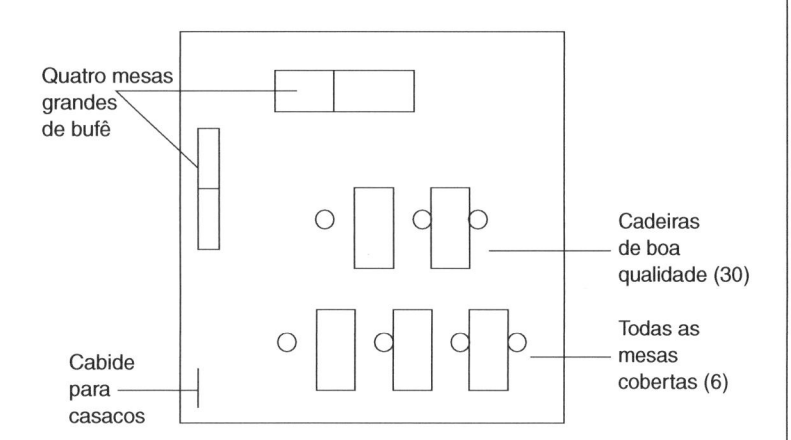

- Quatro mesas grandes de bufê
- Cabide para casacos
- Cadeiras de boa qualidade (30)
- Todas as mesas cobertas (6)

(b) Seminário industrial   Auxiliares
Evento para Industriais e Representantes   Equipe de alimentação
Oficiais, com bufê de salgadinhos, na
terça-feira, das 19:00 às 20:30.

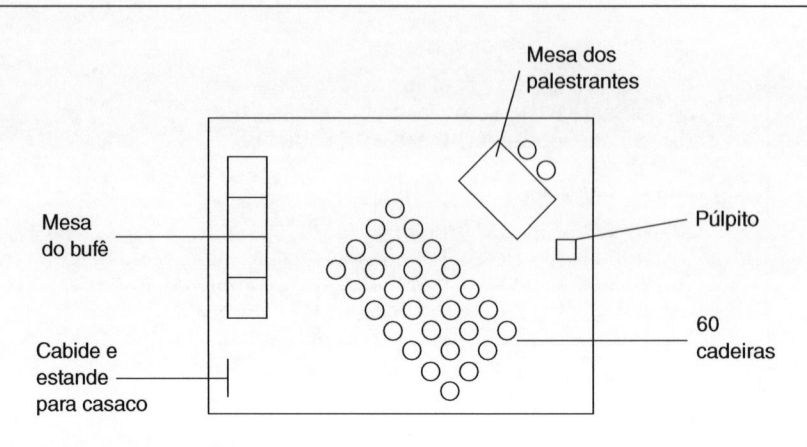

[Diagrama do layout do salão com Mesa dos palestrantes, Mesa do bufê, Cabide e estande para casaco, Púlpito, e 60 cadeiras]

(c) Apresentação Teatral
(i) A produção Millie's Dream será apresentada no Salão de Dança:

Quarta-feira, 12:30, 18:30 e 19:00
Quinta-feira, 12:30

(ii) A instalação acontecerá na quarta-feira, entre 9:00 e 12:00   Auxiliares / Elenco

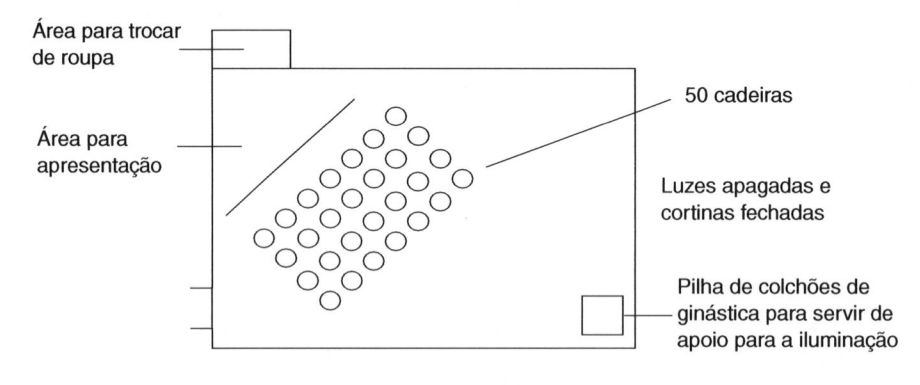

(iii) O leiaute será o seguinte:

[Diagrama do layout: Área para trocar de roupa, Área para apresentação, 50 cadeiras, Luzes apagadas e cortinas fechadas, Pilha de colchões de ginástica para servir de apoio para a iluminação]

(iv) A despensa será requisitada como área para troca de roupa. O equipamento deve ser retirado na quarta-feira pela manhã e levado para a outra despensa.   Auxiliares

(v) Quatro objetos pesados devem ser fornecidos para auxiliar na sustentação dos apoios da iluminação.   Auxiliares

(d) (i) Na tarde de quarta-feira, as oficinas para jornalistas acontecerão no Salão de Dança   Auxiliares

(ii) Parte dos assentos da apresentação devem ser virados, e devem ser colocadas quatro mesas, da seguinte forma:

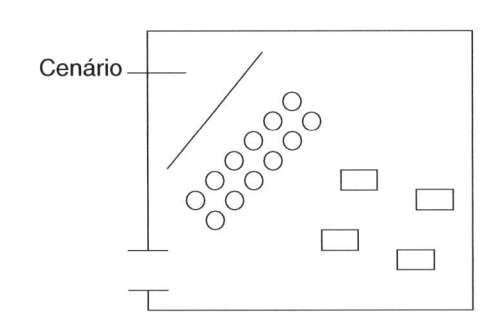

16 Campo de Futebol iluminado por refletores

(a) Como parte da exposição, uma partida de futebol feminino acontecerá na terça-feira, das 19:30 às 21:00.
Central Ladies x United Social Club — Todos os funcionários

(b) O campo deve ser marcado, e as redes e escanteios sinalizados com bandeiras. — Limpeza

(c) Estas redes e bandeiras devem ser trazidas pelos times e pelos funcionários. — Auxiliares

(d) Os vestiários femininos no Salão de Jogos devem ser designados às equipes. — Atendentes

DCW/MS
Novembro de 199_

Distribuição

Sr. Don	Limpeza
Sr. Oliva	Equipe da creche
Sr. Donnelly	Supervisores
Sr. Watt (2)	Sala dos instrutores
Sr. Montague (motorista)	Instrutores
Sra. Coull	Srta. Allison
Supervisor da Piscina	Departamento de Recreação
Sra. Hamilton	Auxiliares (2)
Equipe de alimentação	Terceirizados (via D. C. Watt)
Srta. Holland	

ANEXO A

Leiaute do Salão de Jogos

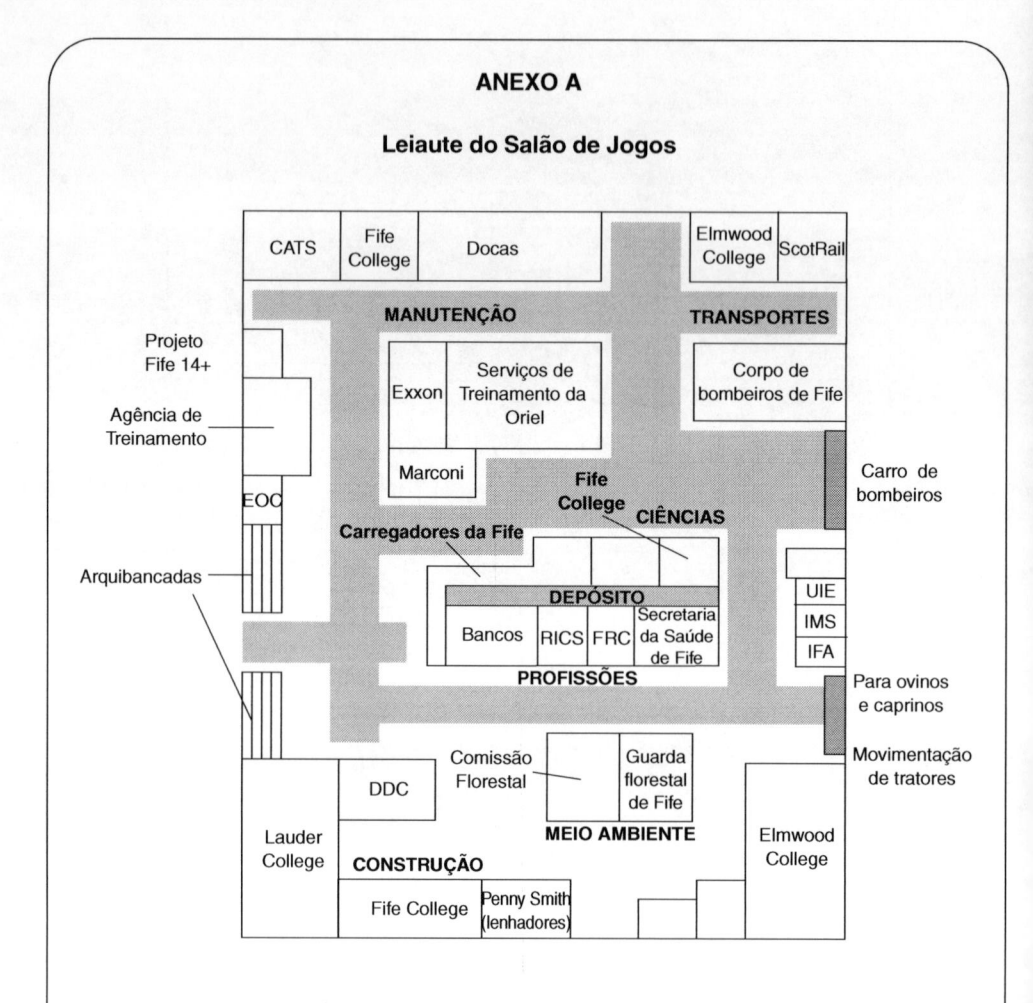

```
                          Fife                        Elmwood
        CATS            College      Docas            College     ScotRail

Projeto                  MANUTENÇÃO                  TRANSPORTES
Fife 14+
                                Serviços de           Corpo de
                        Exxon  Treinamento da      bombeiros de Fife
Agência de                        Oriel
Treinamento
                        Marconi              Fife                    Carro de
                                           College                   bombeiros
         EOC                                        CIÊNCIAS
              Carregadores da Fife
Arquibancadas                    DEPÓSITO                    UIE
                                         Secretaria          IMS
                        Bancos RICS FRC  da Saúde            IFA
                                         de Fife
                                PROFISSÕES                        Para ovinos
                                                                  e caprinos

                        Comissão    Guarda                        Movimentação
              DDC       Florestal   florestal                     de tratores
                                    de Fife
    Lauder                          MEIO AMBIENTE   Elmwood
    College   CONSTRUÇÃO                            College
                        Penny Smith
              Fife College  (lenhadores)
```

Legenda

CATS- Computer Assisted Training Services
DDC- Conselho Distrital de Dunfermline
EOC- Equal Opportunities Commission
FRC- Conselho Regional de Fife*
IFA- Instituto de Contabilistas Financeiros
IMS- Instituto de Serviços Administrativos
RICS- Royal Institution of Chartered Surveyors
UIE- University of Edinburgh e Institute of Physics

---

*N. de T. Fife é uma região da Escócia.

ANEXO B

Leiaute do salão de jogos, terraço e área social

Atrás do terraço | **Terraço**

- Área social
- SWAP (Scottish Wider Access Programme)
- Concurso Fotográfico
- Unidade de apoio a adultos
- TAP (Training Access Points)

- CATS (Computer Assisted Training Services)
- Fife College
- Glenrothes College
- Viewforth High School

ANEXO C
Equipamentos necessários

Responsabilidade de

1 Devem ser comprados uma extensão elétrica extra e 6 soquetes. — Sr. Donnelly

2 320 cadeiras, 25 cadeiras espreguiçadeiras e 130 mesas (1m x 1m) serão necessárias para o Salão de Jogos e para as salas; devem ser obtidas de várias fontes e trazidas para o Centro. — Sr. Oliva / Sr. Don

3 Todos os quadros de avisos e vitrines serão utilizados para divulgar o trabalho do Centro. — Sr. Donnelly

4 As cortinas do Salão de Dança devem estar na melhor condição possível. — Sr. Oliva / Sr. Don

5 Será necessário gravar vídeos e tirar fotografias. O equipamento deve estar disponível e funcionando. — Sr. Donnelly

6 Deve haver monitores para informações funcionando e que incluam dados sobre os Anexos F, G, H e L. — Sr. Donnelly

ANEXO D
Necessidades de alimentação

Responsabilidade de

1 Haverá um almoço de lançamento no Salão de Dança, das 12:00 às 13:15 de terça-feira, 14 de novembro. Será um bufê para cerca de 25 pessoas, de alto nível, incluindo vinho por cerca de 5 libras por pessoa. — Sra. Hamilton / Equipe de alimentação / Sr. Stevenson

2 O seminário industrial acontecerá na terça-feira, 14 de novembro, das 19:00 às 20:30. Haverá bufê de salgadinhos com vinho, para cerca de 50 pessoas, por 2,50 libras por pessoa. — Sr. Stevenson

3 Durante os três dias, os expositores e a equipe almoçarão e tomarão chá no restaurante, apresentando os vales, no valor de 2 libras cada, e arcando com os custos extras. — Sr. Stevenson / Srta. Holland

4 Quatrocentos vales-refeição devem ser produzidos e entregues ao Sr. Watt, com a logomarca. — Sra. Coull

---

O futuro das mulheres

Vales-refeição   2 libras

5 O restaurante deve abrir às 9:00, nos dois dias do evento, para aqueles que chegarem cedo.	Sra. Hamilton Sr. Stevenson
6 Uma garrafa térmica de água quente, 100 copos descartáveis, café, chá, leite, açúcar e biscoitos devem ser colocados no compartimento de utensílios, no lado AB, próximo da pia. Devem ser repostos constantemente e devem ser mantidos das 9:00 de terça-feira às 16:00 de quinta-feira.	Sr. Stevenson

ANEXO E

Avisos

Responsabilidade de

1 As informações sobre este evento devem ser colocadas no quadro de avisos do vestíbulo frontal, a partir de sexta-feira, 10 de novembro.	Departamento de Recreação
2 Os cartazes do evento devem ser amplamente divulgados em todo o prédio, a partir de quarta-feira, 8 de novembro.	Sr. Donnelly
3 Todos os avisos do evento devem trazer a logomarca.	Sr. Donnelly
4 Avisos indicando a exposição devem ser colocados nos vestíbulos frontal e dos fundos, e no início de todas as escadas que levam os participantes ao Salão de Jogos.	Sr. Donnelly
5 Avisos indicando "ASSENTOS EXTRAS" são necessários para direcionar os participantes para o Salão de Jogos e para Área Social.	Sr. Donnelly
6 Devem ser preparados avisos para as oficinas, da forma abaixo, e posicionados da forma indicada no Anexo G:	Sra. Holland

    OFICINA "O FUTURO DAS MULHERES"
    GERENCIAMENTO PERMUTA MATEMÁTICA FÍSICA
    AUTOCONFIANÇA TÉCNICA TEATRAL AUTODEFESA
    BOA FORMA TREINAMENTO DRAMATIZAÇÃO FRC

7 O FUTURO DAS MULHERES Banheiros Creche Café Cartaz a ser para elaborado para a porta do GP2 e avisos nos vestíbulos, para indicar às pessoas a direção desses serviços.	Sr. Donnelly
8 Deve haver 20 cartazes extras em branco.	

ANEXO F

Tabela de horários de transportes

Um microônibus sairá nos seguintes horários dos Centros de Lazer (entrada dos fundos) para o Departamento de Informações Profissionais na Albany House, no centro da cidade. Este serviço será gratuito.

Terça e quarta-feira, à noite

Saída do Departamento (*Careers*)	17:45
Saída do Centro	18:00
E a cada 15 minutos, até	
Saída do Departamento (*Careers*)	20:15
Saída do Centro	20:30

Quarta-feira, à tarde

Saída do Departamento (*Careers*)	13:45
Saída do centro	14:00
E a cada 15 minutos, até	
Saída do Departamento (*Careers*)	15:45
Saída do centro	16:00

Outros serviços serão oferecidos, na medida do possível.

ANEXO G

Localização das atividades

Salão de Jogos	Exposição	Segunda-feira, à noite
		Terça-feira, manhã, tarde e noite
		Quarta-feira, manhã, tarde e noite
		Quinta-feira, manhã e tarde
Salão de Jogos	Exposição	Idem
Terraço	Exposição	Idem
Área social	Oficina de gerenciamento	Quarta-feira, à tarde e à noite
Sala de Testes Físicos	Oficina de permuta (SWAP Workshop)	Quarta-feira, à tarde e à noite
Sala (antiga)	Oficina de jornalismo	Quarta-feira, pela manhã
Sala de Leitura	Oficina de FRC	Quarta-feira, à tarde, à noite
	Oficina de radiodifusão	Horário indefinido
Sala indefinida	Almoço de lançamento	Horário de almoço, terça-feira
Salão de Dança	Seminário industrial	Terça-feira, à noite
	Apresentação teatral	Quarta-feira, pela manhã (prep.)
		Quarta-feira 12:30 (apresentação)
Salão de Dança	Oficina de jornalismo	Quarta-feira, à tarde
	Apresentação teatral	Quarta-feira, 16:30 (apresentação)
		Quarta-feira, 19:30 (apresentação)

GP2	Creche	Quinta-feira, 12:30 (apresentação) Terça-feira, manhã, tarde, noite Quarta-feira, manhã, tarde, noite Quinta-feira, manhã, tarde
GP1	Oficina de Matemática	Todos os horários
	Oficina de Física	Todos os horários
	Oficina de Autoconfiança	Todos os horários
Vestíbulo superior (escritório de reservas antecipadas)	Vídeos	Todos os horários
Quadras de *squash*	Oficina de técnica teatral	Quarta-feira, manhã, tarde, noite
	Aula de autodefesa	Quarta-feira, à noite
Academia	Aula de ginástica	Quarta-feira, à noite
Área ao ar livre	Exposição e estacionamento	Todos os horários
Campo de futebol	Partida de futebol feminino	Quarta-feira à noite

ANEXO H

Cronograma

Segunda-feira

20:00-23:00   Instalação

Terça-feira

8:00 às 13:15   Instalação
12:00 às 13:15   Almoço de Lançamento
13:15 às 13:30   Palestras de Abertura
13:30 às 16:00   Exposição Pública, Grupos de Escolas, Oficina para 2ª série
18:00 às 20:30   Exposição Pública, Pais & Mulheres
19:00 às 20:30   Três Oficinas para Mulheres
19:00 às 20:30   Seminário: Enfrentando o Futuro

Quarta-feira

9:00 às 9:30   Preparação
9:30 às 12:00   Exposição Pública, Grupos de Escolas, duas Oficinas para 2ª série, cinco Oficinas para grupos de 3ª-6ª séries
12:30-13:00   Millie's Dream
13:30 às 16:00   Exposição Pública, Grupos de Escolas, duas Oficinas para 2ª série, cinco Oficinas para grupos de 3ª-6ª séries
18:00 às 20:30   Exposição Pública, Pais & Mulheres
18:30 às 19:00   Millie's Dream
19:00 às 19:30   Millie's Dream
19:00 às 20:30   Oito oficinas para mulheres

Quinta-feira

09:00 às 09:30	Preparação
09:30-12:00	Exposição Pública, Grupos de Escolas, duas Oficinas para 2ª série, cinco Oficinas para grupos de 3ª-6ª séries
12:30-13:00	Millie's Dream
13:30-16:00	Exposição Pública, Grupos de Escolas, duas Oficinas para 2ª série, cinco Oficinas para grupos de 3ª-6ª séries
a partir das 16:00	Desmanche e limpeza

ANEXO I

Expositores

Andar superior

		Informática	
2	10	17	32
Acima	27	1	29

Saguão principal

```
    17      10      23              5      25
                 Manutenção      Transportes
    8        7      22                          11
    30       21
                                    Ciências
    6                                  10       31
                  9      Profissões
                      26   24  15  12           19
                                                18

             4              16   14
    20                      Meio ambiente    5
    Construção
        3
           10      28      4
```

Legenda

1. Adult Support Unit
2. Computer Assisted Training Services (CATS)
3. Construction Industry Training Board
4. Conselho Distrital de Dunfermline
5. Elmwood College
6. Equal Opportunities Commission
7. Exxon Chemical Olefins Inc.
8. Projeto Fife 14+

9 Empresas de Transporte Fife
10 Fife College of Technology
11 Corpo de Bombeiros Fife
12 Secretaria da Saúde Fife
13 Instituto de Educação Física e Recreacional Fife
14 Guarda-florestal da Fife
15 Conselho Regional de Fife
16 Comissão Florestal
17 Glenrothes College
18 Instituto de Contabilistas Financeiros
19 Instituto de Serviços de Administração
20 Lauder College
21 Marconi Instruments
22 Serviços de Treinamento da Oriel
23 Rosyth Royal Dockyard
24 Royal Institution of Chartered Surveyors
25 ScotRail
26 Scottish Clearing Banks
27 Scottish Wider Access Programme
28 Penny Smith (lenhadores)
29 Training Access Points (TAP)
30 Agência de Treinamento
31 University of Edinburgh and Institute of Physics
32 Viewforth High School

Capítulo 8

Fontes de Auxílio, Assessoria e Apoio

Muita gente entra em contato com a gestão de eventos quase que por acidente, através de envolvimento voluntário ou de uma mudança de atividade profissional. Estas últimas talvez sejam tão numerosas quanto aquelas que ingressam voluntariamente no ramo. É comum que qualquer um que entre para a organização de eventos se sinta, pelo menos inicialmente, confuso e solitário. Isto se deve à escassez de formação e também ao sentimento de insegurança que caracteriza a área ("será que eu fiz alguma coisa errada?"). É difícil obter mais informações, mesmo daquelas pessoas muito envolvidas na atividade. Esta é a razão pela qual decidi escrever um livro. A falta de informação se deve, em parte, ao fato de que muitos eventos deixam poucos registros escritos que possam ser repassados, e também porque muitas das experiências ainda são individuais.

Lembre-se, contudo, que poucos são os projetos totalmente novos ou originais. É muito provável que alguém já tenha feito algo semelhante ao seu empreendimento, quando não a mesma coisa. Identificar estas pessoas e trazê-las para trabalhar consigo torna a sua tarefa muito mais fácil e, provavelmente, muito mais bem-sucedida. É sempre melhor aprender com os erros de outros, ao invés dos seus próprios. Reserve um tempo para escutar; a maioria dos organizadores de eventos conta os detalhes de sua experiência com satisfação. Seria uma atitude tola negligenciar tal conhecimento.

O entusiasmo e a camaradagem dos organizadores de eventos é uma das influências mais incentivadoras, e ajudará outros a se manterem motivados, mesmo quando enfrentarem crises aparentemente insolúveis. É sempre bom saber que alguém já enfrentou os mesmos problemas e provavelmente terá uma solução. Este apoio "voluntário" de colegas do setor de lazer constitui uma rede que deve ser mantida e explorada.

Assessoria profissional

Para quase todos os eventos, haverá áreas nas quais qualquer indivíduo ou grupo de organizadores carece de experiência ou conhecimento especializado. Às vezes, mais informações podem ser obtidas de outros organizadores ou contatos importantes. Entretanto, também pode ser interessante contratar assessoria profissional para dar conta de qualquer lacuna que venha a ser identificada. Há várias áreas em que o serviço profissional, a precisão extrema e a garantia valem o custo. É um investimento na segurança e no sucesso que proporciona a especialização onde ela é necessária. Apresentamos algumas delas:

- contabilidade e controle financeiro
- questões legais
- saúde e segurança
- seguros
- apoio médico
- tecnologia da informação
- especialização técnica
- *marketing*
- serviços de emergência

Estas são áreas em que investir pode ser muito benéfico para garantir a prestação do serviço e assegurar o conhecimento profissional. Em alguns casos, como saúde e segurança, tais itens costumam ser obrigatórios.

A assessoria atualizada na área da tecnologia, bem como nas questões legais e financeiras, geralmente demanda um apoio extra. As pessoas que promovem eventos raramente são especializadas nestes campos. Os organizadores podem ser especialistas em esportes, artes, turismo ou patrimônio, mas dificilmente mostram entusiasmo com relação à contabilidade meticulosa ou a uma assessoria legal ampla. O número de empresas que oferecem serviços nestas áreas está crescendo rapidamente. As consultorias se multiplicam, prestando um auxílio profissional específico às empresas. Este tipo de contribuição de curto prazo costuma ser ideal para os gerentes de projeto, proporcionando assistência apenas quando ela é necessária, para propósitos específicos, em prazos definidos.

Questões jurídicas e de seguros

A assessoria jurídica e a cobertura de seguros costumam ser subestimadas ou completamente ignoradas, o que poderá ser extremamente perigoso. Desde o início da organização, deve haver seguros para cobrir quaisquer contingências possíveis. Entre outras áreas, as responsabilidades legais (para clientes e funcionários) e perdas potenciais de lucratividade (lucros cessantes) devem ser analisadas cuidadosamente. Embora possa ser caro, aconselha-se fazer seguros contra cancelamentos e outros tipos de dificuldades, além de todas as coberturas-padrão, como responsabilidade pública e pessoal, acidentes pessoais, cobertura médica, problemas mecânicos, roubo e incêndio. Existem algumas empresas de muito boa reputação nesta área e é aconselhável buscar uma que seja especializada em eventos.

Nunca é demais apontar a importância de verificar todas as possibilidades negativas. Ainda assim, este fator tende a ser esquecido, talvez por parecer pessimista. Uma longa discussão com um corretor de seguros bem informado, cobrindo todas as eventualidades possíveis, será um tempo bem gasto e pode economizar muita dor de cabeça.

Nos últimos anos, a maioria das sociedades ocidentais tem testemunhado um aumento considerável na quantidade de leis relacionadas aos direitos de clientes e funcionários ou tratamentos de saúde e segurança. Estas evoluções têm implicações óbvias para os eventos e sugerem que a assessoria legal é cada vez mais necessária. Existem advogados que cobram exclusivamente em caso de vitória, e sua existência representa uma ameaça para os organizadores de eventos, assim como para todo mundo. Dessa forma, quando estiver em dúvida, garanta-se!

Existem muitos itens importantes da legislação e códigos de prática a ser considerados, bem como novas leis sendo aprovadas quase todos os dias. Outras considerações gerais são os direitos de imagem, direitos autorais, direitos do consumidor, crimes culposos, licença para venda de bebidas alcoólicas, normas para áreas de alimentação, entretenimento público e regulamento para prevenção a incêndios. Elas são estabelecidas em uma estrutura de leis gerais do governo federal sobre as autoridades locais, educação, saúde pública, saúde e segurança, etc., bem como leis secundárias aprovadas em nível local.

Existem também regras específicas sobre locais públicos, museus, bibliotecas, galerias de arte, piscinas, etc. Acrescentem-se a isso as leis básicas de apoio à cultura, em nível federal, estadual e municipal; para não falar das diferenças entre as leis nacionais para eventos internacionais, e teremos um *corpus* enorme de conhecimento, que dificilmente será do domínio da maioria dos organizadores de eventos. O dinheiro gasto na garantia de procedimentos legais adequados vale a pena e pode representar uma economia real a longo prazo.

Serviços médicos

A necessidade de assessoria médica pode variar em muito entre os eventos: desde uma dupla de auxiliares de enfermagem, em uma festa local, até uma grande equipe de consultores, médicos, enfermeiras, fisioterapeutas, etc., em um grande evento esportivo internacional.

Qualquer que seja o evento, é essencial dispor da cobertura médica adequada com base em assessoria especializada com relação às demandas. Não se deixe surpreender rebaixando os padrões necessários. Um grupo ou indivíduo específico, com responsabilidade exclusiva para esta área, costuma ser o melhor caminho. A seguir, algumas das questões a serem consideradas:

- nível do pessoal, contratado e/ou voluntário
- qualificação e quantidade de funcionários
- natureza dos participantes e seu histórico médico
- plantão de emergência
- doenças de "rotina", como alergias e problemas digestivos
- sistemas de pagamento para visitantes estrangeiros
- dietas
- disponibilidade de ambulâncias
- idade dos participantes
- disponibilidade de médicos
- tratamento de lesões esportivas
- prestação de serviços gerais de saúde
- equipamento médico e de primeiros socorros
- cobertura para todas as áreas, como hospedagem e locais dos eventos
- controle de espectadores

Agências de organização de eventos

O surgimento rápido de empresas especializadas na gestão de eventos ou projetos é um elemento relativamente recente. Em nível nacional ou local, as empresas estão reconhecendo a oportunidade para ter um retorno comercial importante através da promoção de grandes eventos de lazer, em uma série de situações.

A oportunidade para negócios foi identificada indiretamente após os governos (local e nacional), o setor de eventos e muitos organismos voluntários na esfera do lazer identificarem o quanto esses acontecimentos podem ser importantes. Eles agora parecem ser cruciais para o turismo, as artes, o patrimônio e os esportes, havendo um mercado potencial para que as pessoas que detêm o devido conhecimento e habilidades vendam sua qualificação às partes interessadas. Esta área de trabalho sem dúvida continuará a crescer, à medida que se reconhece de forma cada vez mais ampla a importância dos eventos, e que outras agências, como os conselhos de desenvolvimento, os utilizem para implementar suas políticas.

A contratação de especialistas e profissionais não é barata, por isso, pode ser interessante estabelecer uma remuneração fixa, negociada antes de começar o trabalho, e especificar determinadas medidas de desempenho já no início. Esta postura pode ser útil para organizadores no planejamento e na orçamentação (sem que sejam dados cheques em branco) e garante que todo o trabalho na área específica seja desenvolvido. Em algumas áreas, como no patrocínio, é possível pagar de acordo com os resultados; por exemplo, uma comissão de, digamos, 20% das quantias obtidas. Este sistema pode ser extremamente eficaz para garantir o esforço por parte da agência que busca o patrocínio: se não obtiver qualquer financiamento, não recebe. Entretanto, tenha em mente que a ausência de patrocínio pode inviabilizar seu evento, mas a agência irá sobreviver de outros projetos.

Para eventos de maior porte, a assessoria profissional é realmente essencial, embora seja necessário encontrar meios para pagar por ela. Certifique-se de obter referências dos profissionais, fale com as pessoas que utilizaram os seus serviços, confira a credibilidade de suas credenciais, tenha certeza de que eles podem cumprir suas promessas por um preço razoável.

Outras agências

Há organismos importantes na área esportiva e cultural, assim como autoridades nacionais do setor turístico, institutos profissionais e outras organizações que podem fornecer informações, bibliografia, cursos de formação, contatos concretos e assessoria técnica. As autoridades locais costumam ser subestimadas como recurso, mas podem auxiliar muito na organização de eventos.

As pesquisas e as experiências demonstraram que existem poucos organismos que possam, individualmente, fornecer toda a assessoria necessária. Contudo, por meio de contatos com diversas organizações importantes, é possível obter muitas informações úteis. Mais uma vez, deve-se ter em mente o quanto os eventos têm em comum. É muito possível que um organizador de eventos de arte aprenda com alguém que trabalha no campo de esportes, e vice-versa. O segredo é nunca ter receio de contatar alguém, mesmo que pareça não haver qualquer vínculo direto. Estas pessoas podem ter algum conselho ou informação que acabe se mostrando indispensável. Vale a pena desenvolver a pesquisa necessária para obter todo o conhecimento possível antes de desencadear qualquer projeto e, a longo prazo, este trabalho se mostrará econômico e eficiente.

Formação e treinamento

Ainda é difícil obter formação e treinamento abrangentes para a gestão de eventos, mas o quadro está começando a melhorar. Depois de anos sem praticamente nenhuma oportunidade desse tipo, uma série de cursos em níveis diferenciados para auxiliar aos administradores. Além disso, muitas instituições diferentes (entre elas o ILAM, na Inglaterra) oferecem treinamento nas empresas ou a domicílio, com duração de 1, 2 ou 3 dias e conferências para profissionais.

Algumas instituições de ensino superior oferecem cursos na área de lazer, turismo e outras correlatas. O setor de educação superior dispõe de um grande número de cursos em esportes, lazer, artes e outras áreas, incluindo unidades de gestão de eventos. Existem também cursos intimamente relacionados, como a área de gestão de projetos. O desenvolvimento de qualificações técnicas no setor de organização de eventos tem sido capitaneado por diversas agências e, embora não estejam disponíveis atualmente, em breve estarão. Além de tudo isso, existem cursos específicos em primeiros socorros, saúde e segurança, controle de multidões, etc.

Existem hoje oportunidades reais para estudantes e profissionais de gestão de eventos se beneficiarem com cursos de um dia de duração e estudos de pós-graduação. Isto indica o crescimento do negócio e a resposta daqueles que atuam na área de educação. As oportunidades para aprender não mais se restringem aos erros de outros.

Conselhos práticos

A seguir, apresentaremos alguns conselhos, histórias e regras importantes colhidos durante a realização de pesquisas e ao longo de anos de trabalho no setor. Eles oferecem assessoria real e prática, e irão funcionar como mais um auxílio à memória para os organizadores de lazer. Deixei de fora aqueles que não são publicáveis.

- A meta é a qualidade, não a quantidade.
- Você deve manter controle sobre as despesas.
- É melhor aprender com os erros dos outros do que com os próprios.
- Não reinvente a roda; geralmente alguém já passou por esta situação.
- Todo o evento é o primeiro na vida de alguém.
- Estamos aqui para servir ao público/espectadores/participantes.
- As pessoas são a chave para eventos bem-sucedidos.
- Se não puder fazer algo bem feito, não o faça.
- O sucesso vem com esforço, raciocínio, gerenciamento de pessoal e planejamento.
- A publicidade positiva é fundamental; ninguém virá se não ouvir falar do evento.
- Não tente chegar ao céu se o teto já for suficiente.
- Os voluntários são bons servidores, mas péssimos mestres.
- As habilidades em eventos são transferíveis; por exemplo, dos esportes para o patrimônio ou vice-versa.
- A atenção aos detalhes mostra dedicação e funciona, mesmo não sendo notada o tempo todo.
- Lembre-se de que os seres humanos são falíveis. Escreva tudo; a pessoa mais importante da organização do evento pode ser atropelada por um ônibus.
- Um bom locutor vale seu peso em ouro.
- Verifique tudo mais de uma vez!
- As coisas *não* estarão funcionando bem à noite.
- Não planeje apresentações ou mesmo cerimônias de encerramento longas demais. Elas deixam uma má impressão, mesmo de um bom evento.
- Todos os eventos precisam de alguém para solucionar problemas ou "apagar incêndios", alguém que faça as coisas acontecerem.
- Não interessa o quanto sua equipe é boa; se tiver um coordenador fraco, o evento não terá sucesso.
- O problema de elaborar estimativas financeiras é que sempre surgirão despesas inesperadas.
- Uma decoração agradável, bem planejada, adequada e equilibrada é essencial para eventos atraentes.
- Uma programação informativa é vital para manter o público interessado e participante.

- Nunca é demais prestar atenção aos detalhes.
- Organizar um evento é como montar um quebra-cabeças gigante: mexer com as peças sabendo que, ao final, todas irão se encaixar. Apenas certifique-se de que você terá todas as peças para encaixar quando elas forem necessárias.
- Não importa o quão minucioso seja o seu planejamento, algo inesperado sempre vai acontecer.
- Mantenha a equipe permanentemente informada; faça reuniões de atualização regularmente.
- Coloque todos os acordos no papel.
- Cada evento deve ter seu "executivo-chefe": um político, um diplomata, um gerente sem escrúpulos, um mágico financeiro, alguém que desempenhe muitos papéis.
- Envolva o seu patrocinador.
- Eu prefiro ter 25 pessoas que estejam prontas a dar sua vida para que um evento aconteça do que 1.000 pessoas que estão ali apenas pela experiência.
- Grande parte dos eventos importantes aparenta funcionar perfeitamente, enquanto uma série de problemas é resolvida nos "bastidores".
- Seja pessimista na elaboração de orçamentos. Nem otimista, nem realista, mas pessimista.
- Senso de humor é fundamental. Se for sério demais, o evento não acontecerá, os organizadores ficarão exaustos. O bom humor ajuda a manter uma visão geral do evento.
- Você precisa ser capaz de pensar por conta própria.
- Detalhes, detalhes, detalhes!

Livros importantes

Não é fácil obter publicações de importância específica para o tema, mas as apresentadas a seguir foram úteis para mim e podem ajudar outros organizadores de eventos. Muitos textos sobre gerenciamento e organização empresariais também são importantes para a gestão de eventos, especialmente se também tratarem de gerenciamento de projetos.

- Allan J. (1989) *How to Develop Your Personal Management Skills*, Kogan Page, London
- American Sports Education Program (1996) *Event Management for Sport Directors*, Human Kinetics Publishers, Champaign, IL.
- Armstrong M. (1990) *Management Processes and Functions*, Short Run Press, Exeter.
- Badmin P., Coombs M. and Rayner G. (1988) *Leisure Operational Management 1: Facilities*, Longman/ILAM, Harlow, England.
- Batra P. (1995) *Management Thoughts*, Golden Books Centre, Kuala Lumpur.
- Batterham G. (ed) (1992) *A Practical Approach to the Administration of Leisure and Recreation Services*, 4th edn, Croner Publications, Kingston upon Thames.
- Briner W. Geddes M. and Hastings C. (1990) *Project Leadership*, Gower, Aldershot.
- Brown M. (1992) *Successful Project Management in a Week*, Hodder & Stoughton, London.
- Brown and Hackett F. (1990) *Managing Meetings*, Collins, London.
- Buttrick R. (1997) *The Project Workout*, Pitman, London.
- Byl J. (1990) *Organizing Successfull Tournaments*, Leisure Press, Champaign IL.
- Central Council of Physical Recreation (1990) *Let's Make an Event of It – Conferences, Seminars, Competitions, Training Schools and Fetes*, CCPR, London.

- Cole G. A. (1993) *Management: Theory and Practice*, 4th edn Guernsey Press, London.
- Coltman M. M. (1989) *Tourism Marketing,* Van Nostrand Reinhold, New York.
- Crainer S. (ed) (1995) *The Financial Times Handbook of Management – The State of the Art*, Pitman, London.
- Daily Telegraph (1986) *How to Set Up and Run Conferences and Meetings,* Telegraph Publications, London.
- Davis K.A. (1994) *Sports Management: Successful Private Sector Business Strategies,* Brown & Benchmark, Wisconsin MI.
- Department of Trade and Industry (1998) *Fireworks – A Guide for Organisers of Public Displays,* DTI, London.
- Druce R. and Carter S. (1998) *The Marketing Handbook – A Guide for Voluntary and Non-Profit Making Organisations,* National Extension College, Cambridge.
- English Tourist Board, *The Give and Take of Sponsorship,* Eisenberg R. and Kelly K. (1986) *Organise Yourself,* Piatkus, London ETB, London.
- English Tourist Board, *How to Organise an Event,* ETB, London.
- English Tourist Board, *Putting on the Style,* ETB, London.
- Festival Welfare Services (1990) *Co-ordinating Welfare Services at Festivals,* Festival Welfare Services, London.
- Fleming I. (1994) *Training Needs Analysis for the Leisure Industry,* Longman, Harlow, England.
- Goldblatt J. J. (1990) *Special Events: The Arts and Science of Celebration,* Van Nostrand Reinhold, New York.
- Goldblatt J.J. (1997) *Special Events: Best Practices in Modern Event Management,* 2nd edn, Van Nostrand Reinhold, New York.
- Hall CM. (1992) *Hallmark Tourist Events – Impacts, Management and Planning,* Belhaven Press, London.
- Hall L. (1977) *Meetings – Their Law and Practice*, MacDonald and Evans, Plymouth.
- Haynes M.E. (1989) *Project Management – From Idea to Implementation,* Kogan Page, London.
- Haywood L. (ed) (1994) *Community Leisure and Recreation,* Butterworth-Heinemann, Oxford.
- Head V. (1984) *Successful Sponsorship*, Fitzwilliam Publishing, London.
- Health and Safety Commission (1991) *A Guide to Health, Safety and Welfare at Pop Concerts and Other Similar Events,* HMSO, London.
- Health and Safety Executive (1988) *Essentials of Health & Safety at Work*, HMSO, London.
- Health and Safety Executive (1995) *Giving Your Own Firework Display,* HMSO, London.
- Health and Safety Executive (1996) *Managing Crowds Safely,* HMSO, London.
- Henry I.P. (ed) (1990) *Management & Planning in the Leisure Industries,* Macmillan, Basingstoke.
- Hill T. (1993) *The Essence of Operations Management,* Prentice Hall, Hemel Hempstead, England.
- Home Office and Scottish Office (1990) *Guide to Safety at Sports Grounds,* HMSO, London.
- Hughes C. (1987) *Production & Operations Management,* Pan Books, London.

- Inskeep E. (1991) *Tourism Planning,* Van Nostrand Reinhold, New York.
- Jeferson A. and Lickorish L. (1991) *Marketing Tourism,* 2nd edn, Harlow, England.
- Johns T. (1994) *Perfect Customer Care – All you Need to Get it Right First Time,* Arrow Business Books, London.
- Jubenville A., Twight B.W. and Becker R.H. (1989) *Outdoor Recreation Management,* E & FN Spon, London.
- Lance S. and Lance J. (produzido anualmente) *The Showman's Directory,* Brook House, Surrey.
- Lawrie A. (1996) *The Complete Guide to Creating & Managing New Projects for Charities & Voluntary Organisations,* Directory of Social Change, London.
- Leslie D. (ed) (1995) *Tourism and Leisure – Perspectives on Provision,* LSA Publications, Eastbourne.
- Lewis D. (1995) *10 Minute Time and Stress Management – How to Gain an 'Extra' 10 Hours a Week!* Piatkus, London.
- Lock D. (1992) *Project Managment,* 5th edn, Gower, Aldershot.
- Melnike C. J. and Wilkinson D.G. (1992) *Community Services Marketing,* Wilkinson Information Group Inc and Marketing Minds International, Ontario.
- Passingham S. *(1993) Organising Local Events,* Directory of Social Change, London.
- Rees N. (ed) (1993) *Dictionary of Modern Quotations,* Chambers, Edinburgh.
- Rowntree D. (1996) *The Manager's Book of Checklists – Instant Management Solutions When You Need Them,* Pitman, London.
- Rutherford D. (1990) *Introduction to the Conventions, Expositions and Meetings Industry,* Van Nostrand Reinhold, New York.
- Sayers P (1991) *Managing Sport and Leisure Facilities – A Guide to Competitive Tendering,* E & FN Spon, London.
- Scott M. (1985) *The Law of Public Leisure Services,* Sweet and Maxwell, London.
- Scott M. (1988) *Law and Leisure Services Management,* Longman, London.
- Scottish Sports Council (1980) *Major Events – An Organisation Manual,* SSC, Edinburgh.
- Seekings D. (1989) *How to Organise Effective Conferences and Meetings,* Kogan Page, London.
- Sessoms H.D. and Stevenson J.L. (1981) *Leadership and Group Dynamics in Recreation Services,* Allyn & Bacon, Boston.
- Sports Council (1978) *Public Disorder and Sporting Events,* Sports Council, London.
- Stier W.F. Jr (1994) *Fundraising for Sport and Recreation – Step-by-Step Plans for 70 Successful Events,* Human Kinetics Publishers, Champaign IL.
- Stone M. and Young L. (1992) *Competitive Customer Care – A Guide to Keeping Customers,* Croner Publications, Kingston upon Thames.
- Tancred B. and Tancred G. (1992) *Leisure Management,* Hodder & Stoughton, London.
- Taylor L. and Outhart T. (1996) *Developing Customer Service in Leisure and Tourism for Advanced GNVQ,* HarperCollins, London.
- Thomas E. and Woods M. (1992) *The Manager's Casebook,* Duncan Petersen Publishing, London.
- Torkildsen G. (1991) *Leisure and Recreation Management,* 2nd edn, E & FN Spon, London.
- Tschohl J. (1996) *Achieving Excellence Through Customer Service,* 2nd edn, Advantage Quest Publications, Petaling Jaya, Malaysia.

- Watt D.C. (1992) *Leisure & Tourism Events Management & Organisation Manual,* Longman, Harlow, England.
- White A. (1995) *Managing for Performance – How to Get the Best out of Yourself and Your Team,* Piatkus, London.
- Wilkinson D. (1988) *The Event Management & Marketing Institute 1,* IBD, Ontario.
- Wright J. (1989) *Recreation & Leisure – City and Guilds Course 481 (Parts 1 and 2),* Croner Publications, Kingston upon Thames.

Publicações acadêmicas, relatórios e anais

- *Aspects of Britain – Sport and Leisure* (1994) HMSO, London.
- *The CCL Guide,* Conference Care Limited, London.
- *Code of Practice for Outdoor Events – Other Than Pop Concerts and Raves* (January, 1993) National Outdoor Events Association, Wallington, Surrey.
- *Customer Service Park for the Leisure Industry* (1992) Longman, Harlow, England.
- *The Directory of Grant Making Trusts,* Aid Foundation, Kent.
- *The Directory of Social Change,* HarperCollins, London.
- *Events Services Manual,* Victoria Conference Centre, Victoria BC.
- *The Exhibition Data Book,* Reed Information Services, Sutton, Surrey.
- *Hobsons Sponsorship Year Book,* Hobson's Publishing, London.
- *Journal of Sport Management,* vol. 10, no. 3 (July, 1996) Human Kinetics Publishers, Leeds.
- *Journal of Sport Management,* vol. 11, no. 3 (July, 1997) Human Kinetics Publishers, Leeds *Leisure Services Year Book,* Longman, Harlow, England.
- *Marketing Leisure Services,* Leisure Futures, London.
- *Outdoor Events Guide* (anual) Outdoor Events Publications, Wallington, Surrey.
- *Shades of Green – Working Towards Green Tourism in the Countryside* (anais da conferência de 1990) Fielder Green Associates, London.
- *Victoria Conference Centre Conference Planning Checklist,* Victoria Conference Centre, Victoria BC.
- *Voluntary but not Amateur – A Guide to the Law for Voluntary Organisations and Community Groups,* 4th edn (October, 1994) London Voluntary Service Council, London.
- Diversas publicações do Arts Councils e Sports Councils da Inglaterra, Escócia, País de Gales e Irlanda do Norte.

Outros periódicos

Além dos itens incluídos nesta lista, existem centenas de publicações dirigidas ao consumidor que podem ser úteis a um determinado evento ou a um aspecto específico. Talvez haja um grande evento ao ar livre sendo planejado, ou um especialista em informática seja necessário. Cada um destes campos é coberto por uma ampla gama de publicações, e outros assuntos semelhantes têm seus próprios recursos.

Não se esqueça do guia telefônico, páginas amarelas e guias locais (muitas vezes distribuídos pela imprensa e outros meios). Eles podem ser de muito valor. Sua biblioteca local pode ser uma mina de ouro para informações úteis.

Índice

administração 57-58, 100-101, 106, 108-109, 133-134, 140-141
análise SWOT 82-84
atendimento ao cliente 79-81, 91-94
avaliação de pessoal 44-46
comunicação 18-19, 40-41, 43-46, 51-60, 101-102
contabilidade 67-68
controle 39-41, 95-96
coordenação 29-30, 54-56
criação 38-39
delegação 43-46, 48-49
estratégia 27-31, 40-41, 76-77
   de *marketing* 82-85
      voltada a eventos 24-25, 27-28, 29-30
estrutura 23-26, 39-43, 45-46, 52-55, 66-67, 101-102
   de gerenciamento 106, 108-107
   financeiras 62-67
   organizacional 153-156
evento
   apresentação 92-94, 133-134
   avaliação 32-36, 95-97
   centralidade 26-27
   complexidade 17-18, 52-53, 96-97
   importância 16-18
financeira 66-68
financiamento 21-24, 34-35, 61-62

estruturas 62-67
lista de itens 130-131, 140
gerenciamento
   de crise 45-48
   de pessoal 47-49
imprensa
   entrevista coletiva 90-91
   nota à 89-91, 121, 163-164
liderança 21-22, 43-45, 58-59
marketing 70-73, 75-76, 78-94, 102-103
   da cidade 31-36
   da Great North Run 102-103
   Plano de 99-100
mídia 71-72, 88-92, 132-133
motivação 38-40
objetivos 24-25, 30-31, 52-53, 66-67
objetivos 24-26, 30-31, 40-41, 47-48, 52-53, 55-56, 66-67
   SMART 96-97
orçamentação 61-67
organização 16-19, 21-22, 40-41, 47-49, 51-60, 66-67, 98-99
parcerias 58-60, 83-84
patrocínio 69-77, 102-103
pesquisa de mercado 81-83
planejamento 22-24, 39-42, 61-62, 74-75, 82-85, 96-97, 114-115
   cronograma de 157-159

organizacional 23-24
pré– 18-19, 45-46, 49-50
tempo de 48-49
profissional(ais) 75-76, 98-99, 198-201
promoção 22-23, 81-82, 84-89, 91-92, 102-104, 147
publicidade 25-26, 59-60, 75-77, 81-82, 84-86, 91-92
questões jurídicas, 198-200
recursos humanos 57-59
relações públicas 72-73, 81-82, 91-92
responsabilidade 45-46, 95-96
reuniões 47-50
Sheffield 19-20, 27-36
sistemas 39-41, 54-58, 66-68
solução de problemas 38-39
tempo para construção de equipes 41-43
   –escalas 23-24, 40-42, 171-172
   gerenciamento 48-50
   –tabelas 130-131
      financeira 62-64
tomada de decisões 41-42
treinamento 42-48, 58-59
voluntariado 42-43